李光地研究

林华东 主编

厦门大学出版社
XIAMEN UNIVERSITY PRESS
国家一级出版社
全国百佳图书出版单位

图书在版编目(CIP)数据

李光地研究/林华东主编.—厦门:厦门大学出版社,2020.9
ISBN 978-7-5615-7890-2

Ⅰ.①李…　Ⅱ.①林…　Ⅲ.①李光地(1642—1718)—人物研究—学术会议—文集　Ⅳ.①K827=49

中国版本图书馆 CIP 数据核字(2020)第 173027 号

出 版 人　郑文礼
责任编辑　薛鹏志

出版发行　厦门大学出版社
社　　址　厦门市软件园二期望海路 39 号
邮政编码　361008
总　　机　0592-2181111　0592-2181406(传真)
营销中心　0592-2184458　0592-2181365
网　　址　http://www.xmupress.com
邮　　箱　xmup@xmupress.com
印　　刷　厦门市明亮彩印有限公司

开本　720 mm×1 000 mm　1/16
印张　15.75
插页　4
字数　260 千字
版次　2020 年 9 月第 1 版
印次　2020 年 9 月第 1 次印刷
定价　64.00 元

本书如有印装质量问题请直接寄承印厂调换

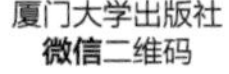

厦门大学出版社
微信二维码

厦门大学出版社
微博二维码

福建省委宣传部副部长肖贵新在“李光地研究学术研讨会”开幕式上致辞

泉州师范学院校长、福建省李光地研究院院长屈广清教授在研讨会开幕式上致辞

泉州师范学院校长、福建省李光地研究院院长屈广清教授向陈祖武先生颁发特聘研究员证书

“李光地研究学术研讨会”现场

“李光地故里文化振兴乡村”主题沙龙活动

以文化人治国安邦乃在康乾盛世
移风易俗礼让乐和俾被八闽文明

陈祖武

二〇一八年十二月一日

陈祖武题词

序

去岁秋杪，承泉州师范学院李光地研究院诸位专家盛谊，有幸前往该院请益，聆听出席李光地学术研讨会的四方大雅高论。会后，又蒙周到安排，赴安溪参观李光地故居及新近落成的纪念馆，再得听取有关专家指教。此次闽南之行，为时虽不过两三日，然所收获教益至深，感念不忘。近者欣悉彼次会议论文集整理蒇事，行将出版，遵嘱，谨奉上近期关于清初历史的一点思考，希望对李光地研究的深入能够有所裨益。

17世纪中叶的明清更迭，是中国古代社会所经历的又一个大动荡时代。晚明的经济崩溃、政治黑暗、社会失序，导致明王朝为农民大起义埋葬，旋即清军入主中原，军事、政治、经济、文化高压的一度肆虐，以及西方宗教神学和天文历法传入的冲击，诸多历史因素的交会，酿成中华文化传承断裂的深刻危机。杰出的思想家顾炎武生当其间，“感四国之多虞，耻经生之寡术”，秉持“拯斯人于涂炭，为万世开太平”的强烈社会责任意识，发出“亡国与亡天下奚辨”的时代之问，大声疾呼“天下兴亡，匹夫有责”，即为清初社会的由乱而治发培元固本之先声，也为迄于今日的中华学人留下了久远而深刻的历史启示。

一、“天下”是一个历史范畴

在中华文明五千多年的历史发展进程中，“天下”这一词语由先秦沿用到今天。作为一个历史范畴，它既具有后先相承的一贯性，又根据不同历史时期的具体环境，显示出不尽一致的人文内涵。

先秦时期，“天下”一词以地域概念而出现在历史舞台，它每每与“国家”

并称。这就是孟子所说的:“人有恒言,皆曰天下国家。天下之本在国,国之本在家,家之本在身。”(《孟子·离娄上》)从这一段话可见,在孟子生活的战国时代,“天下国家”是一种社会的流行话语。至于其具体所指,自东汉经师赵岐为《孟子》一书作注以来,早已形成历代学者的共识,那就是:“天下谓天子之所主,国谓诸侯之国,家谓卿士夫之家。”这就是说,所谓天下,讲的乃是周天子之治下。秦始皇统一六国以后,由汉唐一直到明清的两千多年间,所谓天子已经不复存在,而“天下”之所指,也就不再是周天子之治下,而成为封建帝王专制的一家一姓的“家天下”。“朕即国家”的专制帝王话语,充分反映在此一漫长的历史时期,“天下”与“国家”趋一合一的历史实际。

回顾从先秦到明清中华文明的发展历程,我们会看到一个不可忽视的文化现象。那就是“天下”这样一个行之久远的词语,从它以地域概念登上历史舞台的先秦时期开始,就已经蕴含了丰富的人文内涵。同样是先前说到的《孟子》一书,其中还记录有孟子对齐宣王讲过的一句话,叫做“乐以天下,忧以天下”(《孟子·梁惠王下》)。这句话的意思是说,执政当国者应当与民众同忧乐。虽然,此处的“天下”一语,就已经不是单纯的地域概念,它还包含着关怀民生疾苦的人文意识和社会责任。换句话说,这里的“天下”一语,其后实际上省略了“民众”或者“民生”二字。尔后,伴随历史的演进,这样的人文关怀和社会责任意识不断充实、深化,到魏晋隋唐间,便成了“以天下为己任”的精神追求而载入官修史书之中。北宋中叶,范仲淹发展了“天下”一语的社会责任意识,在《岳阳楼记》一文中,更写下了“先天下之忧而忧,后天下之乐而乐”的千古名言。

二、“亡国与亡天下奚辨”的时代之问

“保国”、“保四海”、“保天下”,这是我国先秦哲人所往复讨论的古老命题。秦汉以降,历代学者和思想家继承先人的思想遗产,返本开新,精进不已。南宋初,朱熹著《四书章句集注》,继汉唐诸儒之后,取得了集大成式的创获。明清之际,顾炎武崛起,面对中华文化遭遇的传承断裂危机,他冲破“家天下”的固有格局,立足维护数千年礼乐文明的优良传统,发出了“亡国与亡天下奚辨”的时代之问。

在所著上《日知录》卷十三《正始》条中,顾炎武写道:“有亡国,有亡天下。亡国与亡天下奚辨?易姓改号,谓之亡国。仁义充塞,而至于率兽食人,人将相食,谓之亡天下。”顾炎武讲的这段话,开宗明义,揭出他所讨论的问题不仅

是古老的“保国”和“保天下”，而且是现实的“亡国”和“亡天下”。那么究竟应当怎样去把握“亡国”和“亡天下”的不同含义呢？对于“亡国”，顾炎武的回答是：“易姓改号，谓之亡国。”这样的答案明白晓畅，只要稍有朝代更迭常识都知道是怎么一回事情。而何谓“亡天下”？顾炎武的回答，形式上几乎是在转述《孟子·滕文公下》的话语，实则立足新的时代环境，从文化传承的宽阔视野，赋予儒家经典以崭新的历史意蕴。孟子当年，在回答他人“好辩”的质疑时有云：“杨、墨之道不息，孔子之道不著，是邪说诬民，充塞仁义也。仁义充塞，则率兽食人，人将相食。”同孟子当年的这一回答相比，在顾炎武的笔下，我们可以看到两个显著的不同之处。孟子指斥杨朱、墨翟“邪说诬民”一类的话语，已经被略去。此其一。其二，孟子当年虽然道出了对“杨、墨之道不息，孔子之道不著”的深深忧虑，但是并没有对这样一种历史现象做出明确的定义。顾炎武的超迈前贤之处则在于，他从明清之际的历史实际出发，不仅以“仁义”二字来赅括数千年的中华礼乐文明，而且破天荒地指出：“仁义充塞，而至于率兽食人，人将相食，谓之亡天下。”

正是由上述讨论合乎逻辑的发展，顾炎武得出他的时代之问的结论：“是故知保天下，然后知保其国。保国者，其君其臣肉食者谋之。保天下者，匹夫之贱与有责焉耳矣。”这就是说，同维护一家一姓的封建帝王专制政权相比，“保天下”关乎一个国家、一个民族的精神和思想，是文化根脉之所在，因此，它是根本的、深层次的、头等重要的问题。也惟其如此，维护一家一姓的封建帝王专制政权，说到底无非是当权的帝王和大臣们的事情。而维护一个国家、一个民族的悠久历史文明和优良文化传统，则是全体民众责无旁贷的共同责任。

三、可贵的历史启示

顾炎武“亡国与亡天下奚辨”的时代之问，以文化传承的宽阔历史视野，弘扬中华数千年学人“以天下为己任”的优良传统，使“天下”一语的人文内涵在明清之际实现划时代的升华，最终形成“保天下者，匹夫之贱与有责焉”的时代最强音。在清初社会由乱而治的历史进程中，顾炎武的卓然睿识和发聋振聩的呐喊，不胫而走，浸润朝野，与一时众多有识之士的努力不谋而合，共同促成清廷文化政策的逐步调整，成功地完成了社会凝聚力的抉择。

顾炎武及其同时代众多思想家的努力告诉我们，任何一个社会要寻求自身的发展，都必须具有凝聚全体社会成员的力量。不同的历史时期，不同的国家和民族，这一力量的选择会因时因地而各异。然而树立共同的社会理想，明确应当遵循的公共道德规范，则是一个具有共性的基本方面。具体就清朝初叶而言，无论是世祖也好，还是圣祖也好，最初都选择了尊崇孔子的方式，谋求以孔子为代表的儒家思想去统一社会的认识，确立维系封建统治的基本准则。尔后，随着封建统治者儒学素养的提高，清廷选择了将尊孔具体化而趋向朱子学独尊的历史道路。确认朱熹学说为官方意识形态，使清初统治者为一代封建王朝找到了维系人心的有效工具。当然也应该看到，由于历史和认识的局限，清廷抹杀了理学的哲学思辨，把经朱熹阐发的博大思想仅仅视为约束人们言行的封建道德教条。正是这种文化上的短视，导致清初统治者否定了王阳明思想中的理性思维光辉。其恶劣后果，经雍正、乾隆两朝的封建文化专制引向极端，终于铸成思想界万马齐喑的历史悲剧。其间的历史教训，又是值得我们去认真汲取的。

晚清七十年，西方殖民主义列强的侵略，使中华民族饱受欺凌和屈辱。为了救亡图存，从龚自珍、魏源到康有为、梁启超，一代又一代的学者和思想家接过顾炎武留下的思想遗产，使之同时代的使命相结合，将顾炎武"保天下者，匹夫之贱与有责焉"的呐喊提炼为八个字的历史箴言，就叫做"天下兴亡，匹夫有责"。这八个字的历史箴言，既准确地把握住顾炎武思想的文化精髓，又从历史和现实的结合上，昭示了中华文化维护国家、民族根本利益，讲责任、重担当，以天下为己任的基本品格。从此，"天下兴亡，匹夫有责"的价值追求便融入中华民族的爱国主义传统，成为中华优秀传统文化的一个精神标识。

1931 年 9 月 18 日，日本军国主义在东北制造九一八事变，强占我东三省。翌年 1 月 28 日，日本侵略军又进攻上海闸北，挑起淞沪战火。面对侵略战火，国土沦丧，章太炎不顾年高，以炽烈的爱国热忱愤然北上，取道青岛、济南、天津，直抵北京，一路唤起民众，抗敌御侮。所到之处，太炎先生秉持"天下兴亡，匹夫有责"的强烈社会责任意识，倡导读史，表彰顾炎武"博学于文，行己有耻"的为人为学之道。他号召广大青年："应当明了是什么时代的人，现在的中国是处在什么时期，自己对国家应负有什么责任。"南归之后，太炎先生移居苏州，抱病向民众宣讲中国历史、中国学术和中国文化，勉励青年学子以一方先贤范仲淹、顾炎武为楷模，沐浴膏泽，振奋民志。他指出："不读史书，则无从爱其国家。"特别强调："昔人读史，注意一代之兴亡。今日情势有

异，目光亦须变换，当注意全国之兴亡，此读史之要义也。”（《章太炎先生全集·历史之重要》）

从顾炎武“亡国与亡天下奚辩”的时代之问，到章太炎以“注意全国之兴亡”为“读史之要义”，时间虽然已经相去二百多年，但是其间却有一任何力量所无法割断的根脉。这条无形的根脉就是对中华文化的关怀、珍爱和维护，是传承中化优秀传统文化的可贵历史自觉。因此，我们完全有理由这么说，明清之际的杰出思想家顾炎武，不仅是中华优秀传统文化的传承者、捍卫者，而且还是晚近中华学人文化自觉的卓越先驱，是一位值得永远纪念的开风气者。

陈祖武

2019 年 10 月 20 日

目　录

附　录

李光地研究学术研讨会会议论文综述

周颖斌

（泉州师范学院图书馆）

摘要：由泉州师范学院和安溪县人民政府、泉州市社科联联合主办的李光地研究学术研讨会，围绕李光地的治国理政思想、李光地对清初国家统一的作用、李光地的学术思想、李光地的教育思想、李光地的语言文学造诣、李光地的历史地位评价等六个领域展开深入研讨。会议吸引了来自全国各地的60余名专家学者的参与，提交的论文研究领域广泛，对深入发掘和弘扬李光地文化提出了许多有益的建议和策略。

2018年，恰逢李光地逝世300周年和泉州师范学院60周年校庆之际，为了深入发掘和弘扬李光地文化，全面展示其生平功绩和学术造诣，进而继承和发扬中华优秀传统文化，推进新时期社会主义核心价值观建设，2018年12月1—2日，李光地研究学术研讨会在泉州师范学院隆重召开。福建省委宣传部副部长肖贵新，中国社会科学院历史所原所长、中央文史研究馆馆员陈祖武，福建省社会科学院副院长、福建省人民政府顾问李鸿阶，福建人民出版社副社长魏清荣，福建省社科联社科规划办主任陈飞，泉州市宣传部副部长郭丹红，泉州市社科联副主席谢伯辉，泉州师范学院校长、福建省李光地研究院院长屈广清，泉州师范学院副校长杨晓翔出席大会。此外，还有来自全国各地近20个单位的60余名专家学者出席了此次学术研讨会，并提交了29篇论文。

研讨会开幕式由泉州师范学院原副校长林华东主持。在开幕式上，福建省委宣传部副部长肖贵新在致辞中指出，李光地文化就是中国优秀传统文化的典型代表之一，全面展示李光地的生平功绩、学术造诣，深入研究李光地的学术思想、执政理念和治家原则，揭示李光地文化的思想精髓，传承和弘扬李光地精神，对社会主义精神文明建设具有重大现实意义。泉州师范学院校长屈广清表示，一代名相李光地是清初杰出的政治家和思想家，他的学术思想和施政理念不仅在清代有重要影响，而且对当今社会的转型发展具有重要借鉴意义。希望与各位专家学者加强合作交流，共同推进李光地文化深入研究，把研究院打造成为全国领先、具有重要影响的李光地研究基地，打造成为区域文化传承发展的示范基地和地方文化人才培养的重要基地。安溪县副县长丁建铭也在致辞中表示，希望各位专家、学者以“李光地研究”研讨会为契机，为安溪建设现代化山水茶都献言献策。

三位学者在开幕式大会上分别做主题报告：中国社会科学院学部委员、历史研究所原所长陈祖武研究员的《论李光地的历史地位》，厦门大学台湾研究院原副院长邓孔昭教授的《李光地与台湾》，泉州师范学院图书馆原馆长、福建省李光地研究院常务副院长苏黎明教授的《全球视域下的李光地研究》。

在持续两天的分组讨论中，与会专家学者围绕李光地的治国理政思想、李光地对清初国家统一的作用、李光地的学术思想、李光地的教育思想、李光地的文学造诣、李光地的历史地位评价等六个领域展开深入研讨。

一、关于李光地治国理政思想的探讨、分析

作为康乾盛世的主要奠基者之一，李光地的治国理政思想非常值得关注。与会专家学者从李光地的儒家传统民本思想和德才兼备、以德为重的人才观等方面对其治国理政思想进行了全面和深入的探讨，认为李光地的治国理政思想为康乾盛世的到来做出了不可磨灭的贡献，在今天的社会主义国家建设中仍有着重要的借鉴意义和作用。

泉州师范学院文学与传播学院副院长刘文波副教授分析李光地的经济思想，认为李光地虽然不是经济专家，但他还是具有一定的经济意识，并且在兴修水利、发展农业方面也取得一定政绩，能够利用经济手段解决国家面临的救灾与生产激励问题，也尝试过用改变生产结构的方法来解决生产区域与消费区域错位的难题。泉州师范学院图书馆吴力群研究员的《李光地谋略探

析》分析李光地面临的清初社会背景，探讨其谋略的思想基础，总结其治国理政谋略，认为李光地在从政过程中，面临着复杂多变的形势，不仅胸怀家国，而且善于运筹帷幄，积极调动并充分利用各种有利因素，实现自己的远大理想，为传承道统与治统做出重要贡献，也为当代国家治理与中华民族伟大复兴提供有益启示。泉州师范学院政治与发展学院原副院长陈桂炳教授的《息养生民　以固国本——略说李光地的施政思想》从重视民心、与民休息、为民兴利、省刑治贪等几方面，详细解读了李光地“息养生民，以固国本”的施政思想，认为李光地作为清初最有代表性的理学名臣，既务虚又务实，在其施政工作中，发扬且实践了儒家传统的民本思想。泉州师范学院政治与发展学院刘新慧副教授的《略论李光地的人才观》以人才选拔为切入点，详解了李光地的人才选拔原则，认为李光地爱才但绝不滥举，对所荐之人，他往往通过多方接触、观察、考验，了解对方的德才，然后适时的荐举或提拔，令其才职相称，人尽其才。同时，李光地还重视人才的培养，利用多次担任学职和铨职的机会，整顿学政，选拔、培养经世之才，使得一批贤能大臣得以发挥才干。李光地的人才观及其实践，对当今的社会政治同样具有借鉴意义。福建省安溪第一中学党总支书记颜古城的《试析李光地的人才观》认为李光地把国家的治乱与人才联系在一起，把人才看作是治国平天下的根本，提出了选拔、任用人才的标准，且非常重视科技人才。在李光地近五十年的从政生涯中，先后为清廷选拔推荐了50多名国家栋梁之材，这些被荐者都出类拔萃，成为清朝国家的中流砥柱。

二、研讨李光地对清初国家统一的作用

清初统一台湾，是继郑成功收复台湾后，维护祖国统一的又一重大历史事件。李光地作为当时康熙皇帝身旁的谋臣，曾积极参与此事，在清初统一台湾的过程中做出了巨大贡献。与会专家学者从李光地在统一台湾过程中做出的历史贡献，在台湾弃留问题上的思想转变，与施琅、姚启圣、吴英等同时期的能臣在统一台湾上的影响与互动等方面进行了深入研讨。

厦门大学台湾研究院原副院长邓孔昭教授的《李光地与台湾》，以其翔实的史料，从历史唯物主义的角度，对李光地在统一台湾过程中做出的历史贡献进行了客观评价。认为李光地作为当时康熙皇帝身旁的重要谋臣，除了提

出不少建设性的意见之外，还凭借与施琅、姚启圣非同一般的关系，对他们二人的作为也产生了积极的影响，进而有力地促进台湾统一。具体包括：与姚启圣共同推荐施琅担任福建水师提督，成为平定台湾的中坚力量；帮助施琅取得专征台湾之权，协调攻打台湾的各方力量。李光地的弃台观念虽不可取，但他能信任并客观评价施琅，进而充分发挥施琅的个人能力，有力地促进国家统一，这是非常值得肯定的。泉州经贸职业技术学院地方文化研究中心叶茂樟副教授的《试比较李光地和吴英在祖国统一及地方治理方面的贡献》通过考证有关李光地和吴英的历史文献，认为李光地和吴英同为闽人，又为姻亲，一文一武，在平息三藩之乱、稳定东南沿海局势、收复台湾和地方治理过程中英雄所见略同，为祖国统一大业和社会稳定、经济发展做出巨大贡献。泉州师范学院政治与社会发展学院郭盼、刘新慧副教授的《论李光地在台湾弃留问题上的思想转变》深入讨论了康熙统一台湾后，李光地在台湾是弃是留的问题上的思想转变历程，认为李光地从最初主张弃台到之后提出保台，从起初主张"空其地，任夷人居之"到后来提出的在台湾实行"三年更番"驻防的积极建议，肯定了李光地顺应历史潮流、与时俱进的治国思想。

三、围绕李光地学术思想的论述

明末清初是各类思潮高涨的时代，作为清初的理学名臣，李光地的思想文化结构丰富而宽广，除儒家学说外，还涵盖了陆王心学、道家思想等诸多领域。李光地重视考证，见诸实用，其思想文化中的精髓很值得作为一种独特的战略资源加以保护传承，发扬光大。

泉州师范学院原副校长林华东教授和泉州师范学院图书馆原馆长、福建省李光地研究院常务副院长苏黎明教授的《李光地与闽南理学》，认为李光地能以程朱理学为宗，吸取陆王心学的思想因素加以修正补充，提出"以性为本"的理学思想新体系，成为清初理学的集大成者。其理学思想体系的形成，与其长期浸染闽南传统理学有极为密切的关系，其成就更是对闽南理学的继承和发展。泉州师范学院学报林振礼编审的《李清馥〈闽中理学渊源考〉学术价值举隅》以李光地之孙李清馥所著《闽中理学渊源考》等大量翔实的历史文献，纠正了明清以来《朱熹年谱长编》等多种朱子文献的舛误，彰显了《闽中理学渊源考》的重要学术价值。益阳职业技术学院基础课部姚艳霞博士的《李

光地理学思想渊源探析》从家学、闽学和湖湘学、师友切磋等角度，详细论述了李光地的理学思想渊源。泉州经贸职业技术学院图书馆馆长高坤育副研究馆员的《文献计量学视域下李光地研究》利用文献作者分布的洛特卡定律、文献中词频分布的齐普夫定律和论文在期刊中分布的布拉德福定律等三种文献计量学方法，对李光地著述进行数字化文献资料可视量化分析，探讨李光地研究的发展分布趋势。宁德师范学院语言与文化学院李志阳的《李光地心学思想探源》通过对李光地心学思想的表现、来源和影响等方面展开论述，揭示李光地兼融理学和心学所具有的学术眼光。福建日报社泉州记者站高级记者李宇思的《一代完人　尊道贵德——浅谈李光地崇尚道家思想》从道家思想的角度，认为李光地毕生不仅注重对易学阴阳的阐发，而且着力应用于诸多领域：能以老子“无为而无不为”的思想处理朝政，既不妄为、不强为，又无所不为；以道家“和合”观念，力促上下交洽、满汉和睦。阐发“相生”、“相对”、“知止不殆”等哲理，津筏斯民，严治本族，相通相济，共享太平。顺应自然，呼吁“天人合一”，保护生态等。漳州城市职业学院黄道周与闽南文化研究所所长郑晨寅教授的《道学渊源与孔子家法——论李光地对宋六子之评价》认为李光地之学具有兼宗汉宋、由虚入实的倾向，他重视以读书为学，崇尚实学与考订，对宋六子的评价既表征了李氏本人学术旨趣与君王意志的调适、融合，同时也体现明末清初儒学自身的发展趋势。他的学术主张起到了引导治学途径的作用，促进了清初学术逐渐向着考证经史的方向发展。中国浦东干部学院教学研究部冯静武博士的《李光地的〈大学古本说〉及其他》评论了李光地的经学著作《大学古本说》，认为其中蕴含着丰富的哲学思想。如考辨“德”和“性”的关系，强调“知先行后”、“物格必尽”，指出《大学》一书中最核心的概念应该是“诚意”，提出正心修身统于“诚意”，齐家治国亦统于“诚意”，认为李光地能系统阐释治家治国一理，为巩固清初统治做了不小的贡献。清华大学国学研究院博士后、福建师范大学文学院副教授方遥的《论李光地的六艺、格物之学》认为李光地作为清初朱子学的主要代表人物之一，主张学术应由虚返实，见诸实用。李光地以六艺之学为核心，在音韵、兵法、天文、历算等各种实用知识与学问上取得了不少研究成果，培养、影响、带动了一大批清初学者从事相关研究，因而推动了清初实学的兴盛和发展。此外，李光地对西学也颇为了解。内蒙古工业大学人文学院王寅博士的《论李光地〈春秋〉学的史学特征》认为李光地从“《春秋》因鲁史”出发，构建了以史书、史法、史例为主要内容的《春秋》观念，表现出较强的史学特征。第一，他认为《春秋》是孔子为官方编纂的断代史。第二，反对一字褒贬。笔削、书法就是史法，义例就是史例。第三，重《左传》，以《左传》的史实来纠正《公羊传》与《榖梁传》。他反对把《左传》作为鲁史旧文。李光地的《春秋》学体现了史学与经学互相促进、互相融合的特点，是“六经皆史”的先声，反映了从清初至乾嘉时期《春秋》学以史证经的潮流。

四、研究李光地的教育思想

李光地也是一位杰出的教育家，他深知国旺家兴，重在教育；兴衰激极，存乎其人。并以见微知著的智慧，通过振兴书院、学堂，著书立说，倡导家风、家规等形式，为清初的教育事业做出了较大贡献。

福建师范大学社会历史学院徐心希教授的《李光地与清初书院教育》以丰富的文献和翔实的史实论述了李光地振兴鳌峰书院等闽、粤、赣著名书院的理学教育的历史贡献。如通过亲临书院讲演、在《榕村全集》等著作中运用安溪文庙与泉州府学碑记等形式，大力弘扬书院理学教育，为嘉道年间鳌峰书院为代表的著名书院的理论更新奠定了坚实的基础，揭示了李光地在理学教育中的独特地位。泉州经贸职业技术学院李光地文化研究中心主任李瑞扬助理研究员的《榕村琐记》对李光地在家乡安溪营造榕村书堂，召集学者定期讲学，并制定家规民约以端正学风进行了详细论述。国际关系学院国际经济与贸易系叶帆的《从两篇自传看清人李光地家训的继承与发展》以李光地的家风、家规和家训故事为切入点，结合李氏家族史上两位先贤李森和李尚大的自传，认为李光地家训是其先祖筚路蓝缕、勤劳俭朴、急功尚义的传统美德在他身上的延续，对其家族起到良好的教育效果。泉州经贸职业技术学院邱丽芳讲师的《以李光地〈诫子孙〉为例谈述家史传家风》认为李光地广为流传的家训《诫子孙》通过追述家史，使族人子弟受到优良家风的熏染浸濡。述家史、传家风有利于树立富有历史纵深感的人生观，培养家族归属感，塑造美好品质，为社会和谐发展提供源源不断的正能量。

五、阐释李光地的文学造诣

李光地虽不以诗词文学名世，其所作诗词的水平亦非普通诗人所可比拟。

泉州师范学院文学与传播学院副教授翟勇博士的《回到现场——台阁重臣李光地诗的换位思考》以在场理论为切入点，认为台阁诗虽为上层文人在特定的场域所书，但李光地的台阁诗不仅情感真挚，甚至部分诗亦兼备诗性之美，尤其是当从京城转场到故乡，诗的个性与美好更加突显。泉州师范学院文学与传播学院曾德万副教授的《李光地风物类格律诗赏析》从内容思想和格律形式两方面分析、探讨了李光地的风物类格律诗，如押韵、平仄、三平尾、对粘原则、是否重字等。

六、总结、评价李光地的历史地位

与会学者多角度总结、评价了李光地的历史地位，认为李光地一生的主要历史活动顺乎潮流，对促进国家经济、文化诸方面的发展都产生了深远的历史作用，李光地功在国家，名垂史册，是值得充分肯定的。

中国社会科学院学部委员、历史研究所原所长陈祖武研究员的《论李光地的历史地位》高屋建瓴，从历史辩证法的角度，客观评价李光地为一代创业功臣。认为李光地早年为平定三藩之乱，收复台湾，结束国内战争而建功立业；中年治理畿辅，做到风励实学，作育人才，治理河务，兴修水利，一心为民，清廉勤政；晚年则致力于国家的长治久安，以儒学名臣的身份，主持纂修《朱子全书》，协助康熙确立朱熹学说为官方哲学，使清初统治者为一代封建王朝找到了维系人心的有效工具，进而提高中国的文化凝聚力。泉州师范学院图书馆原馆长、福建省李光地研究院常务副院长苏黎明教授和泉州师范学院原副校长林华东教授的《全球视域下的李光地研究》从全球视域研究李光地历史地位，认为李光地在反对分裂、促进统一、吏治建设上贡献甚多，重视民生，发展经济，思想文化上颇有建树。虽不可避免地带有时代和阶级的局限性，但能顺应社会发展要求，确实是清初杰出的政治家和思想家。泉州师范学院图书馆陈彬强副研究馆员和黎明职业大学戴雪文副教授的《李光地主要文献史料综述》以档案类、史志类、文集类、《榕村全书》等四大类文献史料为切入点，系统梳理、还原并客观评价李光地其人，进而厘清李光地的相关史实纠葛。泉州师范学院文学与传播学院副教授王伟博士的《历史与地方：新时期以来李光地思想研究及其现代性意义》从重返历史现场与融入当代生存实践的角度，认为李光地的政治理念主张及日常实践能真实显影东亚早期的现代性追求，指出在全球本土化时代情境中，重塑这一精神传统能为塑造闽南区域特色文化品牌、传承中华优秀传统文化、促进两岸文化交流融合提供思想资源。泉州师范学院教育科学学院崔资婕和许松芽副教授的《李光地心理传记研究的文献综述》从心理学的角度，综述了李光地的治国理政思想、经济思想和文学思想，通过心理传记的形式塑造一个完整的李光地。安溪县志办苏旺太原编辑的《民以食为天——论李光地晚年试种红稻的历史意义》详细论述了李光地晚年在康熙的安排下，在家乡安溪试种红稻成功，并将良种"广传民间"的艰辛历程，认为李光地此举为国家大一统局面的实现和康乾时期中国人口的大幅增加奠定了物质基础。

本次学术研讨会由泉州师范学院和安溪县人民政府、泉州市社科联联合主办，福建省李光地研究院、安溪县湖头镇人民政府、中国社会科学院文化研究中心闽南文化研究基地承办。本次学术研讨会进一步拓宽了李光地研究的范围和视野，为深入开展李光地研究提供了有益启示。

李光地与闽南理学*

林华东　苏黎明

（泉州师范学院）

摘要：闽南得朱熹过化之功，向来为理学重要阵地。康熙朝的重要辅臣李光地是闽南安溪县人，他以程朱理学为宗，吸取陆王心学的思想因素加以修正补充，提出"以性为本"的理学思想新体系，成为清初理学的集大成者。其学术思想在中国思想史上占有一席之地。李光地理学思想体系的形成，与其长期浸染闽南传统理学有极为密切关系，其成就更是对闽南理学的继承和发展。

李光地（1642—1718），闽南泉州安溪县湖头镇人，清康熙初年进士，官至文渊阁大学士兼吏部尚书，康熙朝的重要辅臣。李光地既是名臣，也是个思想家，学术思想在中国思想史上占有一席之地。李光地别具特色的理学思想体系的形成，追根溯源，与其对闽南理学长期研究和思考有极为密切关系，而其成就亦是对闽南理学的继承和发展。

一、李光地高度肯定闽南理学

闽南得朱熹过化之功，向来为理学重要阵地。闽南与朱熹关系非同一

* 本文在2018年9月23日"朱子学：新时代·新境界·新价值——第二届朱子文化研讨会（晋江·安海）"上交流。

般，朱熹少年时就曾随父来过泉州，考中进士后在泉州同安为官五年，后又在漳州任知州，晚年又重游过闽南，足迹遍及闽南各地。[①] 朱熹在闽南期间，兴修官学，创办书院，传播理学，拥有许多得意门生。大批朱子门人活跃于闽南，积极播扬朱子学说，使朱子理学在闽南具有深厚基础，自宋迄明，闽南理学始终极为兴盛。清代进士陈科捷称："吾泉务实学，自欧阳四门以后，至宋为朱子过化之地。渊源所渐，骎骎与伊洛比盛。"[②]《泉州府志》亦称，泉州"自宋迄明，理学经济为本"。李光地二十九岁举进士前，基本上是在闽南家乡读书生活。考中进士步入仕途后，因各种原因又在家乡居住了十多年。因此，闽南的理学传统不能不对其读书治学产生深刻影响。

李光地自小深受闽南理学熏陶，这与父亲李兆庆崇尚程朱理学及闽南理学先贤有重大关系。李兆庆本就是读书人，受当时闽南理学氛围影响，年轻时即对程朱理学情有独钟，"独喜蓄濂洛关闽及同郡蔡、林诸先贤书，虽囊无赢资，而购辑不择价"。[③] 李兆庆尊崇程朱理学，亦希望李光地如此。故尽管生计颇为艰难，家中却购置不少程朱之书及明代闽南理学家蔡清、林希元等人的著作，有时间就督促李光地诵读。李光地亦称父亲"笃好《性理》，赤贫赴考时，十金买得一部内府版《性理》，喜若重宝，归而督予读之"。[④] 因此，李光地较早就读了不少闽南理学家的著作。尤其十五岁从林日胜山寨脱归后，更是发奋读书。"时家计已大罄，益自刻苦，穷日夜专心一力。曾积月危坐，不就枕席。所讲诵无旁杂，卓然以前修自期。不徒追时好，务应举之业而已"。[⑤] 十八岁时，更是大读性理之书。"既励志，首抽《性理》之编，专心一力。每夜手录数千言，昼则熟诵精思，穷极深微。遂毅然希从前哲，敛衣冠，谨坐起，非程、朱不敢言"。[⑥] 可见青少年时代的李光地，即与闽南理学结下不解之缘，曾花费大量时间和精力，潜心学习，深入钻研，不断思考，既打下坚实的理学基础，且对闽南理学怀有深厚感情。考中进士后，直到晚年，无论请假居乡或在外为官，也没有放弃对闽南理学的研究和思考，这从其洋洋大观的著作中，可

---

① 苏黎明、林华东：《闽南文化与朱熹思想的形成发展》，《光明日报》2013 年 3 月 20 日。

② 陈琛：《陈紫峰先生文集》卷首，清乾隆三十三年晋江陈民翻刻民本。

③ 李光地：《榕村全书》第 10 册，福州：福建人民出版社，2013 年，第 8 页。

④ 李光地：《榕村全书》第 7 册，福州：福建人民出版社，2013 年，第 466 页。

⑤ 李光地：《榕村全书》第 10 册，福州：福建人民出版社，2013 年，第 118 页。

⑥ 李光地：《榕村全书》第 10 册，福州：福建人民出版社，2013 年，第 8 页。

以得到有力佐证。因此，李光地对闽南理学及众多理学家，可谓了如指掌，亦有许多精辟见解。

李光地高度肯定宋代以来的闽南理学，尤其明代成化、弘治年间的闽南理学，这从其所写的两篇文章，即可略见一斑。李光地为泉州重修蔡清祠写的《祠引》称："吾闽僻在天末，然自朱子以来，道学之正，为海内宗。至于明兴，科名与吴越争雄焉。暨成、弘间，虚斋先生崛起温陵，首以穷经析理为事，非孔、孟之书不读，非程、朱之说不讲。其于传注也，句谈而字议，务得朱子当日所以发明之精意。盖有勉斋、北溪诸君子，得之口授而讹误者，而先生是评是订。故前辈遵岩王氏谓，自明兴以来，尽心于朱子之学者，虚斋先生一人而已。自时厥后，紫峰陈先生、次崖林先生、净峰张先生，皆以里闾闬后进，受业私淑，泉州经学，遂蔚然成一家言。"[①]虚斋即蔡清，紫峰即陈琛，次崖即林希元，净峰即张岳。泉州府学重修，李光地所写《重修记》又称："泉在前代，文章科名为天下蔚，学者谈说，至今艳之。……盖自成、弘间，虚斋蔡先生醇品邃学，洛、闽是承，亲炙之士，则有陈、林、张、史诸君子，皆所谓守章句，践规矩，不谬于古人明经笃行之意。泉之最盛时也。"[②]这里的"陈、林、张、史诸君子"，同样指蔡清高徒陈琛、林希元、张岳、史于光。蔡清被称为明代朱子学者第一人，陈琛、林希元、张岳等，亦皆是明代中期福建著名的朱子学家。正是这些学者的共同努力，明代闽南理学声名远播，且为捍卫朱子学做出巨大贡献。当王阳明学说盛行时，诚如李光地所言，这些闽南学者，"守师说，践规矩，而非虚声浮焰之所能夺"，坚守朱子学说。因此，李光地颇为感慨地说："故尝以为吾闽之学，独得汉儒遗意。明章句，谨训诂，专门授业，终身不背其师言者，汉儒之学也。师心任智，灭裂卤莽者，近代之学也。是二者，孰古孰今，孰淳孰薄，后之君子，必有辨之者。"[③]在李光地看来，闽南理学的斐然成就，闽南理学家的学术定力，无疑非常值得彰扬，亦值得闽南人引以为傲，"则岂非世道学术之高下，占诸吾泉而可知与"？[④]

李光地热情褒扬蔡清、张岳等人的理学成就，且对这些理学家的高尚品德亦赞赏有加。他称赞张岳和蔡清说："张净峰为两广总制，家惟一犁，躬自

① 李光地：《榕村全书》第 10 册，福州：福建人民出版社，2013 年，第 150 页。
② 李光地：《榕村全书》第 8 册，福州：福建人民出版社，2013 年，第 360 页。
③ 李光地：《榕村全书》第 10 册，福州：福建人民出版社，2013 年，第 150 页。
④ 李光地：《榕村全书》第 8 册，福州：福建人民出版社，2013 年，第 360 页。

耕田。又蔡虚斋做学道，寄四两银子还家，细细剖分，几钱作何事，几钱作何事，极言此银子不易得。……渠辈想官物官用，视之与己无与。”[①]张岳为官清廉，且刚正不阿，因谏明武宗，受到惩罚，终至罢官，无怨无悔，李光地甚为赞赏：“吾乡张净峰谏武宗，在午门外晒五日。罢归，过谒阳明。净峰年亦廿余，相见亦抗宾主礼，数日卒不服，阳明亦听之。”[②]蔡清任江西提学，不愿阿附宁王，遭排斥打击，亦不屈膝，辞官归乡，讲学授徒，安贫乐道，李光地更是赞叹不已：“明朝人学问，事功都不透，想是读书不专之过。只有蔡虚斋专精四书、《易经》，而年只有五十七。又贫不能多得书，如朱子《语类》都不曾见，故到底不明白‘理气’二字。然荐廿余人于王三原，皆有成就，识宁王必反，便拂衣归，已不是无用人。”[③]又说：“世有自厉风标，清风高节至不可攀，而无流风余韵在人间者，无此段关切世道意思故也。……蔡虚斋先生，终身授徒于僧寺，有劝之讲学者，笑而谢之。”[④]在李光地看来，这些理学家的高尚情操，为学者树起很好风范，同样非常值得彰扬。

二、李光地深刻反思闽南理学

李光地作为学者，颇有独立思考精神，不人云亦云，随意附和，在高度肯定闽南理学的同时，对于闽南理学存在的问题，亦有深刻的反思，冷静的辨析，并提出许多见解。

李光地反思闽南理学，最为直接动因无疑来自阳明学的冲击。朱子理学创立后，自南宋至明初，可谓一统天下。明代中期，王阳明心学横空出世，影响迅速扩大，正如李光地所言：“姚江王氏标新立异，一时靡然宗之。其声华游从之盛，又非从前诸子之可所及也。”[⑤]整个江南几乎是阳明学天下，朱子学大有被取代之势。闽南情况较为特殊，学者大都仍持守朱子学，阳明弟子寥寥，亦如李光地所言：“姚江之学，大行于东南，而闽士莫之遵。其挂阳明弟子

---

① 李光地：《榕村全书》第 7 册，福州：福建人民出版社，2013 年，第 466 页。

② 李光地：《榕村全书》第 6 册，福州：福建人民出版社，2013 年，第 226 页。

③ 李光地：《榕村全书》第 6 册，福州：福建人民出版社，2013 年，第 127 页。

④ 李光地：《榕村全书》第 7 册，福州：福建人民出版社，2013 年，第 178 页。

⑤ 李光地：《榕村全书》第 10 册，福州：福建人民出版社，2013 年，第 151 页。

之录者，闽无一焉。”[①]不过闽南理学还是受到冲击，面临严峻挑战。明代后期，闽南两位大名鼎鼎的学者李贽和黄道周，更是为阳明学大张旗鼓，阳明学在闽南影响开始扩大。李光地年轻时的安溪，阳明学氛围亦颇浓厚。李光地家族，更与王阳明有些因缘，六世祖李森崇尚王阳明，曾亲率家族武装配合王阳明率领的官军平定闽赣。李光地青少年时期，家族中亦有学者崇尚阳明学。李光地长期生活于这种氛围中，不能不受到濡染。最为明显的影响，正是来自李贽和黄道周。关于李贽，李光地晚年回忆说："明末闽中学者饮酒读史，崇尚李卓吾书，举国若狂。"[②]至于黄道周，这期间在安溪更有重大影响，也是学者津津乐道的人物。李光地六叔李日煋，"生平不喜宋儒学问，而视黄石斋为圣人"，谁要是讲黄道周半点不是，"必挥拳相向"。[③] 在这种背景下，李光地不能不正视阳明学，并对朱子理学及闽南理学进行反思。

李光地在研修朱子学过程中，发现朱子学确非完美无缺。李光地步入青年时，开始大读朱子之书，即觉得朱子有些注释"了无甚味道"。随着时间推移，他对朱子学缺陷也有更深刻认识，曾说自己在读书时，发现朱子所著之书，"如《参同契》《仪礼经传解》之类，多有疏漏舛错处"，[④]朱子不少议论，亦不恰当，委实"不敢附和"。因此，李光地明确指出，近世学者认为"程朱发明已尽，不必措意。却不是"。[⑤] 他尖锐地批评这种观点："近世惟朱子四面打开，光明洞达，无一点黑暗处可以起人疑惑。"[⑥]在李光地看来，"圣人非无过"，朱子学作为某种学说，存在局限，甚至错误并不奇怪。正视这一点，并敢于修正圣人错误，无疑是正确态度。可是问题恰恰出在这里，后世朱子学者，包括明代闽南那些著名的朱子学者，大多不敢逾越，株守有余，创新不足。李光地尖锐地指出："读书人不思经义，株守传注，字字胶执，牵经合注，甚至并传意亦失之……真村学究。名为遵程朱，何尝有丝毫发明？当时如蔡虚斋、林次崖已有是病，故阳明等厌之，而有反其道以治之之弊。"[⑦]显然，这是个严重问题。

---

① 李光地：《榕村全书》第 10 册，福州：福建人民出版社，2013 年，第 151 页。
② 李光地：《榕村全书》第 7 册，福州：福建人民出版社，2013 年，第 179 页。
③ 李光地：《榕村全书》第 7 册，福州：福建人民出版社，2013 年，第 466 页。
④ 李光地：《榕村全书》第 7 册，福州：福建人民出版社，2013 年，第 335 页。
⑤ 李光地：《榕村全书》第 6 册，福州：福建人民出版社，2013 年，第 246 页。
⑥ 李光地：《榕村全书》第 6 册，福州：福建人民出版社，2013 年，第 192 页。
⑦ 李光地：《榕村全书》第 6 册，福州：福建人民出版社，2013 年，第 136 页。

因此，李光地不无感慨地说："看《语类》门目，便见得朱门无大贤。"[1]

李光地还直言不讳地指出，明代闽南几位著名的朱子学者，某些理学问题也没有弄清楚，诸如知与行、理气等问题，就没有完全弄懂。他说："学问须将头脑处通透方得。姚江主先行后知，虚斋、次崖则主先知后行。姚江引'尊德性'节为宗旨，蔡、林求其说而不得，乃谓先知后行者用功之序，先行后知者成德之序。不思注中明说'圣人示人入德之方，莫详于此'，安在其为成德乎？不知敬在知行之先，贯于知行之后，朱子已经说明。"[2]又说："蔡虚斋留心朱子之学，然于天命、诚意诸章注，都不曾讲透。他以存心、持敬为力行工夫，不知存心只是提起此心，不要昏去，原无多事，如何谓之力行？戒谨不睹，恐惧不闻，有何事可行？"[3]李光地还坦率指出，蔡清论"理气性命，说得全不是"，"分别理气不清，直认气为理，固不是"。[4] 李光地也指出林希元的问题："林次崖《存疑》辟阳明数段，却不中要害。他的病根，在'无善无恶心之体'。但观有道君子，于事物未交寂然端坐时，满腔无非善意，通身都是善气，岂得云无善？若无善，此等气象从何处来？"[5]李光地对张岳也有批评，认为张岳极不服王阳明，亲往浙江与之辩论"明明德，在亲民"问题，张岳随后提出"存养"问题，王阳明笑而不答。张岳高兴，以为难倒王阳明了，殊不知，是张岳自己没把问题搞清楚："不知道得亲亲、亲君，存养已在内，如何说该不得？特为姚江所不屑辨耳。当只应就文义析之。"[6]李光地这些评论，颇为客观中肯。

正因如此，李光地认为阳明学出现并风靡天下，有某种必然。王阳明正是看到朱子学的缺陷，欲以自己的学说取而代之。在李光地看来，阳明学说确有值得肯定之处。实际上，李光地在反思朱子学和闽南理学的同时，亦在研究和思考阳明学说。李光地自称，二十至二十五岁，看陆子静、王阳明集及诸难书，正是很好的说明。李光地读陆、王之书，也是与朱子学比较。李光地认为王阳明不少论述颇为精辟，曾推崇说："王阳明讲'立志'，及'人放下时须振起，人高兴时须收住'，皆是其自己得力处，言之亲切警动，亦极好。至于说

---

① 李光地：《榕村全书》第6册，福州：福建人民出版社，2013年，第129页。

② 李光地：《榕村全书》第6册，福州：福建人民出版社，2013年，第218页。

③ 李光地：《榕村全书》第6册，福州：福建人民出版社，2013年，第233页。

④ 李光地：《榕村全书》第6册，福州：福建人民出版社，2013年，第288页。

⑤ 李光地：《榕村全书》第6册，福州：福建人民出版社，2013年，第151页。

⑥ 李光地：《榕村全书》第6册，福州：福建人民出版社，2013年，第134页。

万物一体处，……其论甚精。"[①]李光地在肯定阳明学优点的同时，对推崇阳明学的李贽和黄道周两位闽南老乡亦予以肯定。李光地亦读黄道周的书，并称赞黄道周的气节："石斋生平直言极谏，已可死三次。而再起再谏，以次加厉，率卒大难，气终不挫，直是铁汉。"[②]又说："黄石斋云人无今古最妙，如有人凡事淳厚，不肯苟且欺人，便是古人。"[③]李光地称李贽"以横议著称"，亦并非全然贬斥，且有某种赞赏之意。李光地讲过一件事：有位山东同僚知贡举，身边常携带黄道周《三易洞玑》，称生平只读这本书，并称黄道周是圣人。有位山西同僚则大赞李贽《藏书》，认为一字不怪，"一片道理"，亦称李贽为圣人。李光地因此颇为感慨："吾乡此两公者，后进率不服。而外面推崇为圣者，却是山东一人，山西一人。"[④]可见李光地对黄道周和李贽亦有欣赏。

三、李光地继承发展闽南理学

李光地指出闽南理学存在的问题，并对阳明学给予某种肯定，然而并非因此否定闽南理学，更非因此主张以阳明学取而代之。恰恰相反，目的在于推动闽南理学与时俱进，沿着正确路向不断发展。

李光地肯定阳明学某些优点，并非鼓动闽南学者追随阳明学。在他看来，从根本上说，阳明学并不值得崇尚，王阳明自以为学说一流，"似从孔子后，到他方明白"。实则不然，"未见他讲得天下大规模，经学是其所疏忽者，故亦未能详备。"[⑤]不仅如此，李光地认为明代后期学风颓坏，王阳明责任重大，"大抵风俗人心之坏，皆起于读圣贤书，不信圣贤。明末人都是此见，风气虽嘉靖以后方坏，却是从阳明开始。"[⑥]阳明学出现后，学者风从，不务实学，不明实理，"蹈虚空谈"，最终"国亦寻亡"。这就是严重的后果。李光地又指出，闽南学者蔡清、林希元等恪守朱子学说，固然创新不足，而王阳明却从根本上予以否定，这亦甚为荒谬，"不知其说固陋处，但就其说以破之足矣。何至大

---

① 李光地：《榕村全书》第 7 册，福州：福建人民出版社，2013 年，第 323 页。
② 李光地：《榕村全书》第 7 册，福州：福建人民出版社，2013 年，第 183 页。
③ 李光地：《榕村全书》第 6 册，福州：福建人民出版社，2013 年，第 234 页。
④ 李光地：《榕村全书》第 7 册，福州：福建人民出版社，2013 年，第 184 页。
⑤ 李光地：《榕村全书》第 7 册，福州：福建人民出版社，2013 年，第 177 页。
⑥ 李光地：《榕村全书》第 6 册，福州：福建人民出版社，2013 年，第 248 页。

决其藩篱而不顾耶"?[1] 如此,李光地对黄道周的学术取向亦颇有微词,称黄道周固然是君子,可惜"工夫都用在气上",于匡时济世无补。"石斋虽当时用之,恐无益于乱亡,救乱须有体有用之人"。又称:"明代士大夫如黄石斋辈,练出一股不怕死风气,名节果厉。第其批鳞捋须,九死不回者,都不能将所争之事,于君国果否有益,盘算个明白。大概都是意见意气上相竞耳,行有余而知不足,其病却大。"[2]可见李光地尽管推崇其气节,然而对于其没有治国安邦真本领甚有看法。

李光地指出朱子理学及闽南理学界存在的问题,并非从根本上否定朱子理学和闽南理学传统。恰恰相反,李光地始终认为朱子理学对于儒学发展,意义重大,"朱子于学问源流,自伏羲、神农,以至于当时之贤者,皆能剖辨其得失,精审其是非"。[3] 又称:"夫性命之理,无声无臭,与造化为徒。能造其阃奥如程朱者,有几乎?"[4]因此,尊信程朱理学,是大要所在,绝不可改变,"理学不宗周、程、张、朱,虽终身专精何益"?[5] 李光地认为在这个原则问题上,蔡清、林希元诸学者,无疑很值得推崇。他说:"地方果生一人能自立者,上天之所加意也。其精神定有发露时,气运亦随之而盛。如蔡虚斋在晋江,林次崖在同安,平日皆尽心朱子之学。而流风绪论,两公之后……几百余年,号文物之地。"[6]李光地对蔡清、林希元等人的理学著作,亦非常赞赏:"今经学久晦,士大夫好尚趋向,庞而不纯。浮华之徒,转相夸毗,独至《蒙引》《存疑》《浅说》《通典》诸书,则行于海内,家习而人尚之,翕如也。"[7]在李光地看来,蔡清、林希元、陈紫峰等人,正因学风纯正,得到社会高度认可,著作广为流传。有人声称,"读书人跳不出宋儒窠臼,便村陋",李光地则认为,"殊不知此真鄙陋也。"他明确指出:"《蒙》《存》《浅》《达》,依傍朱注,犹然行世。不尽其书之妙,而遽有异心焉,所谓坐井观天也。"[8]因此,弘扬闽南理学先贤优良学风,推动闽南理学不断发展创新,乃是问题的关键所在。

---

① 李光地:《榕村全书》第 7 册,福州:福建人民出版社,2013 年,第 352 页。
② 李光地:《榕村全书》第 6 册,福州:福建人民出版社,2013 年,第 214 页。
③ 李光地:《榕村全书》第 7 册,福州:福建人民出版社,2013 年,第 340 页。
④ 李光地:《榕村全书》第 7 册,福州:福建人民出版社,2013 年,第 339 页。
⑤ 李光地:《榕村全书》第 6 册,福州:福建人民出版社,2013 年,第 241 页。
⑥ 李光地:《榕村全书》第 7 册,福州:福建人民出版社,2013 年,第 180 页。
⑦ 李光地:《榕村全书》第 10 册,福州:福建人民出版社,2013 年,第 151 页。
⑧ 李光地:《榕村全书》第 7 册,福州:福建人民出版社,2013 年,第 342 页。

李光地别具特色的理学思想体系，无疑正是对闽南理学的继承和发展。李光地理学方面的突出成就，乃在于创立“以性为本”的理学思想体系，把“性”作为理学的最高范畴。李光地成为清初理学的集大成者，乃在于这个理学思想体系兼采各家所长。这个理学思想体系，尽管吸取陆王心学的思想因素，以此修正和补充朱子学说，然而仍然以程朱理学为宗。修正程朱理学的某些观点，正是为了更好地弘扬程朱理学。诚如李光地所言：“所谓程朱当从者，非谓一字不可异同也。……今折中而存之，归于发明圣经，此有何害？周程所心喜者。”[①]李光地这种理学思想体系的形成，无疑与长期的闽南理学浸淫关系密切，是对闽南理学研究和思考所作出的选择，也是对闽南理学的继续和发展，弘扬光大，因而把闽南理学发展推向新阶段，是李光地对闽南理学发展的重大贡献。

李光地推动闽南理学发展，还有诸多突出表现。康熙二十三年（1684年），台湾刚平定，闽南局势刚趋稳定，同为朝廷命官的老乡庄素思，致书李光地，提出蔡清祠因战乱见毁，请发起重修倡议，李光地慨然允诺。祠宇重修后，李光地又写了篇《祠引》，表达对先贤的敬意和对闽南理学的期待：“地窃不自量，方将以山林余暇，与同志之士诵乡先生之遗书，蹈前修之典型，庶几‘那与’卒章之志。……余惟斯文之运，无往不复，吾乡积乱之后，必将复有嗣音者也焉。绍续正学，如宋炎、兴，明化、治时。然则表彰先烈，使来者有所观瞻。其事诚不可已，愿与诸友勉之。”[②]康熙五十年（1701年），泉州府学重修，李光地应约写了篇《重修记》，又借此对明代闽南诸多理学先贤大加褒扬。李光地几次谈到，明代泉州理学先贤四部名书，即蔡清《四书蒙引》，林希元《四书存疑》，陈紫峰《四书浅说》，王振熙《四书达解》，是诸先贤积数十年工夫的成果，“近来节改者多，恐久便磨灭”。这四部书，“各有好处，中间不相干处甚多”。因此，欲“删去浮肤，存其精英，四家合一。四书、《易经》各留一部，亦存居乡前辈之绪余也”。[③] 可惜没有时间，终未能如愿。李光地请假在籍时，主持修复安溪考亭书院，并为之制订规约，弘扬朱子学和闽南理学。李光地悉心培养陈万策、蔡世远等闽南理学人才，并推荐蔡世远出任福州鳌峰书院掌教，也是较为突出表现。所有这些，在闽南理学发展史上都留下了深刻印记。

---

① 李光地：《榕村全书》第7册，福州：福建人民出版社，2013年，第352页。

② 李光地：《榕村全书》第10册，福州：福建人民出版社，2013年，第151页。

③ 李光地：《榕村全书》第7册，福州：福建人民出版社，2013年，第342页。

全球视野下的李光地研究

苏黎明　林华东

（泉州师范学院）

摘要：李光地作为清康熙时代的重要辅臣，为康乾盛世的形成做出巨大贡献。对他的评价，只有立足于全球视野，才能领悟李光地力主收复台湾确保国土完整、掌控海峡，确保国家安全的历史贡献；才能领悟李光地在致力引导康熙平衡满汉及各民族之间的矛盾，建设社会安定和经济繁荣的国家中所发挥的关键作用；才能领悟李光地在促成康熙将“道统”与“治统”合而为一，认可并接受中华优秀传统文化的过程中所发挥的核心作用。

李光地（1642—1718），福建泉州安溪县人，清康熙初年进士，为官近半个世纪，累官至文渊阁大学士兼吏部尚书，是康熙朝重要辅臣。长期以来，评价莫衷一是。当代学界的研究与评价，同样存在突出问题，缺乏全球视野，乃是问题关键所在。基于全球视野，考察历史发展趋势与社会发展要求，客观判定历史人物的是非功过，无疑是李光地研究的正确方向。依此而论，李光地的历史地位不容低估。

一、缺乏全球视野的李光地研究

李光地作为清代具有重大影响的历史人物，20 世纪 80 年代以来，历史地位的评价逐渐引起学界重视，不少学者相继进行研究并取得一些成果，亦提出不少比较客观的见解。然而综观这些研究和评价，显然存在明显误区，缺乏全球视域，是问题的根本所在，最为突出的表现则是未能跳出历史窠臼，尤其是以“三案”为核心的纠缠。

李光地生前既得到诸多赞誉，亦曾遭受不少攻击和诋毁。陈梦雷制造的“卖友案”，彭鹏炮制的“夺情案”，可谓攻击的典型。徐乾学、熊赐履等同朝大臣推波助澜，使李光地颇受伤害。李光地离世后，评价依然差异甚大，甚至截然相反。康熙帝高度赞誉，雍正帝更称之为“一代完人”。然而攻击诋毁之声仍然不绝。乾隆年间，历史学家全祖望，又给加上一个“外妇之子来归案”，坚称李光地“初年则卖友，中年则夺情，暮年则居然以外妇之子来归，足称三案，大儒固如是乎”?[①] “三案”对后世影响甚大。清末学者梁启超和章太炎等，亦附和“三案”。梁启超称李光地是伪学者，“号称康熙朝主持正学的中坚人物，一双眼睛常常钉在两庑的几块冷猪肉上头，他的官却是卖了一位老朋友陈梦雷换来。他的老子死了，他却贪做官不肯奔丧，他临死却有一位外妇所生的儿子来承受家产”。[②] 章太炎则称李光地“会得人主意，称为名相”，“厚颜以大儒自襮，然文深弗能如魏、汤，吐言或绝鄙倍”。[③] 近世颇负盛名的史学家谢国祯，亦称李光地卖友，始终没有营救陈梦雷。著名明清史专家孟森的《明清史讲义》，亦称李光地是伪道学、贪位忘亲。[④] 在这些学者看来，李光地乃不义、不孝、不仁之人，大节很有问题。

李光地被强加“三案”，背负几百年历史骂名，自然并非无缘无故。陈梦雷称李光地上《蜡丸疏》，向清廷献平定耿精忠叛乱之策，疏中删去他的名字，出卖他这位朋友，乃是出于洗刷自己附逆之罪而诬陷李光地。彭鹏称李光地母亲病逝后，贪婪官位，不辞官回乡守丧，乃是因受康熙帝斥责为开脱自己而肆意诋毁李光地。徐乾学、熊赐履等乘机借题发挥，大肆操弄，乃是出于对李光地迅速升迁深怀嫉妒。全祖望不遗余力诋毁李光地，乃是基于对清王朝的怨恨，出于“排满”心理，而将对清朝政权巩固有重大贡献的李光地恨之入骨。至于梁启超和章太炎等，同样亦有这种心理。章太炎即明确表露出对李光地荐施琅平定台湾事甚为不满，认为“自是明氏子孙，与奉中国年历冠带者，无

① 《续修四库全书·集部·别集类》第1430册，上海：上海古籍出版社，2004年，第215页。

② 梁启超：《中国近三百年学术史》，北京：商务印书馆，2011年，第130页。

③ 章太炎：《訄书》，北京：中国文史出版社，2003年，第302页。

④ 孟森：《明清史讲义》，北京：中华书局，1981年，第442页。

遗育矣”,称李光地是“以智谋绝中国由蘖”。[1] 事实早已证明,“三案”根本站不住脚。陈梦雷称李光地卖友,这种说法在当时已被证明是谎言。彭鹏称李光地夺情,根本与事实相背。至于“外妇之子来归”,诚如许多学者所言,乃捕风捉影,并无充分依据,是全祖望为诋毁李光地而借市井浮说的无聊伎俩罢了。何况以个人私生活臧否历史人物大节,舍本逐末,本身就极不恰当。

如果说古代至近代学者评判李光地,本身带有时代局限,加上自身立场问题,往往或拿个人道德说事,或纠缠于细枝末节,因而不仅研究的出发点有问题,且往往也不可能给予客观评价,这并不奇怪,也是历史的无奈。那么当代学者研究李光地,无疑不应沿袭这种做法。然而遗憾的是,纵观几十年来的李光地研究,不少学者仍聚焦于“三案”,且仍对李光地持否定态度。20 世纪 90 年代出版的《清代全史》,就颇有代表性。该书不仅仍把夺情之事作为评判李光地的重点,且仍然认为李光地贪位忘亲,遭致言官弹劾,朝议哗然,迫使康熙帝出面干预,并以此判定李光地“成为假道学的又一典型”。这部洋洋大观的专著,作为当代清史研究的成果,无疑是具有广泛且深远影响,它对李光地如此评判,显然很不恰当。这期间出版的《清代人物传稿》,亦称李光地卖友。此外,多位学者撰写的研究文章,亦仍然附和“三案”观点。

当代这种失之偏颇的李光地研究和评价,表面上看来是历史的陈陈相因,深受前人评判影响,实质上是研究方向与方法偏离了正确轨道,缺乏历史人物研究和评价所应把握的大局。这是李光地研究不能不首先解决的根本问题。

二、李光地研究应有全球视野

李光地作为对当时和后世均有相当影响的历史人物,究竟应当如何看待,给以正确评价,归根结底,还是应当站在历史的角度,基于全球视野,认清当时的世界,尤其是中国社会发展的状况和趋势,把握由此所引发的社会要求,进而考察其所作所为,做出恰如其分的评价。

研究和评价历史人物,从根本上说,有个基本准则问题,也是最为关键的问题。马克思说过:人是各种社会关系总和。按历史唯物主义基本观点,任

① 章太炎:《訄书》,北京:中国文史出版社,2003 年,第 303 页。

何在历史上留下较大影响的人物，皆是那个特定时代的产物。因此，研究和评判历史人物，不能脱离其所活动的具体历史环境，唯有把其置于特定历史环境中加以研究，对其在那个时代的主要活动进行实事求是的分析，并与先前及同时代人物加以比较，所得出的结论才能在本质上与历史实际相吻合，又才能够借古筹今，以史为鉴，进而推动历史发展等问题。这样做乃是为了严格坚持历史研究的客观性，避免把历史人物当代化，防止苛求古人，对历史人物的思想行为做出谬误判断。这是历史人物研究和评价的基本原则，也是史学界多年来反复强调的应有共识。倘若不遵循这种基本准则，认清历史大局，从大处着眼，而是纠缠于细枝末节，自然把握不住问题要领，结果只能舍其大、识其小，难以做出客观的评判。这种原则，无疑同样适用于李光地研究。因此，首先必须了解李光地所处的特定历史环境，特别是那个时期社会政治、经济和文化发展的趋势与要求。

李光地生活的17世纪中期到18世纪初，世界正在发生一场翻天覆地的深刻变革。清朝迁都北京前后，1640年，英国发生了资产阶级革命，西方历史从此进入资本主义时期，资本主义蓬勃发展。资本主义替代封建主义，无疑是历史的进步，诚如马克思所言："资产阶级在它的不到一百年的阶级统治中所创造的生产力，比过去一切时代所创造的全部生产力还要多，还要大。"[①]然而亦诚如马克思所言，"掠夺是一切资产阶级的生存原则"。[②] 资本主义的生存和发展法则，决定了它们要扩大统治范围，掠夺海外殖民地，加速资本原始积累。地大物博资源丰富的中国，便成为它们侵略扩张的重要目标。最先来到中国的是葡萄牙人，随后是西班牙人和荷兰人。17世纪初，英国人和法国人也接踵而至。北方的沙俄尽管资本主义经济发展远远落后于西欧，可是对中国亦怀有极大野心。沙俄本是个欧洲国家，16世纪末越过乌拉尔山，迅速扩占了西伯利亚大片地区。17世纪中叶，沙俄侵略势力伸入中国黑龙江流域，不断蚕食中国领土。面对西方殖民者从海上和陆上而来的不断侵扰，武力掠夺，如何有效加以防范和抵御，进行民族自卫，显然是李光地所处时代的中国不能不直面的重大外部问题。

李光地生活的年代，是清朝刚取代明朝不久的清初时期。明代中叶后，

① 《马克思恩格斯选集》第1卷，北京：人民出版社，1972年，第256页。

② 《马克思恩格斯选集》第4卷，北京：人民出版社，1972年，第380页。

中国社会发展出现了新动向，资本主义生产方式的萌芽开始出现在部分经济发达地区。对于世界各个民族来说，资本主义早期发展阶段都要求政治的相对开明和社会的基本稳定。可是明代后期的社会环境，不仅无法保护这种新的经济因素发展，恰恰相反，明王朝的倒行逆施对社会经济造成了严重摧残和破坏。封建统治者疯狂兼并土地和横征暴敛，导致农业生产力严重萎缩，不利于商品经济发展。封建王朝的残酷统治和对工商业的肆意掠夺，普通工商业者艰难困顿，严重压抑近代商品经济萌芽的生长。明王朝的暴政，终于引发了持续数十年的明末农民大起义。清朝军队入关，数百万明军抵挡不住十万清军，可见当时明王朝已腐朽到了何种地步！满族固然生产方式落后，性格野蛮，可也尚没有汉族统治者那么严重的腐败堕落。而且这个“蛮族”入主中原后，也不得不适应汉民族的生产生活方式，在不断汉化的同时，也总结了明王朝灭亡的教训，致力建设有利于社会安定和经济繁荣的政治环境，因而给中国社会注入新的生机。从这个意义上说，清朝取代明朝是历史的进步。这是李光地研究不能不把握的大局。

李光地一生的主要活动时间，大致与清初康熙朝相终始，正处于清朝初定鼎的顺治之后。清王朝建立后，顺治帝当政 18 年，尽管在革除晚明弊政和创辟开国规模方面做了不少事情，可是干戈扰攘，疮痍满目，加以英年早逝，留给继位稚子康熙帝的是堆积如山的棘手问题。康熙帝在位 61 年间，是奠定国基的重要创业时期。康熙六年（1667 年）康熙帝亲政后，此时的封建国家尚面临诸多突出问题。在政治上，全国一统局面尚未真正实现，郑成功留下的抗清力量仍踞守台湾与清朝进行对抗，满汉尖锐的民族矛盾亦亟须加以缓解。在军事上，吴三桂、尚可喜、耿精忠三个阳奉阴违的藩王，成为尾大不掉的地方割据势力，严重威胁中央政权，不能不加以剪除。在经济上，明末清初长期的惨烈战祸，社会生产力受到致命摧残，百业凋敝，采取切实有效措施，恢复残破的经济，发展生产，成为当务之急。思想文化方面，清朝贵族本就属于落后民族，入主中原后，自顺治至康熙初年，忙于征战，无暇顾及文化建设，导致中国文化传统日渐式微，整个国家思想空虚，文化混乱，迫切要求制定切实可行的政策，找到维系社会人心的有效工具，促进社会稳定和经济恢复发展。更重要的是，在大航海时代，西方列国觊觎东方古国，企图践踏其羸弱的身躯，从海上侵入中国领土，瓜分中国市场。

因此，评价这个时期的历史人物，必须把其放到这个特定历史环境中进

行观照，看其能否把握历史发展趋势，顺应社会发展要求，做有利于社会政治稳定的事，做有利于经济发展的事，提出带有思想启蒙催人奋进的价值观念。谁在这些方面做出贡献，谁就应当得到肯定。谁的贡献更为突出，谁就应当得到更高评价。研究和评价李光地，同样不能偏离这个大局。

三、全球视野下李光地的历史地位

新政是否强大，直接影响国家对外的尊严，直接面对国土的安全。在大航海时代，西方资本主义妄图伸手尚未一统的中国，我们更应该正本清源，基于当时的全球视野，研究和评判李光地，则不难看出，李光地生前身后无论荣辱毁誉如何，为官几十年的所作所为，确实能够顺应社会发展要求，在诸多重大问题上都有突出建树，比起同时代的大臣至少做出了以下四大贡献。

反对分裂，促进统一。康熙帝亲政后，为扫平割据势力，统一国家做出巨大努力。在这个过程中，李光地贡献甚大。首先是协助平定三藩。李光地对三藩危害有深刻认识，"以强藩世及为忧"，[①]坚决主张扫除。耿精忠公开叛乱后，李光地因父丧家居，在极其困难环境中，无畏耿精忠胁迫，且积极筹划，密上《蜡丸疏》，向朝廷献破敌平叛之策。至于统一台湾，更是功勋卓著。彼时，台湾政权已经相当羸弱，西方资本主义国家已觊觎中国良久，台湾地位对于国家来说是极具重要的战略意义。李光地力排众议，建议康熙帝抓住有利时机，出兵收台。他力荐施琅为将，促使康熙帝下决心重新起用施琅，起了关键作用，并帮助施琅取得专征权，保证了进兵台湾的军事行动顺利进行。施琅为统一台湾立下汗马功劳，然而可以说，没有李光地极力举荐并坚定支持，也就没有施琅平台之功。李光地为清初国家统一事业做出不可磨灭的贡献，这才是他的大节所在，维护了中华民族的最高利益，亦有利于抵御外国侵略者。

吏治建设，贡献甚多。康熙帝亲政后，希冀建立太平盛世，不能不高度重视吏治问题。李光地作为重要辅臣，积极建言献策，并在康熙帝支持下付诸实践。突出表现在于反对酷政。李光地坚决反对实行暴政，积极鼓励康熙帝革除"二千年沿袭酷政"[②]，建立"远轶前古"的太平盛世。清理刑狱。李光地

---

① 李光地：《榕村全书》第10册，福州：福建人民出版社，2013年，第11页。

② 李光地：《榕村全书》第10册，福州：福建人民出版社，2013年，第93页。

认为，刑狱是吏治腐败重灾区，案件久拖不决，胡乱判案，乃与官员徇私舞弊密切相关，主张案件应限期审决，否则“严行参处”。若审理不公，亦应严查惩办，得到康熙帝赞同。废止卖官。清初的捐纳即卖官，李光地坚决主张禁革，经过不懈努力，康熙帝终于接受意见，持续数十年的卖官弊政被废止。整饬科场。李光地把整饬科场与禁革卖官看作是防止吏治腐败的两件大事，他说：“事有宜急者，有急不得者，如朝廷目下于科场作弊、捐纳这两事，真该一刀两断，急急断绝的。”[①]坚持严肃处理科场舞弊案的同时，提出详细严密的规章制度建议，大多得到采纳，起到遏制科场积弊的作用。惩贪倡廉。李光地力主严惩贪官，并在力所能及情况下，惩治了不少贪官，同时尽力保护清官，甚至保举升迁，解救了不少被陷害的清官。举荐人才。李光地深知官员选任是“国运所系”，始终保持“不拘一格荐人才”的可贵精神，不遗余力地举荐了大批有德行、有才能的官员。

重视民生，发展经济。李光地主张“立国以民为邦本”、“顺民心而兴事”，做了许多利国利民的实事好事。禁革圈地。清朝贵族入关后，夺占了大量土地成为“圈地”，无数汉人断了经济来源。李光地任直隶巡抚，据理力争，最终革除这种弊政。李光地为缓和民族矛盾，还力主废除满族特权，实行满汉法律平等。减轻百姓负担。李光地劝说康熙帝，颁行“蠲免之岁率停旧税之征”法令，制定“轮蠲法”，得到采纳，是康熙朝息养生民重要措施。李光地疏请定下“常平仓咨部辄发事例”，又制定“社仓法”，并采取“发富民之粟”办法平抑粮价，使灾区百姓能得到及时赈济。治理河患。李光地任直隶巡抚期间，负责治理子牙河和永定河水患，取得成功，给当地农业生产带来丰收景象，且所采取的以疏导浚深河道为主的经验，被推广于黄河和淮河治理。鼓励海外贸易。李光地坚决制止以防海盗为名、要求实行海禁的主张，提出充分发挥沿海地理环境优势，鼓励百姓开展外贸活动，使沿海百姓生计得以复苏，外贸在康熙朝亦有相当程度发展。重视商品货币经济。李光地认为从以农为本的农业经济到“金币之重”的商品货币经济转变，是必然趋势，反对官府与民争利。他说：“古者安于邦域，人鲜轻赍远游之事，故务谷米麻丝，而又自足。今也仕宦商旅，万里纷然，金币之重，亦势也。居官者不能率之务本而遏其分，

① 李光地：《榕村全书》第10册，福州：福建人民出版社，2013年，第461页。

方且与之攘夺而崇其竞，是胥上下而市也。”[①]这种主张对康熙时代商品经济恢复和发展起到了积极作用。

思想文化颇有建树。李光地广征博览，批判吸取，对古今圣哲之成说，以及东渐之西学，既不照搬，又根据稳定发展需要，摄取精华，因而有见地，有所发明，在清初思想文化建设进程中，发挥了重要作用。李光地劝康熙帝将“道统”与“治统”合而为一，以古代先贤圣哲及其学术作为厚风俗正人心工具。受命编纂《朱子全书》《性理精义》等书，既是清政府维系社会人心的工具，亦促进满族汉化和中国传统文化延续。李光地兼采程朱陆王的“以性为本”的理学思想体系，具有突破传统和革新传统的积极意义。他把“性”作为其理学体系最高范畴，抬高了人性地位而贬低了天理地位，反映了中国社会变动和思想变动新动向，实际上是中国传统社会意识形态向近代思想转型的开端。他主张“公天下之欲”，对“存天理，灭人欲”的禁欲主义说教又是个大突破。李光地从其“明实心，存实理，行实事”的学术宗旨出发，主张摒弃各派学术门户之见，取各家之长而避其所短。他重视汉学，表彰朴学，也是基于这种态度。因此，把清代学术思想推向新阶段，促进了尔后乾嘉实学的兴起。李光地反对把西方技术发明看作“奇技淫巧”的错误观点，赞扬西洋技术发明“皆有用之物”，明确肯定“工之利用极大”，[②]表现出了非凡的远见卓识，是主张引进西方技术的先觉者和先行者，最具历史进步意义。

可见李光地尽管未必可以称之为完人，不可避免地带有时代和阶级的局限性，然而他在所处那个时代，面对国内的羸弱和混乱，面对列强的咄咄逼人，他为清朝政权的巩固和国家的统一，所表现出的大节，不仅无可非议，且应当得到充分肯定。习近平在纪念孔子诞辰2565周年国际学术研讨会上的讲话中指出：“从历史的角度看，包括儒家思想在内的中国传统思想文化中的优秀成分，对中华文明形成并延续发展几千年而从未中断，对形成和维护中国团结统一的政治局面，对形成和巩固中国多民族和合一体的大家庭，对形成和丰富中华民族精神，对激励中华儿女维护民族独立、反抗外来侵略，对推动中国社会发展进步、促进中国社会利益和社会关系平衡，都发挥了十分重要的作用。”李光地正是在这方面做出重大贡献的政治家、思想家。

---

① 李光地：《榕村全书》第8册，福州：福建人民出版社，2013年，第41页。

② 李光地：《榕村全书》第5册，福州：福建人民出版社，2013年，第336页。

李光地与台湾

邓孔昭

（厦门大学台湾研究院）

摘要：本文阐述李光地在清初平定台湾、台湾的弃留以及台湾班兵制度的建立等方面都积极参与意见，无私无畏，给康熙皇帝的决策提供了有益的参考，得到了康熙皇帝的充分肯定。

李光地是清代康熙朝著名的政治家和思想家，曾先后担任内阁学士、兵部侍郎、直隶巡抚、吏部尚书、文渊阁大学士等职。在他担任内阁学士期间，正值清王朝与台湾郑氏政权的斗争进入了最后的关头。他在康熙皇帝面前表态：有关台湾问题，“不敢以局外自视”。[①] 也就是说，他会特别地关注台湾问题，并以此为己任，做好参谋工作。李光地这样说，也这样做了。他在当时有关解决台湾的问题上积极出谋献策，康熙皇帝也非常重视李光地的意见，这在《康熙起居注》和《榕村语录续集》中有许多的记载。

李光地为了在发表意见和提出建议时能够做到有的放矢，具有说服力，无论是在京任职还是回乡省亲，都十分注意接触各种各样的人，做了大量的调查研究。他在《榕村语录续集》中记载的对施琅多次接触、交谈与观察，就是一个典型的例子。杨彦杰先生的文章《一份难得的明郑台湾史料——从连横〈雅堂文集〉的两篇文章谈起》中也写道：李光地在福建期间，曾经接纳到台湾进行过深入考察并写下《台湾游记》一书的普陀山僧人华佑在安溪家中居

① 李光地：《榕村语录续集》卷十一，傅氏藏园刻本，1933年，第3页。

住。华佑与友人曾“遍历全台，东西南北，靡所不至”，历时年余。所写《台湾游记》一书，有图、有文字，对台湾、澎湖各地，“凡可建邑屯田之地、陆防水战之区，莫不指示其要”。[①] 这样一个曾经游历台湾的僧人成了李光地了解台湾最好的调查对象。李光地将其留在家中，盛情款待，取得华佑的充分信任，最后华佑将书稿交给李光地保存。李光地“爱其书，秘以为宝”。[②] 李光地正是从许许多多的施琅和华佑那里，了解了台湾郑氏的情况和清郑斗争的形势。他对有关台湾郑氏问题的见解，深得康熙皇帝的信赖，往往能够起到有效的作用。李光地和台湾的关系，归纳起来主要有以下三个方面：

一、御前出谋献策，参与平定台湾

李光地在皇帝面前出谋献策，参与平定台湾的事例是很多的，这在《康熙起居注》中有许多的记载可以说明。

康熙十九年(1680 年)十月十一日：“大学士、学士随捧折本面奏请旨：为给事中郛隆格奏，福建投诚官兵当安插直隶、山东、河南、山西地方，部议不准事。上曰：‘这条奏尚有宜商酌者。’因问学士李光地：‘尔系福建人，必有所见。’光地奏曰：‘投诚官兵似宜分驻近省。’上曰：‘官兵若分散安插，此后投诚之人恐心怀不安。’光地奏曰：‘投诚官兵若安插一处，恐妄窥情形，别萌他念，亦未可定。但以官职录用，则亦足矣，似无不可分之处。’上曰：‘着兵部再详议具奏。’”[③]

十二月十四日：“大学士、学士随捧折本面奏请旨：为福建提督万正色、巡抚吴兴祚请于温州等处海口购买粮米，令载五百石以下船只入洋赴闽，户部议允事。上曰：‘此买米海运之事极当，尔等以为何如？’大学士明珠奏曰：‘诚如圣谕。’上又问汉大学士等，李霨奏：‘臣等所见相同。’上又问学士李光地，光地奏曰：‘臣乡米价较前甚减，此买米之事似应停止。’明珠奏曰：‘前曾奉谕旨，厦门、金门、海滩(坛)恢复之后，准该督抚请开海禁。’上曰：‘据李光地之言，买米似乎有碍。在地方大僚，谁肯为不肖之事，但恐奸宄之徒借端携带私

① 杨彦杰：《一份难得的明郑台湾史料——从连横〈雅堂文集〉的两篇文章谈起》，《台湾研究集刊》2018 年第 4 期。

② 连横：《雅堂文集》卷一，台湾文献丛刊本，第 52～53 页。

③ 中国第一历史档案馆整理：《康熙起居注》第一册，北京：中华书局，1984 年，第 623 页。

物，亦未可知。然则海禁果可开否？'光地奏曰：'开海一事于民最便，现今万余穷民，借此营生贸易，庶不至颠连困苦。况有水师五千，尽可防御。皇上睿见至当。'上曰：'虽然如此，海禁亦未便遽开。这本着发回该部，照前再议具奏。'"①

康熙二十年(1681年)二月初十日："又福建总督姚启圣复请分别议叙投诚官员杨异宝等，兵部题复无容议事。上顾学士李光地问曰：'杨异宝、江吉系何人？'李光地奏曰：'此系海贼投诚最不良之人也。'上曰：'杨异宝、江吉等俱着速遣来京。'"②

十四日："又荷兰国请于福建地方不时互市，礼部议不允事。上曰：'此事尔等之意如何？'明珠奏曰：'从来外国入贡各有年限，若令不时互市，恐有妄行，亦未可定。'……上又问学士李光地，光地奏曰：'海寇未经剿除，荷兰国不时互市实有未便。'上命依部议。"③

八月十四日："又福建总督姚启圣请用守备潘贤进剿台湾，意见允行，潘贤又复固辞。兵部两议，一议革职交与刑部，一议革职仍令随征福建。上曰：'此人亦太狂妄，尔等云何？'明珠奏曰：'此人原系商人，被海贼所获，故少知贼中情形，因而条陈。其人学士李光地深知之。'李光地奏曰：'此人原系光棍，毫无所能。'上曰：'先因潘贤条奏，故授以官。今既如此，允宜革职，不必令往福建。'"④

康熙二十一年(1682年)二月十四日："又福建水师提督施琅请将所留垦荒官员何义等三十三人发往福建进剿台湾，部议不准事。上曰：'尔等云何？'明珠奏曰：'顷问学士李光地，云福建现今投诚朱天贵等人员甚众，尚无计解散，岂可复行添往？且此三十三人内并无著名勇健之夫。'上曰：'揆此何义等，必向施琅营求带往录用，着不准行。'"⑤

五月二十一日："大学士、学士随捧折本面奏请旨，为给事中孙蕙条奏进取台湾宜缓事。上曰：'朕昨览此本，意以其言为当。今阅奏报，已于五月初

---

① 中国第一历史档案馆整理：《康熙起居注》第一册，北京：中华书局，1984年，第642～643页。

② 中国第一历史档案馆整理：《康熙起居注》第一册，北京：中华书局，1984年，第663页。

③ 中国第一历史档案馆整理：《康熙起居注》第一册，北京：中华书局，1984年，第666页。

④ 中国第一历史档案馆整理：《康熙起居注》第一册，北京：中华书局，1984年，第740页。

⑤ 中国第一历史档案馆整理：《康熙起居注》第二册，北京：中华书局，1984年，第824页。

四日进讫，该将军等似乎太急。朕向于陆地用兵之处，筹算可以周悉，今海上情形难于遥度，李光地必知之。'李光地奏曰：'海上惟凭风信，可进则进，可止则止。提督施琅谙于水师，料必无虞。'明珠奏曰：'前经有旨令其相机进止，此文谅已到彼矣。'上曰：'今既已进兵，应于金门、厦门等要害之处添兵防御，以壮声威。着议政王大臣等详议具奏，孙蕙条奏依所拟票。'"①

从上述的记载中，我们不难发现，康熙皇帝在有关台湾郑氏问题上是很重视李光地的意见的。"因问学士李光地"、"上又问学士李光地"、"上顾学士李光地问曰"，并说"李光地必知之"等这样的句子，充分说明了这一点。李光地自己曾说："上罕对学士说话，我为学士二年，蒙顾问者百余次。"②康熙皇帝也曾说过："台湾之役，众人皆谓不可取，独李光地以为必可取。此其所长。"③可见李光地在御前出谋献策对平定台湾的贡献。

李光地参与平定台湾，出谋献策，最重要的贡献还是他对施琅的举荐。在李光地之前，福建总督姚启圣也曾积极举荐过施琅。和姚启圣相比，李光地开始时对举荐施琅采取比较审慎的态度，但后来由于加深了对施琅的了解，才开始对施琅的复出和进取台湾起积极推动作用。根据李光地自己的回忆：康熙十九年(1680 年)，他回安溪度假，同乡翰林庄延裕曾来相见，让他劝康熙派兵歼除郑氏，以使地方安宁。李光地答以"他(指郑氏)已去隔大洋，料难卒至。且驱人于大海中，事之成否不可知，而人命大事，吾不敢启其端也"，"后回京，施将军时来说他的本事，海上可平，予亦不在意。以为此人骄狂，未必能成事，亦未知其实际若何"。④ 后来有一天，李光地与施琅在礼部侍郎富鸿基家见面，谈到顺治十六年(1659 年)清郑南京之役时，施琅对郑氏军队长短处的深切见解，使李光地钦佩不已。从此，李光地一改以往的审慎态度，开始在康熙面前为施琅说话。

康熙二十年(1681 年)二月，施琅"求叙其长子施齐功，言施齐在海上欲为内应降我朝，为贼所杀，上问曰：'施齐果以内附为海上杀耶?'予对曰：'施琅

---

① 中国第一历史档案馆整理：《康熙起居注》第二册，北京：中华书局，1984 年，第 845～846 页。

② 李光地：《榕村语录续集》卷十五，傅氏藏园刻本，1933 年。

③ 中国第一历史档案馆整理：《康熙起居注》第三册，北京：中华书局，1984 年，第 1759 页。

④ 李光地：《榕村语录续集》卷十一，傅氏藏园刻本，1933 年。

既来，琅海上所畏也，恐我朝用之。故彼用其子，以生我疑，不用其父耳。施齐后得便来降，复为海上所得，知其必不能一心，故杀之。'上又问曰：'施琅果有甚么本事？'予对曰：'琅自幼在行间，经历得多，又海上路熟，海上事他亦得详细，海贼甚畏之。'上点首而已"。[①] 李光地这时虽然没有直接向康熙举荐施琅，但他为了使康熙消除对施琅的疑虑，并且使康熙对施琅有个好印象的意图是很明显的。

康熙二十年（1681 年）七月，一天，启奏毕，康熙留李光地问话，"上问曰：'海贼可招安否？'予曰：'不能。'上问何故，曰：'彼恃风涛之险，一闻招安，他便说不削发、不登岸、不称臣、不纳贡，约为兄弟之国，岂有国家如此盛大，肯与为兄弟之理。……'上问曰：'然则此时可用兵否？'予曰：'闻郑经死，其军师陈永华亦死，此其时。……但向日满洲兵不习水战，上船便晕却，去不得。必须南兵习于舟楫，知其形势，乃可用。'上问：'汝胸中有相识人可任为将者否？'予对曰：'命将大事，皇上圣明神武，臣何敢与？'上曰：'就汝所见，有可信任者，何妨说来。'敦问再三：予对曰：'此非小事，容臣思想数日后，斟酌妥即复旨。'上曰：'很是，汝去想。后数日，上使明中堂来问。'余曰：'都难信及。但计量起来，还是施琅，他全家被海上杀，是世仇，某心可保也。又熟悉海上情形，亦无有过之者。又其人还有些谋略，不是一勇之夫。又海上所畏惟此一人，用之则其气先夺矣。'上遂用之"。[②] 这段记载说明李光地举荐施琅是很讲策略的。他首先主张对郑氏不能用招安的办法，必须用兵，而且这时正是用兵的最好时机。用兵必须用南兵，不言自明，自然更须用南将。但等康熙问何人可为将时，他却故意不把施琅说出来，说是要回去想几天。这正是李光地的高明之处，他这样做，一可以表明他的慎重，二可以避免受人之托的嫌疑。几天之后，他再举荐施琅，并且连说了四条理由，这就不怕康熙不用施琅了。

据《清实录》记载，康熙二十年（1681 年）七月二十八日，"谕议政王、大臣等曰：今诸路逆贼，俱已歼除，应以见在舟师破灭海贼。原任右都督施琅系海上投诚，且曾任福建水师提督，熟悉彼处地利、海寇情形，可仍以右都督充福建水师提督总兵官加太子少保，前往福建。到日，即与将军、总督、巡抚、提督

---

① 李光地：《榕村语录续集》卷十一，傅氏藏园刻本，1933 年。

② 李光地：《榕村语录续集》卷十一，傅氏藏园刻本，1933 年。

商酌。克期统领舟师进取澎湖、台湾”。[①] 李光地在七月举荐施琅，当月二十八日，清廷就让施琅复任福建水师提督。可见李光地的举荐与施琅的复出有着十分直接的关系。

施琅复任福建水师提督，不但使清军有了一个熟悉海战的统帅，而且也使台湾郑氏有了一个发誓“灭此朝食”的可怕敌手。施琅最终在澎湖击溃郑军主力，迫使郑氏集团投降，李光地、姚启圣确有荐人得宜的贡献。

二、讨论台湾弃留，心底无私直陈

谈李光地和台湾的关系，还有一个问题是不能回避的，那就是李光地在台湾弃留问题的讨论中主张放弃台湾的态度。对李光地的这一表态，几乎所有的学者都持完全否定的态度。笔者在以前的文章当中也认为“李光地放弃台湾的主张，无疑是错误的”、“是没有抱负、没有远见的表现，对历史也不够负责任”、“说明了他在这一问题上的认识有很大的局限性”。[②] 但后来随着研究的深入，特别是在经过与他同时代的人进行比较之后，笔者对李光地在这一问题上所持态度的看法有了一点小小的改变。新的看法是：虽然他的观点是错误的，但他的用心是无私的。作为谋臣，把自己的担忧说出来，让皇帝在做抉择时多一些参考，这也是一种贡献。下面就说明一下这个理由。

攻下澎湖后，台湾郑氏集团的命运基本上已经确定。施琅在六月二十六日的《飞报大捷疏》、七月二十四日的《台湾就抚疏》以及八月十九日的《舟师抵台湾疏》中，三次提出台湾“或去或留”、“应去应留”的问题请朝廷尽早定夺。于是在清廷和福建地方大员中就有了一场关于台湾弃留问题的讨论。

福建总督姚启圣是最早提出要保留台湾的。他在康熙二十二年（1683年）八月十七日所上的《舆图既广难狭贼巢既得难弃》一疏中就提出了保留台湾归入清朝版图的主张。[③] 但康熙并没有采纳姚启圣的意见。姚启圣的正确

---

① 《清圣祖实录选辑》，台湾文献丛刊本，第 113 页。

② 邓孔昭：《李光地、施琅、姚启圣与清初统一台湾》，杨国桢、李天乙主编：《李光地研究——纪念李光地诞生三百五十周年学术论文集》，厦门：厦门大学出版社，1993 年，第 105～106页。

③ 厦门大学台湾研究所、中国第一历史档案馆编辑部编：《康熙统一台湾档案史料选辑》，福州：福建人民出版社，1983 年，第 300～301 页。

主张所以不被康熙采纳，主要的原因是姚启圣在上此疏的同一天，一共上了8份奏疏，[①]对台湾平定之后的善后事宜提出了许多建议，引起了康熙的不快。这些意见，归纳起来有以下几个方面：(一)政事“必须彻底澄清，从头整顿”。(二)与民休养生息，“复五省迁界”、“开六省海禁”、“还绿旗官兵久占民房”、“请赦免未完钱粮”等。(三)要皇上躬行节俭，以正风俗。(四)裁官益民。平心而论，这些建议都是为国为民的诤言，只可惜过于直言不讳，康熙不能接受。据《康熙起居注》记载：“九月初九日，福建总督姚启圣请开垦广东等省沿海荒地等事共八本。上曰：‘朕观姚启圣近来行事颇多虚妄，今台湾降附，海贼荡平，该近海地方应行事件，自当酌量陆续施行。姚启圣预行借端陈清，明系沽名市恩，殊为不合。这各本皆不准行，尔等严切拟票送进。’”[②]明知姚启圣所奏各事是对的，应当陆续施行，却又计较他的态度，更以上本动机不纯为名，尽废其言。这是康熙气度不够大的地方。

姚启圣保留台湾的意见被驳不准之后，就使弃台论有了一定的市场。当时，朝廷中有人主张台湾“孤悬海外，易薮贼，欲弃之，专守澎湖”。[③] 当然，这种弃台论也未能占上风，一时廷议未决。工部侍郎苏拜和福建巡抚金鋐等人本来对台湾弃留问题负有会议专责(这时姚启圣已病死)，却“以留恐无益，弃虞有害，各议不一”。[④]

在这种情况下，到台湾住了3个月之后的施琅，一反最初台湾“或去或留”不持意见的超然态度，于康熙二十二年(1683年)十二月二十二日上了一份《恭陈台湾弃留疏》，从台湾的战略地位、防御外侮的需要等许多方面阐述了他主张保留台湾的看法，并且深刻指出台湾“弃之必酿成大祸，留之诚永固边圉”。[⑤]

施琅的意见，清廷极为重视，很快得到“议政王、贝勒、大臣、九卿、詹事、科、道会议准行”。汉大学士李蔚、王熙也表示赞同。康熙皇帝最后认为：“台

---

① 厦门大学台湾研究所、中国第一历史档案馆编辑部编：《康熙统一台湾档案史料选辑》，福州：福建人民出版社，1983年，第292～302页。

② 中国第一历史档案馆整理：《康熙起居注》第二册，北京：中华书局，1984年，第1067页。

③ 魏源：《康熙戡定台湾记》，载丁日健《治台必告录》，台湾文献丛刊本，第79页。

④ 江日升：《台湾外记》，福州：福建人民出版社，1983年，第364页。

⑤ 施琅：《靖海纪事》，福州：福建人民出版社，1983年，第121～123页。

湾弃取所关甚大……若徙其人民，又恐致失所，弃而不守，尤为不可。”[1]施琅的意见直接促使了清廷决定把台湾保留在清朝的版图之中。

和姚启圣、施琅积极保留台湾的意见相反，李光地在当时是主张放弃台湾的。据他自己记载：“海上初平时，予赴官进京，上即问云：‘如今台湾已平，姚启圣、施琅欲郡县其地，如何？汝来时曾见之否？’奏云：‘来时曾见之，臣议论与之不合。’上问云：‘如何不合？’曰：‘台湾隔在大洋之外，声息皆不通。小有事，则不相救，使人冒不测之险。为其地之官，亦殊不情。’上云：‘然则弃之乎？’曰：‘应弃。’上曰：‘如何弃法？’曰：‘空其地，任夷人居之，而纳款通贡，即为贺兰有亦听之。荷兰岂有大志耶，彼安其国久矣。事久生变，到彼时置之不顾，便失疆土，与之争利，或将不得人，风涛不测，便为损威，终非善策。’上云：‘目下如何？’曰：‘目下何妨，以皇上之声灵，几十年可保无事。’上曰：‘如此且置郡县，若计到久远，十三省岂能长保为我有耶。’”[2]

实事求是地说，李光地所说的，“台湾隔在大洋之外，声息皆不通。小有事，则不相救，使人冒不测之险”、“事久生变，到彼时置之不顾，便失疆土。与之争利，或将不得人，风涛不测，便为损威，终非善策”。这样的“远虑”，并不是多余的。后来历史的发展：台湾发生了朱一贵起义、林爽文起义、戴潮春起义，中法战争中法军侵台、中日甲午战争后日本割占台湾，都说明了李光地当时的担忧具有一定的预见性，只是在这种预见性的基础上缺少了一种历史的担当、抱负和责任罢了。

尽管李光地主张放弃台湾的意见是错误的，但他当时考虑这一问题时的内心是无私的。施琅在打下澎湖迫使台湾郑氏投降之后，得到了康熙皇帝的极度恩宠，李光地在这时要在康熙皇帝面前发表与施琅不合的意见，如果不是出以公心是做不到的。他的出发点就是眼下的平定台湾已是经历了如此多的艰难曲折，他不忍心将来将士还要再“冒不测之险”，更不愿意将来国家出现“失疆土”和“损威”的可能。如果从这样一种角度去看待李光地在台湾弃留问题上的错误主张，我们似乎就不会过多地加以苛责了。

有趣的是，近年来新的研究说明，在台湾弃留问题上起了关键作用的施

---

① 中国第一历史档案馆整理：《康熙起居注》第二册，北京：中华书局，1984 年，第 1127 页。

② 李光地：《榕村语录续集》卷十一，傅氏藏园刻本，1933 年。

琅,他的《恭陈台湾弃留疏》在冠冕堂皇的高谈阔论之下却有着隐藏私利的可能。过去,笔者对施琅的《恭陈台湾弃留疏》也曾经给予很高的评价,认为这件事的意义甚至“超过他打下澎湖,迫使台湾郑氏投降。因为迫降郑氏,只是帮助清王朝消灭了一个政治上的敌人,这和当时打败吴三桂、耿精忠、尚之信,也就是平定三藩之乱没有多少区别。而使台湾保留在清朝的版图之中,这对于台湾以后的开发和发展,对于中国东南海防的巩固,都具有深远的历史意义”。[①] 但是当时笔者也曾经有过一些疑惑:为什么施琅对台湾弃留问题的态度前后会有很大的不同?当时,从善意的角度考虑,认为是施琅经过到台湾实地考察之后对台湾的认识有了很大的提高。后来读了台湾学者石万寿教授的文章,才知道施琅这种前后态度的变化还有另外一种可能:即冠冕堂皇的高谈阔论其实是隐藏私利的伪装。

施琅的态度为什么会发生如此巨大的变化?台湾学者石万寿教授认为施琅要求保留台湾的“表面理由固然冠冕堂皇,然而以施琅贪婪无厌的德性,在台湾十个月无朝廷派官治理的期间,竟如此‘公忠体国’,在情在理都无法想象其可能性”。实际上,施琅在登陆台湾之后,纵容家人和部将掠夺了大量由于郑氏官兵内迁而留下的田园,后来属于他家的土地就有55庄之多,“施琅为了有效管理其五十五庄土地,乃设施公租馆十处,置管事分掌收租。……可见施琅力主收台湾为版图真正的用意所在”。[②]

石教授的观点不无道理。如果说施琅前几个月对台湾弃留问题没有倾向性的意见,是因为他在台湾还没有个人的利益,所以他可以抱着超然的态度。等他在台湾住了3个月以后,他已经发现郑氏官兵内迁以后留下的大量田园他可以轻易地占为己有。如果清廷弃守台湾,他将失去这些利益。如果保留台湾,他将拥有这些利益。因此,他一改以往超然的态度,坚决地变成了保留台湾的支持者。这样的分析是合乎逻辑的。施琅家族在台湾拥有大量的田产、“施侯租”成为台湾历史上的一个专有名词的事实也说明了确实有这种可能。

当然,不管施琅当时上《恭陈台湾弃留疏》的动机如何,究竟是为了保护私利,还是觉悟有了很大提高,或是二者兼而有之?客观上此疏的效果和价

---

① 邓孔昭:《李光地、施琅、姚启圣与清初统一台湾》,《台湾研究集刊》1993年第1期。

② 石万寿:《台湾弃留议之探讨》,载《泅汪·将军·施琅——将军乡乡名溯源暨施琅学术研讨会论文集》。

值还是应当充分肯定的。

在比较了李光地和施琅在台湾弃留问题的不同主张和背后实际的考虑之后，我们对李光地在这一问题上的错误，是不是也应当保留一定的敬畏？

三、李光地与清代台湾班兵制度的关系

清廷在决定将台湾留在版图中之后，对如何派兵戍守台湾也有过一番讨论。最后决定在台湾实行班兵制度。班兵制度的确立，李光地的意见起了很直接的作用。

施琅在《恭陈台湾弃留疏》中，对派兵戍守台湾的设想是："且海氛既靖，内地溢设之官兵，尽可陆续汰减，以之分防台湾、澎湖两处。台湾设总兵一员，水师副将一员，陆师参将二员，兵八千名；澎湖设水师副将一员，兵二千名。通共计兵一万名，足以固守，又无添兵增饷之费。其防守总兵、副、参、游等官，定以三年或二年转升内地，无致久任，永为成例。"[①]施琅的意见归纳起来就是：戍守台湾的一万名士兵从福建汰减的兵丁名额中抽调而来，长期驻守。官员二三年一换，轮流驻守。

康熙二十三年(1684 年)正月二十一日，康熙皇帝亲临乾清门听政，听取大臣们对于施琅这一建议的意见。议政王、贝勒、大臣，九卿、詹事、科、道会议准行，大学士们也没有什么不同的意见，除了康熙皇帝觉得："镇守之官三年一易亦非至当之策"[②]之外，基本上就决定按施琅的意见实行。据《清实录》记载，康熙二十三年(1684 年)四月十四日，"差往福建料理钱粮侍郎苏拜，会同福建督、抚、提督疏言：台湾地方千余里，应设一府三县，设巡道一员分辖。应设总兵官一员，副将二员，兵八千，分为水陆八营；澎湖应设副将一员，兵二千，分为二营。每营各设游、守、千、把等官。从之"。[③]

康熙二十五年(1686 年)，福建总督王国安提出了台湾驻防兵丁三年一换的设想。据《康熙起居注》记载：二十五年(1686 年)八月二十四日，"又工部等衙门题覆王国安条奏，台湾地方修造府、县城池，建立学校，考取生员，驻防兵

---

① 施琅：《靖海纪事》，福州：福建人民出版社，1983 年，第 122～123 页。

② 中国第一历史档案馆整理：《康熙起居注》第二册，北京：中华书局，1984 年，第 1127 页。

③ 张本政主编：《清实录台湾史资料专辑》，福州：福建人民出版社，1993 年，第 64 页。

丁三年一换，其兵饷预行拨送，准议行。上顾大学士等曰：'这条奏亦好。若如此，则台湾想可永久无虑矣！尔等问明学士李光地具奏'"。[①]

二十六日，"又工部覆准福建总督王国安条奏台湾事宜四款。上曰：'李光地云何？'明珠等奏曰：'据李光地云，今皇上德威远播，四海归心，台湾弹丸之地，其(岂)敢有异志？但恐将帅非人，致生他变耳。至于久安之策，非臣愚所能及也。'上顾李光地曰：'现在总兵杨文魁如何？'李光地奏曰：'杨文魁深得兵民之心。'上曰：'然。杨文魁善人也，朕素知之'"。[②]

二十八日，"工部等衙门覆准福建总督王国安条奏请于台湾建城，并定驻防兵丁更番之例等事。上顾李光地问曰：'尔意若何？'李光地奏曰：'台湾驻防兵丁如不行更番，令其长住岁久，各立家业，恐意外致生他变。但一时齐换，似乎稍难，且不能得如许船只。若三年之中，陆续更番，事觉稳便。'上曰：'台湾驻防兵丁，着令更番，永著为例。余俱依部议'"。[③]

在《榕村语录续集》中，对有关班兵制度的讨论记载更为详细。李光地的意见之所以能打动康熙皇帝，是因为他还说了如果这万名士兵不行更换，则这些士兵"离父母，弃妻子，孤孑终身"，形同流犯，难以在台安之若素。若让他们携带家眷，则将使他们又"一无所系恋于内地"，在台必无所顾忌。并且兵不换而换将(施琅的主张)，必将造成兵为主而将反为客之势，久之，"弁髦其将，而加之以不堪，且继之以叛据矣"。[④] 这样的理由自然足以说服康熙皇帝实行班兵制度了。很显然，清代台湾的班兵制度虽然是福建总督王国安的提议，但它最后在清廷中得到批准，李光地的意见从中起了很大的作用。

从以上三个方面，我们可以清楚地看到，李光地在清初平定台湾、台湾的弃留以及台湾班兵制度的建立等方面都积极参与意见，无私无畏，给康熙皇帝的决策提供了有益的参考，因此得到了康熙皇帝的充分肯定。

---

① 中国第一历史档案馆整理：《康熙起居注》第二册，北京：中华书局，1984 年，第 1528 页。

② 中国第一历史档案馆整理：《康熙起居注》第二册，北京：中华书局，1984 年，第 1528～1529 页。

③ 中国第一历史档案馆整理：《康熙起居注》第二册，北京：中华书局，1984 年，第 1530 页。

④ 李光地：《榕村语录续集》卷十一，傅氏藏园刻本，1933 年。

一代完人　尊道贵德

——浅谈李光地崇尚道家思想

李宇思

（福建日报社泉州记者站）

摘要：儒林巨擘李光地的思想文化结构特殊，既尊孔又敬老。他崇尚老子“无为而无不为”的思想，在辅助康熙皇帝平定三藩之乱、收复台湾、统一中国，整顿吏治、举贤惩贪，疏治三河，废除圈地，直面储君风波、吸纳西学等棘手难题方面，既不妄为、不强为，又无所不为，为创建康熙盛世，竭尽了股肱之力。他以道家“和合”观念，力促上下交治、满汉和睦；阐发“相生”“相对”“知止不殆”等哲理，津筏斯民，严治本族，相通相济，共享太平。顺应自然，呼吁“天人合一”，保护生态。他毕生不仅注重对易学阴阳的阐发，而且成功应用于诸多领域。其思想文化中的精髓，很值得作为一种独特的战略资源加以保护传承，发扬光大。

清代理学名臣李光地，别号榕村，世人尊称他为榕村先生。他一生勤于为学，手不释卷，博综群书，汲取精华，老而弥笃，“益以群籍为厨，经书为膳”，“邃于经术，尤以易学最称专精”[①]，不为墨守，新知独得，思维非凡，融合儒、道、释家思想，互补优化，自成一体。纵观他辅君、处世、治家、修身生涯，这位儒林巨擘，既尊孔又敬老，与道家思想颇为缘深，而且一以贯之，得心应手，顺时妙用，应运翊辅，冷静处变，攻坚克难，造福当代，惠及后世。值此纪念李光地逝世300周年之际，应邀略举数例如下，请教于方家，权当抛砖引玉，冀求

① 李光地：《榕村全书》第一册，福州：福建人民出版社，2013年，第2页。

与大家共同研讨、挖掘、阐发、弘扬，以古为今用，利国益民，助力中华民族的伟大复兴。

一、无为而治　辅君定九域

道家之学，起源于黄帝，集成于老聃。老聃（约公元前 571 年—公元前 471 年），字伯阳，谥号聃，又称李耳，春秋末期楚国苦县厉乡曲仁里人，是我国古代伟大的哲学家、思想家和世界文化巨人。他的传世之作《道德经》，其精华之处，闪烁着朴素的辩证法。老子在《道德经》第三十七章，首次提出“道”的核心思想：“道常无为而无不为。”这“无为”之说，并非主张什么事情都不要干，而是强调“道”的法则，在人类社会中的运用，既是不妄为、不强为，又是无不为，概括了当时“无为而治”与“依道治国”的方略。

李光地信奉此“道”，身体力行，在辅助康熙皇帝平定三藩之乱、收复台湾、统一中国，整顿吏治、举贤惩贪，疏治三河（漳河、子牙河、永定河），废除圈地，直面储君风波、吸纳西学等棘手难题方面，胸无芥蒂，言行举止充分体现了正确审时度势，既不妄为、不强为，又无所不为，为创建康熙盛世，竭尽了股肱之力。

例如康熙十二年癸丑（1673 年）夏五月，李光地请假回安溪湖头探亲，“道闻尚可喜请撤藩觐京，吴三桂、耿精忠继之。廷议悉如其请”。他就预料：“这三藩旦夕可能叛变。”等他到了家乡，果然耿精忠反形渐露。浙闽总督范承谟是一位忠义之人。李光地赶紧写了密信给范总督，建议他以阅操闽安为名，整师出城，疾走洪塘，溯流而上，直趋延平，控其上游，防范耿乱。

耿精忠“既蓄异志，思收罗才杰之士”。听说李光地回籍，“再四以王谕”召见李光地。李光地“虽知变在旦夕，然迹未彰灼。辞不获已，乃赴省一见，辄告归。”耿精忠不准李光地辞行。李光地假以父病危，“书泣请于耿逆，始幸见许”，逃离福州。

康熙十三年（1674 年）三月，“三逆果皆叛”。面对耿精忠叛乱和郑经（锦）烧杀，李光地“奉两亲遁匿荒谷，合门野服深匿”。郑经派与李光地熟识的杨芳，“前后三至”安溪游说李光地一起反清复明。李光地洞察到他们包藏着分疆裂土、祸国殃民的狼子野心，“以死拒之”。

康熙十四年（1675 年）夏，李光地分析福建局势，为了秘密送出平乱的《蜡

丸疏》,并“请大师入闽,禁屠戮,以慰残黎”,“惟谋于叔父白轩”。白轩问李光地:“必欲上密本何意? 一泄大祸立至。”李光地向六叔解释此举虽冒死而行,却可望避免闽地长期战乱、生灵涂炭及覆宗之祸。白轩乃行,护送割腿藏《蜡丸疏》的家仆夏泽出汀州关,从江西辗转抵京。康亲王奉旨依计平乱。许多史实无不尽显李光地为了社会稳定、百姓安宁,善于“无为而无不为”,主动应变,不与耿乱同流合污,其用心何其良苦!

又如康熙十九年(1680 年),李光地服孝期满,赴京上任,抓住台湾郑氏政权内乱之机,于康熙二十年(1681 年)初向康熙皇帝奏明:“郑锦(经)已死,子克塽幼,部下争权,宜急取之。”并以自身和阖族生命,力荐、担保施琅率师征台,独言可平。这除了再次体现他敢于为国一统之担当以外,还彰显他多谋善断。此大智大勇,稳操胜券,或许源于相生相克的道家思想。这从李光地为威略将军、福建水师提督吴英撰写的墓志铭中可得佐证。他在此墓志铭中评论应对清初闽乱计策时写道:“吾闻攻毒之饵,恒出于瘴疠之区;乱之兴也,其受乱之地必有人焉。足以还自救也。”对此,吴幼雄教授的专题论述精辟翔实,令人耳目一新,受益匪浅。当年,康熙皇帝对让谁率师平台心存疑虑,李光地就上奏说:“计量起来,还是施琅。他全家被海上杀,是世仇,其心可保也。又熟悉海上情形,亦无有过之者;又其人还有些谋略,不是一勇之夫;又海上所畏惟此一人,用之则气先夺矣。”为施琅最终获得专征权、一举平台创造了先机。

自古知兵非好战。李光地既敢为又不妄为,在平台以后,李光地应邀为施琅撰写的《靖海纪事》作序时,特别沉重地写下了一笔:“耀兵之非得已!”不忘宣传“兵者不祥之器”“不得已而用之”的道家理念①。这无异于语重心长地提醒后人:千万要尽力避免像当年上万尸体血染海峡的历史悲剧重演! 李光地在《榕村文集卷一·治》中评古论今时,也宣扬这个道家理念,赞同“以兵为凶事,故畜(古同蓄)而不轻于用,用而不究其武”的大智慧。

再如对待储君问题,李光地不谋私利,静观宫廷风起云涌,多次应召独对,始终从清初避免政局大动荡出发而谏言献策,尽力做到“无为而无不为”,超脱于皇储之争的旋涡。康熙五十一年(1712 年)八月,康熙皇帝复行册废皇太子允礽,将其禁锢在咸安宫内。康熙皇帝前往西苑铁门,又召李光地独对。

---

① 老子:《道德经》,北京:中国华侨出版社,2014 年,第 155 页。

李光地退出以后，暗自感叹："数年之间，是事三变，岂一毫意料之所能参？付托事大，天命不欺，尤不当阿顺目前，妄生希冀。吾前后三对，不过权情度理，归之于是而已。若少挟瞻徇希望之私，则波澜翻覆，孰能执其祸福之柄哉！"[①]这可谓将老子所预言的"祸兮福之所倚，福兮祸之所伏"[②]读个通透，活学活用。经历过废、立、复废皇太子的痛苦折腾，康熙皇帝心力交瘁。精于《易经》的李光地，顺乎自然，才向康熙皇帝献上万全之策，君臣以手书绝密独对。后来，康熙皇帝大为感叹："大臣中，每事为我家计万世者，独此一老臣耳！"[③]

二、力倡和合　促上下交治

《周易·乾·彖辞》曰："乾道变化，各正性命，保合太和，乃利贞。"李光地研易治经，目的不是为己替人占卦算命，而是注重弘扬易学中的"太和"等哲理，促进君臣际合、汉满和谐、人际和谐、社会和谐、人与自然和谐，凝心聚力，共建太平盛世。

他在《周易观彖》中，提出"有德有位""顺乎天而应乎人"。他还在《周易三》中指出："圣人忧患，都是忧患天下，不是只为一身……吉凶与民同患。"这与老子的政治理想："以百姓心为心"、"贵以身为天下，若可寄天下。爱以身为天下，若可托天下"，一脉相承。

他借"固由正生"[④]而论："贞，正也，常也。吉凶不一，要以正而常者为胜"、"天地以正而常者为观，日月以正而常者为明"。"'贞观'、'贞明'，便是天地日月之贞于一处。老氏所谓'天得一以清，地得一以宁'[⑤]，亦颇得此意"。他进而发挥，引经据典，竭诚宣扬"政教之顺民而施，如气候之应节而至"、"天地交则泰，上下交则治"[⑥]，直言反对"一人横行于天下"，劝说康熙皇帝下定决

---

① 李清馥：《榕村谱录合考》卷下，《榕村全书》第十册，福州：福建人民出版社，2013 年，第 294 页。

② 老子：《道德经》，北京：中国华侨出版社，2014 年，第 288 页。

③ 李光地：《榕村全书》第十册，福州：福建人民出版社，2013 年，第 327 页。

④ 李光地：《周易通论》卷一，《榕村全书》第一册，福州：福建人民出版社，2013 年，第 26 页。

⑤ 老子：《道德经》，北京：中国华侨出版社，2014 年，第 189 页。

⑥ 李光地：《榕村全书》第八册，福州：福建人民出版社，2013 年，第 63 页。

心，“使二千年沿袭秦酷，一旦尽湔（jiān，音同煎，洗）”[①]。

李光地还强调：“圣人为政，惠而不费，不要百姓感恩。但存望报之心，便有限了。岂必望报，心里记得有此便害事。”“即君亦不宜自张其功，一有功绩恩德，欲人见之、知之，便不精，不纯”、“乾则利天下而不言，坤则成王事而不居，二者皆法尧、舜而已矣。所谓纯粹精者，此也。王道之至也”。[②] 这与老子提倡的“以正治国”、无私无我无欲之道，“圣人处无为之事，行不言之教”的精神一致。

在这种思想熏陶下，李光地“以天下为己任，自耕野时便如此”[③]，竭力推崇“天生民而立之君，若不为民，立君何为”![④] “读书人须看得宇宙间事，皆我分内才好”、“古人仕以救民，当官尽职，乃分内事，非为君也”[⑤]。“为治，事事要不拂民”，他反对“民可使由之，不可使知之”的观点，一针见血地指出，“此谓愚民耳”。主张“立国以民为邦本”，重读“民”字，“顺民心而兴事”。他说：“帝王立许多法制，学校、师儒，无非欲民知。道理得令大家皆知，有何不可!”“计较得及于民者有七八分利益，只得就去做”[⑥]。清初商品经济日渐活跃发展。在这“金弊之重”变迁中，李光地反对“固守其常”，运用道家的变革思维，提出调整法规，防止官吏与民众争市争利。他直言：“民无以耕，山泽关市之利，与民共之可也。”李光地还想方设法纠正满族显贵肆意圈地侵害民众的弊政，着力化解民族矛盾，促进汉满和谐。这更是奋不顾身地革除时弊之创举，践行了“惟道是从”之信仰。

李光地致力构建满汉和谐，有史皆碑。对于康熙皇帝瞧不起汉臣等缺点，李光地看在眼里，急在心头，担心康熙皇帝出台不利于满汉团结的举措，就抓住皇上邀他研《易》机会，自牖（yǒu 音同有，泛指窗户，开通之义）输忠，以颂为规，言婉而意至，以报答皇上“眷注深恩”。有一天，康熙皇帝问起《易经》

---

① 李清馥：《榕村谱录合考》卷下，《榕村全书》第十册，福州：福建人民出版社，2013 年，第 301 页。

② 李光地：《榕村全集》卷一，《榕村全书》第八册，福州：福建人民出版社，2013 年，第 38 页。

③ 李光地：《榕村语录》卷六，《榕村全书》第五册，福州：福建人民出版社，2013 年，第 140 页。

④ 李光地：《榕村全书》第五册，福州：福建人民出版社，2013 年，第 160 页。

⑤ 李光地：《榕村全书》第六册，福州：福建人民出版社，2013 年，第 318 页。

⑥ 李光地：《榕村全书》第六册，福州：福建人民出版社，2013 年，第 314 页。

鼎卦的"鼎,覆餗"之义。这条鼎卦,即《易·鼎》:"鼎折足,覆公餗。"本意为折鼎覆餗(zhédǐngfùsù)。餗,鼎中的食物。覆餗,谓倾覆鼎中的珍馔。后因以"覆餗"比喻力不胜任而败事。历来卜卦,因人而异,一卦多解,常有之事。康熙皇帝长期研《易》,对以阴阳八卦穿凿附会天道而产生的天命观,势必根深蒂固。当皇上对鼎卦产生疑惑之时,如按鼎卦上述之意直说,既可能惹皇上烦恼,又会失去进谏机会。为了发挥释卦阳光导向作用,李光地灵机一动,从容应答:鼎卦所示为"物不可满,满则必覆。禄位固尔,功名亦然。即学问而有自满之心,德必退矣"。康熙皇帝听后,为之"悚容,嘉许者久之"。接着,李光地又上奏:"甲寅之乱,臣梦三乌犯日,卒占太平之兆。自削平来,海宇乂安(yì,ān,太平,安定)。然臣窃窥圣意,犹以吏治未清,教养未备为念。欲使家给人康,风行化偃,则太平之象,固愈进未艾也。"以此颂扬皇上永不自满,励精图治。康熙皇帝瞿然说:"所为读书者,凡以此耳。"称赞李光地学以致用、辅佐君主,真正用心。李光地又频言经学隆污,有关世运。康熙皇帝遂分简大臣,修纂《诗》《书》《春秋》。又别纂《律吕正义》,厘定《韵学》。李光地趁机相继推荐一些德才兼备的汉臣,都获得康熙皇帝重用,后皆各尽所长,为康乾盛世建功立业。

当一些汉族官员牢骚满腹,怨恨满人专权时,李光地就心平气和地进行劝导:"不必如此说问,但即尽归政柄于汉人,不知尽从公道为之耶?或不免与满洲一样行私耶?如做学道、学院,何尝有人一押着你做来?却也卖秀才,无所不至,却是为何?如今但当自己做得无私弊,令满洲人自服,便是正经道理。与之相争相倾,则祸烈矣。还有皇上力在这里持平,不尔,久已大水火决裂矣。"

李光地毕生力倡寓教于礼乐,以此引导世人,将"天之气贯乎地之中,君之心周乎人民之内"[①],运用易学促进"上下交则治",争取实现社会"和而安"。

童年就开始饱受动乱之苦的李光地,认为社会安定是最大的惠民,十分希望"天下平,万国宁"[②],人民安居乐业。他宣扬"天地之性,人为贵",国家则

---

① 李光地:《榕村全集》卷二,《榕村全书》第八册,福州:福建人民出版社,2013年,第63页。

② 李光地:《榕村语录》卷二十七,《榕村全书》第六册,福州:福建人民出版社,2013年,第317页。

要“和为贵”,“和而安,则立于不倾之域”[①]。这正与道家思想“合和”。

三、津筏斯民　先治本家族

李光地常阐发“相生”“相对”“知止不殆”等辩证观念,用于陶冶百氏,津筏斯民。立身处世,尊老爱幼,见贤思齐,以和为贵,相通相济,共太平,以践行其所言:“易也者,达乎天德而周于民用。”[②]

特别难能可贵的是,李光地不仅在《观澜录·经》中宣扬“修身、齐家,平、治之本”,而且还砥砺笃行,以“天地之理、人心之德”不可陷溺,“陷则险矣”等哲理[③],谆谆告诫子孙:“世无百年全盛之家,人无数十年平夷之运。兴衰激极,存乎其人。昔者家道单微,而祖振之……三十年来,(我族)颇安且宁,食禄通籍,遂称宦家。尔等生晚,皆在此三十年前后耳,则将来亦必以乖揆(乖:guāi,古时指背离、违背、不和谐;揆:kúi 音同癸,掌管)、放纵而败。”苦口婆心地教导子孙发扬祖先“一意向善、百折不回”的精神,“读吾儒书,把心地引到正处”。[④]

李光地虽然在朝为官,但是经常了解民情,知道在康熙盛世的光环下,一俊遮百丑,仍有一些阴暗面被权势层层隐瞒掩盖了,比如一些地方的土豪劣绅,勾结官府,狐假虎威,利用神权、族权、政权,称霸乡里,或压榨佃户,或夺人田产,或放高利贷,巧取豪夺,无恶不作。“有土必豪,无绅不劣”,在疯狂敛财的背后,都隐藏着罄竹难书的罪恶,民间仍有怨声载道。

人在做,天在看。“做事不要落身后骂名”“遗臭万年,有何好处”[⑤]、“若罔上贼下,惟利是视,要他富贵何用?倒不如使他贫贱困苦,既不至害人。或者

---

① 李光地:《榕村全集》卷二,《榕村全书》第八册,福州:福建人民出版社,2013 年,第 51 页。

② 李光地:《榕村全集》卷一,《榕村全书》第八册,福州:福建人民出版社,2013 年,第 21 页。

③ 李光地:《周易通论》卷一,《榕村全书》第一册,福州:福建人民出版社,2013 年,第 17 页。

④ 李光地:《榕村续语录》卷十八,《榕村全书》第七册,福州:福建人民出版社,2013 年,第 467 页。

⑤ 李光地:《榕村语录》卷二十六,《榕村全书》第六册,福州:福建人民出版社,2013 年,第 300 页。

动心忍性，反有向善之机”。[①] 李光地既替自身又为后代这样着想，“计利当计天下利，求名应求万世名”。他对“官以贿行，荡无廉耻”，深恶痛绝，一针见血地指出：“人有万金，必不能掩，断然败露。”[②]因此，他持身端恪，善于自处。在私宅“新衙”“接官亭”的石阶下，特意立着一座石雕的“四不像”——狳。此狳的头部，是被砍断再粘接上去的，用于警告族人和后代牢记老子所断言：“天网恢恢，疏而不失。”若贪，就会身首异处，身败名裂，不得善终！

当年，皇“上眷遇愈隆”、“诸恶为异己者，日益忌之”。同朝某些官僚对李光地疑谤丛集，视之为异端。面对这复杂险恶的政治风云，李光地谨慎精勤，洁身自励，以法律己、律亲、律族，提防不肖子孙族人“拉大旗作虎皮”，为非作歹，败坏他名声，以此昭示世人，他“要略略的在本乡做得一点榜样，先从本族整理起，先要自己清心寡欲，禁得子弟僮仆，不要欺诈乡里”[③]。颇有法治先从自家治起之风度。康熙五十五年丙申(1716 年)，李光地请假返乡，“见自家子弟及乡党间习染深重，未暇与之语上”，特意亲手“立规约数条”、“望其去太甚者，知怀刑守法”。李光地开创宗族自治先例，不仅福泽后代，而且还惠及全县。康熙五十五年(1716 年)，李光地亲自给安溪知县曾之传写信，并抄附家规乡约，嘱咐他：“颁行条教，俾僻壤有所遵循。”曾之传谨遵其意，将之推及全县。

李光地长期在京辅君，洞悉官府衙内的腐败，越到晚年，越怕子孙不肖，假借他的权势，横行乡里，触犯王法，就手书《戒子孙》，继续向后代灌输法理至上、国宪无情的思想。并写了朗朗上口的《诫家后箴》，让族人传读，苦口婆心地教育后代好自为之。他还亲撰《同里公约》，制定《还朝临行公约》，配作乡规口占，好让家喻户晓，殷切希望在“国家之法”允许的范围之内，运作具有自治性质的乡约制度，创造平安和谐的乡里。

---

① 李光地：《榕村语录》卷二十，《榕村全书》第六册，福州：福建人民出版社，2013 年，第 131 页。

② 李光地：《榕村续语录》卷九，《榕村全书》第七册，福州：福建人民出版社，2013 年，第 204 页。

③ 李光地：《榕村续语录》卷十八，《榕村全书》第七册，福州：福建人民出版社，2013 年，第 454 页。

四、顺应自然　行天人参合

道家崇尚自然。老子提出，人类应该顺应宇宙的客观条件，合乎自然规律的生存，与自然融为一体，和谐相处。

李光地则呼吁“天人合一”，保护生态。他指出，“天要生人，不得不辟世界以为之地步，又必生物以陪之”[①]。他在谈论天圆地方、中西历算时，说“西人历算，比中国自觉细密，但不知天人相通之理”、“不知天于人君，犹父母也。父母或有病，饮食不进，岂不是风寒燥湿所感，自然有的。但为子孙者，自应忧苦求所以然之故。必先自反于身，或是己有不是处，触怒致然，否则亦是我有调理不周而致然。因为彷徨求医，断无有说疾病人所时有，不须管他之理。无论天子，即督抚于一省，知府于一郡，知县于一邑，皆有社稷人民之责，皆当修省。即士庶虽至卑贱，似不足以召天变，然据理亦当修省”[②]。

在《天人参合之道》一文中，李光地写道：“夫一岁之有春秋冬夏，犹一日之晓午昏夜也。日出于寅，没于戌；岁开于寅，闭于戌。故行夏之时者，所以儆民之春生东作，而惕其夙寤晨兴。是以天事始于子，而人事始于寅。夫昼刻每多于夜，而阳功常溢乎阴，故为之法曰阳二而阴一。此生物之心也，自然之道也。”

他拿西方人掠夺自然界说事，提醒国人要通晓和遵循“天人相通之理”，像爱护父母一样爱护大自然，别“调理不周”，甚至“触怒”老天，导致“召天变”，遭惩罚。

他在《书家谱传后》短文中，花了很多笔墨，谆谆告诫：“山之郁云，以泽物也。雨于山而草木润滋。天地万物施应之道，如环在循，智者昭昭乎见之，仁者亹亹（wěi，古同娓，音同尾。娓娓，勤勉不倦貌）焉行之，岂有勌（古同倦）哉？譬子孙于祖，如草木于山焉，山之泽不涸，故草木不敝。然益自栽植茂翳（yī，音同意，遮盖），以蒙覆阴润，山之泽其愈长乎？燔（fán，音同烦，烧）焚斫（zhuó，音同酌，用刀斧砍）伐，泽且竭矣，而亦何可恃之有？是故今日之称祖

① 李光地：《榕村语录》卷二十六，《榕村全书》第六册，福州：福建人民出版社，2013 年，第 290 页。

② 李光地：《榕村语录》卷二十六，《榕村全书》第六册，福州：福建人民出版社，2013 年，第 312 页。

德也，不以幸而以戒。”

上述这些，无不在深入浅出、通俗易懂地弘扬老子的“道法自然”与可持续发展观。

五、详究奥旨　得道学正传

我国古代道家哲学认为：“二气交感，化生万物。”[1]此中“二气”，即阴阳。这是古人对宇宙万物相反相成性质的一种抽象概念，是一个简朴又博大的道家哲学。

《道德经》曰：“道生一，一生二，二生三，三生万物。万物负阴而抱阳，冲气以为和。”因为阴阳和合产生道，道生一，一气化三清（即天地自然界万物），所以又有“一气”之说。此“一气”，实属元气，是构成万物的原始物质，已包含原阴之气和原阳之气。

《易经》则讲“阴阳”变化的数理和哲理，《老子》讲“万物负阴而抱阳”，孔子为《周易》校订并加注解的《易传》讲“一阴一阳之谓道”。其阐述尽管各有特色，但是所说同理，都是在告诉人们：万物的化生，无不源于阴阳之间的相互作用。

李光地八岁时，他四叔西冈先生（名日熺，字性甫），指着厅堂上一幅画，令对说：“一幅丹青，绘尽古今来山水人物，画工化工。”李光地稍思片刻，从容回答：“两道乾坤，曲成天地间走飞草木，阴气阳气。”这 17 个字，将阴阳交感、造化万物描绘得活灵活现。

李光地小小年纪，竟能如此恰如其分地以“阴气阳气”应对，展示其夙负襟抱，令他的季父等亲人十分惊喜。这也彰显他自少就与道家思想结下不解之缘！

他虽然没有专门师承，但是在延师至家和亲人善导下，立志向学，读书不歇，自童年开始，就深受儒、道、释家思想熏陶。他刻苦融会贯通，二十岁时，就“手纂《周易》一部，于诸家同异，条分缕析。用为熟研覃思之地，终身得力，此实根基”。二十一岁时，他读书妙峰山，则谱《太极通书相表里图》。他平生好《易》，实源于《参同契》的启发、帮助。他在《参同契章句引》开头就写道：

① 周敦颐：《太极图说》，《周敦颐集》，长沙：岳麓书社，2007 年，第 6 页。

“参同契者，参之而同契也。”“魏氏作参同契，以歌叙大易之文，祖述黄、老之指，发明丹经之要。又自以为阙略未备，复作三相类一编，互相解剥。今寻其文意，则昭然矣”。他“专勤好学，博洽多闻，遍窥秘府之珍函，详究遗经之奥旨”[①]。他的力作《周易观象》《周易通论》《注解正蒙》《周易折中》等，都充分代表了他的易学思想。他毕生不仅注重对易学阴阳的阐发，而且成功应用于诸多领域。

清（乾隆、嘉庆、道光）三朝阁老、一代文宗阮元，在为李光地立传时评论：“文贞，一代伟人，立功名于当世。其学以子朱子为宗，得道学正传，而又多才多艺，旁及天文、算数之事。尤能贯通古今，洞明根底。”“大儒之学，无所不通。盖天地灵秀之所钟，非常人所能企及也。”[②]雍正皇帝在追恤李光地的谕祭文中高度评价他“流芳竹帛，卓然一代之完人”。

李光地思想文化中的精髓，“其遗文之所垂示，迟久弥新，百世而不可澌灭”[③]，很值得作为一种独特的战略资源，加以保护传承，发扬光大！

---

① 《康熙皇帝赐李光地文贞谥号的碑文》，郑金顺：《有关李光地碑文三篇》，《泉州师专学报》1989 年第 2 期，第 68 页。

② 阮元、罗士琳、华世芳等：《畴人传合编校注》卷四十，郑州：中州古籍出版社，2012 年，第 350 页。

③ 陈寿祺：《总序》，《榕村全书》第一册，福州：福建人民出版社，2013 年，第 1 页。

李光地与清初书院教育

徐心希

（福建师范大学社会历史学院）

摘要：康熙时期著名理学大师李光地以振兴鳌峰书院等闽粤赣著名书院的理学教育为己任，并且利用回闽省亲之机，亲临书院讲演，呼吁背离王学回归程朱理学，在《榕村全集》等著作中运用安溪文庙与泉州府学碑记等形式，大力弘扬书院理学教育之重要性与必要性，为嘉道年间鳌峰书院为代表的著名书院的理论更新奠定了坚实的基础。

李光地祖籍福建泉州安溪，作为在康熙朝政坛叱咤风云多年且与玄烨结下莫逆之交的元老级重臣，又是清初理学大师。他曾经在返乡探亲期间，应邀在福州鳌峰书院讲学多次，呼吁理学回归程朱之学，并专门编著《鳌峰讲义》，收入《榕村全集》。可以毫不夸张地说，他的严谨治学造就了鳌峰书院200年的辉煌成就。

一、闽籍理学大师兼治水专家李光地

据《清史稿·李光地传》载，李光地(1642—1718)，字晋卿，号厚庵，又号榕村，福建安溪湖头人。李光地乃清初卓有才干见识之名臣，曾任直隶巡抚、兵部侍郎、吏部尚书，官拜文渊阁大学士，享年77岁。他比康熙大12岁，所以康熙常将其视为老师兼挚友。他在平定三藩、收复台湾、治理河患以及促进乡梓书院建设等都政绩卓著。

康熙十二年(1673 年)三藩之乱战火燃起,李光地正好请假回家省亲,出于对他的学识和政治地位的景仰,叛军耿精忠与郑经都力图招抚他。为防备朝廷误解和躲避骚扰,李光地只好和家人藏匿于安溪深山老林之中。并派人将叛军情报向康熙密进蜡丸疏,陈述平叛之见。康熙见疏,十分感动,遂按照李光地所拟计策,击破了耿氏的分裂阴谋,得以平定三藩之乱。康熙十五年(1676 年),耿氏投降后,郑氏集团成为东南沿海最主要的割据势力。康熙十六年(1677 年),清军收复郑氏集团的重要基地漳、泉二府,郑经退守厦门。与清军在厦门沿海鏖战之后,郑氏集团被迫退回台湾。郑经死后,其子克塽继承其位。同年,李光地晋升侍读学士。

《清实录》康熙十九年(1680 年)又载,当年李光地刚返京师立即上疏:"郑经已死,子塽幼弱,部下争夺,宜急取之。"由于他对形势的正确评估,改变了康熙等人所坚持的"台湾弹丸之地。得之无所加,不得无所损"的错误看法,转而支持李光地力主之收复台湾的战略与策略。李光地同时力荐施琅,认为他是郑氏"海上世仇,其心可保",又熟悉海上情况。其人还深有谋略,为"海上所惧"。[①] 康熙采纳了光地的建议,大胆任用颇有异议的施琅。施将军治军严整,尤善水战,深谙海中气候,一战而取澎湖。康熙二十二年(1683 年),清兵进驻台湾,终于结束了分裂局面。在收复台湾的关键时刻,李光地为中国的统一做出了杰出贡献。

当时,由于社会动荡,连年战争,河道年久失修,形成严重水患。康熙执政后,视三藩、河务、漕运为三件大事,直接书写于宫中柱上。每日殚精竭虑,忧心忡忡。此情此景,深深触动了随侍左右的李光地。他在直隶巡抚任上,奉命修治漳河和子牙河。通过调研,认定治河重在变害为利。为了最大把握地主持好治河工程,他多次亲临几大水系河网与工地深入取证。在治河实践中,他因时因人制宜,终于获得巨大成功,根除了多年危害京师的漳河、子牙河等水系的水患。与此同时,在治水与治学期间多方留意选拔人才,李光地先后推荐了 20 多个硕儒名臣或理学巨子,他们都成为康乾盛世的中流砥柱,能够殚精竭虑为国出谋划策。

康熙初期,京畿几大水系泥沙常年淤积,水灾频频。康熙上台伊始便将治河作为头等军机大事,并将此等任务交与光地。本传载因"今入卫之河与

① 《清圣祖实录》卷九一,北京:中华书局,1987 年。

老漳河流浅而弱，宜疏浚。其完固口小支应筑坝逼水入河，更于静海阎、留二庄挑土筑堤，束水归淀，俾无泛滥”。① 由于计划制订周密，很快地就获得康熙批准。光地认为治河不仅是防害，更重要的是建好水利工程以造福后代。他深入治河现场广泛调研，对于原拟于广平筑堤之举，康熙四十年（1701年），他专门奏疏朝廷："且历考漳河经由之处，所淹不过一县。如以前曲周、肥乡、成安等县水淹地方，今皆已涸出，其成沃壤。不过目前被水之县，耕种维艰。"② 对于各方意见，李光地并不人云亦云，而是在实地多方调研的情况下做出正确的决策，最终决定放弃筑堤，留出洼地蓄水。事实证明他是正确的。这种务实精神，李光地也很注意传承到鳌峰书院所代表的福建各地书院教育活动中。

在治河实践中，他因地制宜，群策群力，政绩出众。康熙夸奖有加，视之如肱股，每当遇到难题，康熙每每召其入朝咨询。

康熙三十三年（1694年），光地出任顺天学政。康熙四十四年（1705年），官拜文渊阁大学士。本传言及其时康熙注重理学，兼及六艺，御纂《周易折中》、《朱子全书》以及《性理精议》三书时，经常召光地入便殿商讨校理疑难章节。岂料康熙四十七年（1708年）光地陷于党争，这种飞来横祸教训深刻，促使他谨言慎行，如本传所言："光地益敬慎，其有献纳，罕见于章奏。"但是其疾恶如仇的秉性矢志未改，如弹劾奸佞小人江宁知府陈鹏年、两江总督噶礼，支持总督阿山、巡抚张伯行，并伺机为受戴名世案牵连投入死牢的桐城贡士方苞翻案。

光地因病辞世，康熙闻之深为悯悼，示谕肺腑之言："李光地久任讲幄，简任纶扉，谨慎清勤，始终如一。且学问渊博，研究经籍，讲求象数，虚心请益。知之最真，无有如朕者，知朕亦无过于光地者。"③ 可以说是君臣日久见真情了。

二、鳌峰书院的兴办

满洲贵族入关之初，既希望得到关内知识界的认同，又担心传统观念浓

---

① 《清史稿》卷二六二，《李光地传》，北京：中华书局，1975年，第9899页。

② 《榕村全集》卷二七，疏二，康熙四十年（1701年）十月二十六日。

③ 《清史稿》卷二六二，《李光地传》，北京：中华书局，1975年，第9899页。

厚的汉族士人深藏的反清复明情节。因此，对于宋元明以来士人的聚集场所——书院，在清初长期都怀着戒备之心。顺治帝曾多次诏令禁止士子“结盟订社”，包括设立书院。雍正四年(1726年)，胤禛仍借部议，不准江西巡抚关于拣选白鹿洞书院掌教之请的机会，御批该项否决“甚是”，并暗指书院“虚张课士之名……藏垢纳污，如释道之聚处寺庙”。[①] 在政治高压之下，清初书院萧条，附属于科举教育，成为官学的补充。至于讲求学术的功能已经退化。直至雍正十一年(1733年)诏令全国普设书院，铁幕方才开启。

鳌峰书院在全国书院界确实是红杏出墙，一枝独秀。原因如下：

其一，书院始办于康熙四十六年(1707年)，比清朝改变书院政策要早26年。与其他书院之惨淡经营迥然不同，鳌峰书院以其深厚的官方背景，高调开办。创办人张伯行是福建巡抚，上任伊始就“建鳌峰书院以祀宋五先生，广置学舍百二十间于会城，俾有志正学者肄业。出家所藏书千卷，充牣其中，又广搜先儒文集遗书，次第刊布。士皆鼓舞振兴，理学复明”。[②] 为此他作为一省行政首长可以说是竭尽全力了。为了筹措办学资金，他甚至要求各级官吏捐款。《鳌峰书院志》“详文”中提到：“在昔每年……各官公捐养廉银一千一百余两。”

其二，鳌峰书院之创办深得朝廷垂爱。《鳌峰书院志》多处提到，该书院创办之初曾得到康熙“赐额赐帑”和御赐书籍。赐额，即康熙五十五年(1716年)“御书‘三山养秀’四字以额其堂”；赐书，据载有康熙御赐经书八部、《御书孝经法帖》一本、《御书渊鉴斋法帖》十本、《淳化阁法帖》十本。乾隆十一年(1746年)，又赐《律书渊源》一部，赐帑的具体数目不明。

其三，康熙钦定该书院职能为学术研讨，且朝廷对其期望值极高。此前福建已有全省性的“共学书院”，鳌峰书院设立后，其地位远超共学书院。“会城有两书院，一为共学，一为鳌峰。共学者，课文之书院也；鳌峰者，讲学修书之书院也”[③]。后来鳌峰书院就将共学书院收入囊中。为了突出鳌峰书院，张伯行大事“延致各属俊秀”，从全省各地(包括台湾)招集优秀学者和士子，在鳌峰书院讲求学术，刊刻各种书籍和讲义，活跃学术气氛，刻意扩大其社会效

---

① 席裕福、沈师徐辑：《皇朝政典类纂》卷二二六，近代史料丛刊续辑。

② (清)钱仪吉：《碑传集》卷一七，北京：中华书局，2008年。

③ 蔡世远：《二希堂文集》卷九，文渊阁四库全书。

应。乃至“十郡士足困膝踠足而至”[1]，漳浦蔡世远、蓝鼎元、宁化雷鋐、海澄郑亦邹、长汀黎致远、莆田郑文炳、南平余祖训等，都是早期入院讲论和刊书的著名学者。而报考入学的学子，也极为踊跃。

康熙寄希望于福建，渴望重现像南宋朱熹所创之著名书院，将闽学培植为一门显学。如此背景，均为李光地借助鳌峰书院重振理学埋下伏笔。[2]

三、倡导书院教育应以理学为先

康熙五十四年（1715 年），李光地因体弱多病疏请告老，康熙“给假二年，赐诗宠行”。[3] 就在此次回乡休假期间，他住在重新修复的安溪文庙，并与当地吏绅就闽省士子的理学教育有过广泛的探讨。

（一）鳌峰书院独占理学鳌头

鳌峰书院在兴办之初就受到朝廷之厚重礼遇，其后历朝皇帝任内均加以特殊关照。雍正十一年（1733 年）转变书院政策后，要求每省在省会确定一所书院作为重点书院，各赐帑金一千两，鳌峰书院就享受这种优待。其实该院所得帑银远不止此数，据《清会典》卷 19 所列各省会书院经费清册，一般每院拨给数百至 2000 余两不等，唯独鳌峰书院拨给 4373 两，制钱 340 贯，遥遥领先于同行。乾隆继位次年，又给鳌峰书院赐帑 1000 两，并特赐御书“澜清学海”横额。按白新良《中国古代书院发展史》一书所述，乾隆给鳌峰书院的赐帑赐额，是他给所有书院同类赐予的首例。嘉庆四年（1799 年），由于生员增多，学舍不足，新任闽浙总督玉德、福建巡抚李殿图、布政使白景安、按察使赵三元等地方大员兴师动众，大规模翻修扩建书院。扩建后的鳌峰书院，设有藏书楼、监院公廨、大成殿、文昌阁、五子祠、二十三子祠、张公祠、三贤五先生祠、正谊堂、崇正讲堂、敦复斋、笃行斋、崇德斋、致用斋和一座能容纳 400 人的考棚。院内有假山荷池，亭台幽径，富于园林之胜。这一切，均与清初理学

---

① 游光绎：《鳌峰书院志》卷一，收入《中国历代书院志》，南京：江苏古籍出版社，1996 年。

② 参阅许维勤：《鳌峰书院的学术传统及其对林则徐的滋养》，《清史研究》2007 年第 3 期，第 56～57 页。

③ 《清史稿》卷二六二，《李光地传》，北京：中华书局，1975 年。

回归以及李光地的推崇不无关系。

清初重整理学旗鼓，乃有鉴于明万历以来王学之空疏和诞妄。然理学之所以遭到心学冲击，亦由于其末流之空谈义理。如何重新发扬光大理学的根本精神？张伯行力主抛开末流，回到程朱文本，实心讲求，轻阐发重践履。他认为入圣门庭就在濂洛关闽诸大儒之书中，而千圣之学括于一敬，非主敬无以穷理。所以他效法朱熹白鹿洞书院学规，把"居敬穷理"作为诸生圭臬。所选首任山长蔡璧理学造诣精深，如其子蔡世远《二希堂文稿》所言，主张以器识为先，论学以躬行为本，不以空谈性命为高。读书要归于根柢深厚，返求诸身而自得之。这些主张与张伯行的办学思想互为表里，为鳌峰书院奠定了以人格养成为根本、学行高度统一的学风基础。

（二）创新理气之说，回报乡梓书院教育

自李光地于康熙九年（1670 年）中进士入选翰林院始。坚实的理学功底，颇受时任掌院学士熊赐履的青睐，随即向康熙举荐这位"有志于理学"的 28 岁年轻人。光地将自己的理学专著进呈康熙，并表示既不敢违背程朱之学，更不敢对孔孟离经叛道。[①] 然而言易行难，直到 15 年后，所著《朱子学的》、《文略内外编》中，字里行间仍然难以脱离王学情结。时至晚年，李光地将《朱子学的》改得面目全非，并改书目为《尊朱要旨》，录入《榕村全集》，其背景盖由于此。据《榕村谱录合考》称，《理学略》卷三即载陆王选文。就像《朱子学的》书目改定《尊朱要旨》，榕村先生为了遮盖自己曾经在陆王与程朱之学间游离的尴尬处境，也重辑该书为《榕村讲授》，将王守仁文章尽数删除不录[②]。其后他升任翰林院掌院学士，且两次奉召为玄烨解读易学，直至此时其理学宗尚并未明确。即尚未与康熙所尊崇之程朱理学趋势相吻合。康熙二十五年（1686 年）五月，无妄之灾降临，李光地由于宫廷党争丢失掌院学士官职而出任通政使时，玄烨当庭斥其乃"冒名道学"，批评其尚且无法以卦爻释读《易经》，更不能充当翰林表率。[③] 四个月后，将其划入王学派，且断言李光地俱言王守仁道学，仅仅熊赐履独尚朱熹，各人学问不同。[④] 足见入朝 20 年，他尚且

---

① 李光地：《榕村全集》卷十，《进读书笔录》。

② 《榕村语录合考》卷上，四十四岁条，转引自陈祖武：《榕村语录·点校说明》，第 6 页。

③ 《康熙起居注》，康熙二十八年（1689 年）五月初七日壬寅条。

④ 《康熙起居注》，康熙二十八年（1689 年）九月十八日辛亥条。

游移于程朱与陆王之间，甚至有时更倾向于王学。这也让他优柔寡断、举棋不定而无以适从。

失去翰林院掌院学士职务，对多年在官场运筹帷幄、青云直上的李光地来说，不啻为一场无妄之灾，飞来横祸！这种打击几乎是致命的。清初由翰林院掌院学士而拜相，几成惯例。多年在宦场游刃有余的光地，深谙朝廷掌故，面对掌院学士得而复失，痛定思痛的他深刻反省个中缘由，反思的结论就是必须坚定选边站位，用“积诚致谨，耐事慎交”为行动指南[①]，尽快排除党争约束。调整自己的学术崇尚，从游移于程朱、陆王的苦闷中退出，全面倒向程朱理学。[②] 随之光地以最大的热情将经营近40年理气旧说进行断然否定。众所周知，理是宋明理学的最高哲学范畴，与其相对存在的是气，理气之间关系是理学史上长期争论不休，莫衷一是。根据朱熹的学说，理作为宇宙本源，天下万事万物均由其派生，故朱子断言未有天地就有此理。若无此理，亦无天地，以致无人无物。有理便有气流行，可以发育万物。[③] 如此理气观，即全部朱学理论的出发点。面对这个核心问题，李光地深受明代理学家蔡清、罗钦顺、薛瑄的影响，对朱熹的解释曾经抱有怀疑态度。为了宣扬崇尚程朱理学的学术取向，他在天命之年作《初夏录》，以高昂的姿态批驳明代学者，宣扬朱子理先气后的观点。他称颂先有理，后有气。而且理能生气，气不能生理。[④] 又进一步论证：阴阳之气也有始终，天地也有混辟，但是其性始终不移。所以理气先后自然有序。[⑤] 至此他豁然开朗，总结道：至五十一岁后，忽悟得三说之差，总是理气先后不分明耳。先有理而后有气，不是今日有了理，明日才有气。[⑥]

所以他在《南溪书院志序》一文中深有体会地阐述：

尤溪者，子朱子所生处也。朱子本婺源人，先公羁宦生朱子于闽而遂家焉。少因依刘氏兄弟居于建阳，而学于崇安。后之人不忘其生处，

---

① 《榕村语录合考》卷上，五十岁条。

② 详见徐心希：《李光地的学术养成与学术生涯》，《海峡教育研究》2016年第4期。

③ 《朱子语类》卷一，《理气》，朱杰人、严佐之、刘永翔主编：《朱子全书》第14册，上海古籍出版社、安徽教育出版社，2002年，第113页。

④ 《榕村语录》卷二六，《理气》，第455页。

⑤ 《榕村全集》卷七，初夏录二。

⑥ 《榕村语录》卷二六，《理气》，第455页。

故尤溪有韦斋朱子之祠，及所谓毓秀亭者。南溪书院则宋理宗所赐额也，光地尝一再经此邑，登障望文公山，洼突毕肖。堪舆书又载其在婺祖坟术者，豫占之曰："当生一大贤，聪明如孔子。"然亦知其远去家乡而自他有耀。呜呼！岂偶然哉！[①]

直至知天命之年，在官场摸爬滚打近30年的李光地才从中悟出为官真谛，即必须与康熙的学术志向尽量贴近，并且必须发挥自己的朱学专长，扬长避短，小心谨慎，以免在政治生涯中重蹈覆辙。他从做学问的根基着眼，高举尊崇朱学大旗。又动手精选程朱语录，用两年时间编著《朱熹语类四纂》和《程子遗书纂》。再行修订旧稿。用朱学做标准，重新辑录《尊朱要旨》、《榕村讲授》，冲刷王学痕迹，时为康熙三十五年（1696年）。且于康熙四十二年（1703年）聘任著名学者梅文鼎入府，解读光地酷爱的天文历算学，以此吻合康熙之学术走向。经过十几年的苦心经营，李光地终于完成了在第三阶段的完美转身。以恪守程朱理学宗师的身份出现于朝野上下，并据此博得康熙的宠幸而修得正果，荣登相位。

（三）《鳌峰讲义》核心为程朱理学

李光地注意为鳌峰书院物色人才。蔡世远早年随其父蔡璧在书院协助校刊典籍，中试后曾在京参与李光地编纂《性理精义》，对理学见解独到，因而深受赏识。遂极力举荐蔡世远继其父任山长。康熙五十六年（1717年）春，李光地回闽南安溪湖头省亲，路经会城福州，应蔡世远邀请，莅临鳌峰书院讲学。他在榕以理学为题，做了深刻的讲演。其讲学轰动会城，听者千余众，讲学内容被编为《鳌峰讲义》，对福建各地书院产生了深远影响，在各省学界也引起共鸣。在《鳌峰讲义》之中，他全面总结了自己的办学方针和学术主张，将之概括为"存实心，明实理，行实事"三个方面。他认为朱子论学要旨有四：一曰立志，二曰居敬，三曰穷理，四曰躬行。《榕村语录》卷八载："立志，所以植其本也；居敬，所以持其志也；穷理，所以致其知也；躬行，所以蹈其实也。"言简意赅。认定学术之归宿在于"实"，"周当世之务"。故此为学贵在身体力行，见诸行事，力戒空疏。从实用出发，经典而外，天文、地理、形胜、农桑、医药、河渠、兵法、政事、算学无不当在学习之列。这种身体力行、见诸行事之办

① 《榕村全集》卷一二，序三。

学与研究方向，为蔡世远全面实行。《鳌峰书院志》序言评其以振兴书院为己任，并断定书院影响将“下关风俗，上裨朝廷。近者效行于一方一时，远者功及于天下后世”。他要求学生一定要立定远大志向而读书。倡言“以立志为始，以孝弟为基，以读书体察躬行克己为要”，不要满足于讲论性理和研习时文，“不佞所望者，非徒得巍科膺显秩而已也。凡我同人，亦望其希贤圣，饬廉隅，循循不息，以振道南之绪而已”[①]。鳌峰书院设立前后正是康熙最热衷于理学之时，尤为推崇朱子理学，“时上潜心理学，旁阐六艺，御纂《朱子全书》及《周易折中》、《性理精义》诸书，皆命光地校理，日召入便殿研求探讨”[②]。康熙欲重振理学，不但要倚重理学大师李光地，而且必须依托福建理学故地，探求理学正宗。然而经明中叶以来王阳明心学的冲击和清初兵灾，福建理学传统已日渐衰微，人才凋零。康熙希望福建能重现像南宋一些著名书院那样的机构，将理学发扬光大起来。

有鉴于此，李光地等人大力呼吁，务使鳌峰书院注重人格养成，学行并举的学风更加完善，并升华为一种宏器识、端品行、务笃实、尚力行、广博采、求实用的学术传统。这种传统既是对闽学实践理性精神的发扬光大，又是前清有识之士承鼎革之后，反思两宋以来心性义理之学得失成果之总结，具有鲜明的时代特色，引起福建学术界强烈共鸣。经蔡世远苦心经营，鳌峰书院人文之盛著称于东南，出现发展的高潮。

《鳌峰书院讲义》之前有蔡世远所写序言：

> 康熙五十六年二月，安溪先生还阙，道过三山。……世远顾谓：“诸生前问难，先生诲示明切，谆谆不倦。听者充然若有得也。讲席既散，诸生愿记之以备观省垂永久。因与同学陈君万策及先生从子钟旺、孙清植，同忆所闻条之如左[上]。受业漳浦蔡世远谨书。[③]

简要说明《鳌峰书院讲义》一书的编订以及李光地就《性理》一章所做讲解。

在讲义中，李光地对朱子学的核心格物致知做了深刻阐释：

> 问格物之义，阳明固为异说。但程朱所谓穷至事物之理者，事理尽

---

① 游光绎：《鳌峰书院志》序言，收入《中国历代书院志》，南京：江苏古籍出版社，1996年。

② 《清世宗实录》卷五九，北京：中华书局，1985年。

③ 《榕村全集》卷二三，《讲义一》。

多从何处下手。曰:“盖物虽殊,而性则一。此处穷尽便见得万物一体,廓然有民胞物与之意。而所谓生之有道,取之有节,此心自不容已。至如草木、臭味,种种各别,此则医家之所宜悉,而非儒者急务。阳明因见一竹,推格不去,遂不以程朱之言为然。殊不知格物原非止留心于一草一木之间,而欲其忽然顿悟。然苟因此遂废,却格物工夫,则何处可以着心乎?《大学》所谓格物,《中庸》又谓之明善,《孟子》又谓之知性。盖格物只是明个善,明善只是知个性。①

这里主要讲了个别与一般,个性与共性的关系。

他又解答了书院学子提出的关于个人与社会、个体与集体的问题。

史孝廉大范问为己为人之义,学者最宜蚤辨。今日诸生圜听,如何是为己,切要处求详明。剖示曰:象山喻义,讲章最为亲切。所宜熟防为己,非是使人不仕,言寡尤行寡,悔禄在其中。君子三月无君,则皇皇如也,何尝不仕。盖父母望子之心。君子致用之学,得科名,膺爵禄,亦是分内事,未便是为人。只防他意思是何如。②

四、建言以理学改革科举和官学教育

李光地十分注重理学的价值回归与理论更新。他有意利用各地书院的系统教育,在清初乱局中将书院、文庙等作为保持社会稳定与文化繁荣的重要阵地。其中就有他的家乡安溪文庙和泉州府学。

(一)在乡梓文庙、府学弘扬程朱之学

安溪文庙是保存至今的江南同类物中最为完整的古建筑艺术群。它屹立于县城东南,背踞凤山,前滨龙津,笔峰拱峙,乃秀甲东南之著名庙宇。该庙由摄令尉宋文炳、主簿弭忠信始建于北宋咸平四年(1001 年),原系县学之用,后辟为文庙。原址在县治西南,宣和六年(1124 年)迁于县治东。南宋绍兴十二年(1142 年),县令杨干迁学于今址。“元毁。皇朝洪武六年,掌教事郡士蒋宗禧倡义重建。十四年,令侯士举踵成之。前庙后学。正统中,佥事陈

① 《榕村全集》卷二三,《讲义一》。

② 《榕村全集》卷二三,《讲义一》。

祚、成化中提学游明先后有修治。嘉靖二十四年，令汪禹以学左濒溪善崩，白守程秀明，移之右”[①]。现存建筑，为康熙年间重建。安溪文庙迄今已有千年历史。

返乡休假期间，李光地在《安溪考亭书院记》中满怀深情地记述了重修文庙这一段史实：

> 光地于乙未年冬告休抵里，拜邑父母曾侯。寓其新落文昌祠中，因请侯曰："俗祀文昌，盖士者司中、司命之遗。虽然，星辰河岳，必以人配。五百年来，朱子人师也，今天子崇重之优，风闻天下，教学者知所向往。地之归也，取道西江，凡玉山、鹅湖，朱子信宿讲论焉者，其宋士类能修举。吾邑为朱子奉檄往来，品题名胜之区，法得立祀。非其人不兴也，其有待于吾侯乎？"（中略）考朱子平生为学，精察力行，谨守曾氏家法。其文章，则一以南平为彀率。则侯于朱子之道，所谓归而求之有余师矣。明道先生为颜亭铭曰："千载之上，颜惟孔乐。百世之下，颜居孔作。"盖有取乎渊源世讲，相为表章之义。余于侯之兹举亦云。侯讳之传，字惕若，号石岩。[②]

表明了他对重修安溪文庙之举的重视以及受邀住在书院的欣喜之情，也体现了他矢志弘扬程朱理学的坚定志向。

同样的振兴官学思路，在其所著《重修泉州府学记》中也得以充分阐述：

> 呜呼！学校者，四术所从出。故曰学术也，其废其兴，昔人重之。《诗》曰：于论鼓钟，于乐辟雍。盖言学校之盛，待文王而后兴也。又曰："佻兮达兮，在城阙兮。"盖言学校之废，为贤人君子所忧闵也。[③]

以上观点，在其他诸如"重建鹅湖书院记"、"重修怀玉书院记"、"广信钟灵书院记"等篇均有精湛的解读。他强调："为政者，以新学校、育人才为先。然学校之新也，必先聚集人士，而启告以圣贤为学之意。"[④]可见李光地对泉州府学、安溪文庙之社会教化功能极为倚重，所以他每到一处，均大声疾呼必须以理学来改造书院及官学的教育内涵。桑梓淳厚的文化底蕴与深刻的人文背景铸就了他一生为国效力的远大志向。他也特别器重各地文庙在传统科

---

① 何乔远：《闽书》卷三三，《建置》，福州：福建人民出版社，1994年，第835～836页。

② 李光地：《榕村全集》卷二四，《安溪考亭书院记》，第23页。

③ 李光地：《榕村全集》卷一四，《重修泉州府学记》，第24页。

④ 李光地：《榕村全集》卷一四，第20页。

举教育中所发挥的不可替代作用。

(二)倡设经典课程以通经致用

对清初出现的浮躁学风以及科举中的不良倾向，李光地极力抵制，大声疾呼各级书院应当带头讲述程朱理学原著，不得断章取义。对于一些生员无视学术传统，“束书不观，游谈无根”，他呼吁此类士子与有关官员必须与此等劣习一刀两断。他说：“迩来学臣，率多苟且从事，以致士子荒经蔑古，自四书本经，不能记忆成诵。其能者，不过读时文百篇，剿习雷同，侥倖终身，殊非国家作养成就之意。”并反复论证读诵古经以抒明志的道理：“童生既令通习小学以端幼志，生员及科场论题，似当兼命性理纲目以励弘通。今《孝经》题目至少，以致每年科场论题重复雷同，似宜通变。”[①]大声疾呼更新科举考试的内容。

总之，作为康熙时期著名理学大师的李光地，以振兴鳌峰书院的理学教育为己任，并且利用回闽省亲之机，亲临书院讲演，呼吁背离王学回归程朱理学，以及在闽粤赣诸省书院与州府县学运用碑记等形式，广泛宣传书院理学教育之重，为嘉道年间以鳌峰书院为代表的许多著名书院的理论更新奠定了坚实的基础。

---

① 李光地：《榕村全集》卷二六，第 13～14 页。

李清馥《闽中理学渊源考》学术价值举隅

林振礼
（泉州师范学院）

摘要:《闽中理学渊源考》著者李清馥系李光地之孙，生在康熙皇帝极力倡导朱子理学之时。除了家学渊源之外，著者个人的仕宦阅历，也是他撰成该著的重要条件。本文以《闽中理学渊源考》相关史料进行详细的考证，纠正了明清以来多种朱子文集中关于朱子吊唁梁克家“几岁调娱政”的舛误，还原“昔岁调饥政”的史实。此其一。其二，束景南教授《朱熹年谱长编》“1188年五十九岁”条，以“貌礼之而内不善”诠释朱、留关系。《闽中理学渊源考》则着重叙述朱、留晚年，尤其是庆元党禁期间朱子与留正相亲相敬的情况。其记载引述，足以构成对束著《朱熹年谱长编》相关条目的质疑。由此可以窥见《闽中理学渊源考》的重要学术价值。

李清馥(1703—?)，字根侯，号逊斋，福建安溪人。清馥四岁而孤，其祖光地授以《太极图解》、《通书》、《西铭》、《正蒙》等书，即知以古学自期。以任子肄业国子监，世宗试诸任子，擢第一。康熙五十二年(1713年)，李清馥由其祖李光地在大学士任内恩诏正一品荫生。雍正八年(1730年)七月，选授盛京户部员外郎。十一年(1733年)三月年满，送部引见，奉旨调补户部郎中，仍留员外郎任。十月，补授户部四川司郎中。乾隆二年(1737年)二月，升直隶大名府知府。七年(1742年)三月，内总督高斌题请调简，补授广平府知府。数月后以疾告归，开始着手编撰《闽中理学渊源考》。《闽中理学渊源考》是李清馥编撰的一部记载闽中地区自宋至明理学人物的传记类史书。该书起自宋杨

时，下迄明末陈喜，以程朱学派为宗，兼述闽中各家世学派，详细记载了闽中地区各理学学派的师承及其学术宗旨。作为一部地方学术史，《闽中理学渊源考》一书充分体现了李氏祖孙二人“笃师承，谨训诂”、“衍翼宗派，崇守家法”的思想史价值观。是书旁征博引、内容翔实、考证严密，具有重要的史料价值，是研究闽学及理学学术史的重要资料。我自2008年以来，因研究朱子学而常检阅此书，如朱子与泉州缙绅梁克家、留正的关系，或纠正流行典籍记载之舛误，或得出与论者不同的结论。兹叙写如次。

一、朱熹与梁克家

以《闽中理学渊源考》卷十二“文靖梁叔子先生克家家世学派”及“通判梁伯安先生亿”之记载，纠正明清以来流行的多种版本关于朱子《挽梁文靖公》“几岁调娱政”之重要舛误。

考朱梁生平行迹，二人于乾道九年（1173年）十月至淳熙元年（1174年）正月这二三个月间有过两次相会。第一次即乾道九年（1173年）梁克家知建宁府，是冬与朱子相会论社仓事。第二次是淳熙元年（1174年）正月因梁氏丁忧，朱子入城吊之。未入城前，朱子致吕祖谦（1137—1181）信中说：“自经新岁，未及上问……梁公至此相会，始知前此请之由衷……开正复扰扰，才得旬日休息。又梁公遭忧，不免入城吊之，计又须旬日往还。”[①]事后归崇安，《答蔡季通》说：“一出又半月，临出城，值石宰（子重）、择之（林用中）、顺之（许升）更一二朋友来，遂留北岩两日，同途至建阳而别。”[②]两书合观，可知朱子吊梁氏忧，预计往还十日，实则半月。淳熙十四年（1187年）六月，梁克家病逝。是年朱熹写《挽梁文靖公二首》（引自流行版本），诗云：

其一：擢第初龙首，登庸再凤池。心期讵温饱，身任必安危。
几岁调娱政，今年殄瘁诗。恭惟衮敛意，不尽鉴亡悲。
其二：疏宠无前比，腾章又夙心。极知求士切，端为爱君深。
卤簿寒笳远，尘埃断稿侵。空令杀公掾，衰涕满寒襟。[③]

第一首前四句写梁克家的科举宦履与抗金谋略，即状元及第、两度为相，

① 郭齐、尹波点校：《朱熹集》卷二九，成都：四川教育出版社，1996年，第1437页。

② 郭齐、尹波点校：《朱熹集·续集》卷二，成都：四川教育出版社，1996年，第186页。

③ 郭齐、尹波点校：《朱熹集》卷一〇，成都：四川教育出版社，1996年，第420页。

以及力主“用兵以财用为先”[①]，心系社稷安危的深谋远虑。后四句开头“几岁调娱政”之于梁氏，不得其解。“衮敛”为古代诸侯葬礼加等时可用衮衣入敛，“鉴亡”典出李世民悼魏征悲失镜鉴。第二首既写孝宗皇帝与梁氏的君臣关系，又间以睹稿思贤，叙说作者曾在政治上得到梁氏支持与荐举的知遇之恩。

关于《挽梁文靖公二首》中“几岁调娱政”一句，《晦庵集》（四库全书本）卷十与《朱文公文集》（四部丛刊初编缩本）卷十皆同。1996 年出版的《朱熹集》（郭齐、尹波点校）卷十与 2002 年出版的《朱子全书·晦庵先生朱文公文集》（朱杰人等主编，刘永翔、朱幼文校点）卷十，这两种新近的版本也是“几岁调娱政”。然而清代李清馥《闽中理学渊源考》[②]引录朱熹这二首诗，该句则为“昔岁调饥政”。对照朱梁生平，尤其乾道末淳熙初的交往，以及朱梁之于闽北社仓救灾事迹，“几岁调娱政”不得其解，而“昔岁调饥政”则于人于事于诗皆合。先说“几岁调娱政”，“调娱”意为调和使娱悦。考梁克家两次居相位，第一次在乾道八年（1172 年），翌年十月因与张说议事不合求去，既非“几年”亦非“调娱”。第二次在淳熙九年（1182 年）九月，此前，朱熹因弹劾台州守唐仲友，触动盘根错节的权贵而卷入政潮。是年十二月，左相王淮指使郑丙攻击道学。翌年（1183）六月，陈贾请禁伪学，矛头直指朱熹的“伪学之禁”已未雨绸缪。梁克家既受制于“事无巨细，概呈御览。情无轻重，均由圣裁”[③]的孝宗，又受制于反道学的左相王淮，加上梁氏晚年疾病缠身，此次为相虽达四年之久，但其政亦无“调娱”可言。

再说“昔岁调饥政”，即指梁克家乾道末年（1173 年）莅闽之事。是年十月，梁以观文殿大学士知建宁府，与朱熹面论社仓，并“出教”题词，使“仓之庶事细大有程，可久而不坏”。[④]

朱熹于淳熙元年（1174 年）五月作《建宁府崇安县五夫社仓记》回忆说：“乾道戊子春夏之交，建人大饥。……方且相与讲求仓之利病，具为条约。会丞相清源公（梁克家）出镇兹土，入境问俗。予与诸君因得其具，以所为条约者迎白于公。公以为便，则为出教。”[⑤]梁克家对朱熹诸君救助饥民的社仓条

① 脱脱：《宋史》卷三八三，北京：中华书局，1977 年，第 23 页。

② 李清馥：《闽中理学渊源考》卷十二，南京：凤凰出版社，1987 年，第 207 页。

③ 虞云国：《细说宋朝》，上海：上海人民出版社，2002 年，第 410 页。

④ 郭齐、尹波点校：《朱熹集》卷七七，成都：四川教育出版社，1996 年，第 4052 页。

⑤ 郭齐、尹波点校：《朱熹集》卷七七，成都：四川教育出版社，1996 年，第 4052 页。

约，不但称许支持“以为便”，而且为之“出教”题词，朱熹归后“揭之楣间，以示来者”。[1] 十余年后，梁克家卒，朱熹悼以“昔岁调饥政”，自在情理之中。而作为写诗，“昔岁调饥政，今年殄瘁诗”之“昔”与“今”对仗，乃诗家常识。“几”与“今”相对既不工整，又不符合历史事实，朱熹何以会弃常就悖呢？

《闽中理学渊源考》作者李清馥乃李光地之孙，既有深厚的家学渊源，又有机会见到流传后世的朱子手迹（曾自谓见到“先公所遗”的朱子手迹），其所录“昔岁调饥政”当有所据。因此，当以“昔岁调饥政”订正诸本讹舛。南宋最早创立社仓的是朱熹的同门好友魏元履，《建阳县志》说：“绍兴间，在青黄不接之际，魏元履请借官米贷给穷苦农民，秋收还纳于仓，百姓赖以度过饥荒岁月。”[2]朱熹后来立社仓也自陈“其规模大略放（仿）元履”[3]。然而尽管社仓为魏元履首创，但社仓制度获准在全国颁行是在魏氏去世 8 年之后的淳熙八年（1181 年），期间朱熹做出了诸多努力，且颇有成效。

如上所述，梁克家于乾道末年冬知建宁府。上任伊始，即关心民间疾苦，与朱熹共议社仓条约，其所“出教”题词之内容已不得而知。梁因丁忧在任仅二三个月，仍为百姓修桥造路。据记载：“通都桥，淳熙初，郡守梁克家重建。”[4]淳熙六年（1179 年），梁克家知福州，地方志说他在任上“有治绩，才优识远，谋国尽忠，犹留意民事，不以贵显自泰。尝修《三山志》四十卷。”[5]梁氏知福州之际，朱子正知南康，两人无相见机会。淳熙九年（1182 年），梁氏再次拜相，他曾多次荐举朱熹。

朱子写给梁克家信中曾言“天心未豫”，即指“为天地立心”的理论构建尚未完成。而“民力已殚”对于朱、梁两人则有共同的深层的心理感受。南渡以来，国运衰落和统治阶级奢靡腐败所造成的财政危机迭经层层转嫁，最后全落在老百姓身上，如经总制钱等无名苛赋连孝宗皇帝也承认是巧立名目以榨取百姓。负担最重的人民，也是最无力负担的人民，加上水旱等自然灾害频仍，百姓聚众铤而走险，严重威胁赵宋政权。而朝廷早在隆兴、乾道间就设立封桩库，以做备战钱库的库存，但收效颇微，淳熙六年（1179 年）盘点仅存五百

① 郭齐、尹波点校：《朱熹集》卷七七，成都：四川教育出版社，1996 年，第 4052 页。
② 陈明考：《建阳县志》，北京：群众出版社，1994 年，第 7 页。
③ 郭齐、尹波点校：《朱熹集》卷七九，成都：四川教育出版社，1996 年，第 4118 页。
④ 李之亮：《宋福建路郡守年表》，成都：巴蜀出版社，2001 年，第 63 页。
⑤ 正德《福州府志》卷一五，福州：海风出版社，2001 年，第 500 页。

三十万缗。[①] 梁克家在孝宗面前力陈“用兵以财用为先，今用度不足，何以集事”[②]？梁氏去世翌年(1188年)，朱熹在戊申封事中说：“窃观今日天下之势，如人之有重病，内自心腹，外达四肢，盖无一毛一发不受病者。”[③]在国库空虚、百姓贫穷等社会问题日益严重的情况下，朱、梁“处江湖之远则忧其君”，既出于儒者仁心，又为宋祚长治久安计，在饿殍四起的闽北，立社仓以解民倒悬。由此来看，朱、梁的交往，不仅是他们相互间的事，同时也关系到国家与民族的命运。

二、朱熹与留正

束景南教授《朱熹年谱长编》“1188年五十九岁”条，以“貌礼之而内不善”诠释留正作为“居要津者”，“密相付授”侍郎林栗弹劾朱熹，而对朱、留两人之友善则鲜及。兹据《闽中理学渊源考》卷三十一“温陵留氏家世学派”及“忠宣留仲至先生正”之记载，揭示朱、留晚年相知相敬的情况。

留正(1129—1206)，字仲至，闽南泉州人，五代清源军节度使留从效六世孙。泉州尚有其遗迹，即在于今鲤城区的三朝巷。在开元寺紫云屏南面拐弯处，南宋时立有一座三朝元老的牌坊，以表彰出入孝宗、光宗和宁宗三朝，任丞相之职的留正(牌坊所在的巷子就叫作三朝元老巷，简称三朝巷)。留正年少时客居惠州，娶徐敦实之女为妻。与同邑状元梁克家及林外同榜为绍兴三十年(1160年)进士。梁克家比留正大一岁，卒于淳熙十四年(1187年)，留正则寿长，活到七十八岁(开禧二年卒)。梁克家于孝宗朝两度为相，留正则于孝宗、光宗、宁宗三朝为相。梁克家年少时寓居广东潮州有梅花逸事，留正年少时则客居广东惠州亦有姻缘逸事。

留正生于泉州，青年朱熹仕泉时期(1153—1157)，留正寓居广东惠州，两人无缘相识。留正于绍兴三十年(1160年)登第后游宦广东、江浙、四川一带，而朱熹除了知南康、提举浙东之外，大部分时间居闽从事讲学与著述活动。两人亦少有交往的机会。两人书信交往始于朱熹淳熙十五年戊申(1188年)

① 虞云国：《细说宋朝》，上海：上海人民出版社，2002年，第410页。

② 脱脱：《宋史》卷三八七，北京：中华书局，1977年，第11783页。

③ 郭齐、尹波点校：《朱熹集》卷一一，成都：四川教育出版社，1996年，第461页。

去国归途之中。

束景南《朱熹年谱长编》淳熙十五年(1188 年)六月条,引《宋史·孝宗纪》:"以新江西提点刑狱朱熹为兵部郎官,熹以疾未就职。侍郎林栗劾熹慢命,熹乞奉祠。"旁以小字按云:"林栗之劾朱熹,乃受参知政事留正指使。盖其时留正方反道学也。"[①]并举刘克庄《林经略墓志铭》的记载为证。《林经略墓志铭》是刘克庄(1187—1269)为林栗的二儿子林行知(1152—1222)所写墓志,其中记林行知生前与刘克庄一段逸事:

> 岁在庚辰(1220 年),见公里第……留语穷日,夕间示余以所笺《诗》数则,多与朱氏本义同。余曰:"公亦宗考亭乎?"公曰:"朱公经学妙处,圣人不能易也,况学者乎?"余因扣公:"简肃素贤朱公,晚有异论,何耶?"公曰:"吾翁有殊眷,朱公负重名,当轴皆貌礼之,内不善也。及翁被夏卿之擢,朱辍臬事而留,俱出独断,不由启拟。当轴愈惎,知二人素刚不相下,翁又新与朱公论《易》撑柱,遂除朱公为兵部郎。二人果以不咸皆去,卒如当轴所料。时台端胡晋臣助朱排翁,相则周益公也。"[②]

束景南教授据此[③]申述:"其时王淮罢相,朱乃出周必大荐,宰辅中唯留正反道学。故林行知所云貌礼之而内不善之'当轴',舍留正别无他人。叶适称林栗'袭用郑炳、陈贾密相付授之说',可见林之劾朱确有'居要津者'从中'密相付授'。"[④]然而在阅读了《闽中理学渊源考》卷三十一"温陵留氏家世学派"及"忠宣留仲至先生正"之记载与引述后,觉得还有讨论空间,与前贤论者有不同看法,也是在其启发之下提出的。

在未能再找到留正写给朱子的书信加以合观互证之际,评判朱、留关系以及林栗劾朱熹的动因,据上述由刘克庄所记林行知(林栗的儿子)时隔三十年的回忆仅可作为旁证,而当事人朱熹说的才是最直接重要之证据。况且紧接着"卒如当轴所料"后面有句话,即"时台端胡晋臣助朱排翁,相则周益公(必大)也"束先生未引。林行知比刘克庄年大 35 岁,这句话是林行知回忆时所说的。

朱熹被林栗所劾去国归途中,即戊申(1188 年)七月写给留正书信《与留

---

① 束景南:《朱熹年谱长编》,上海:华东师范大学出版社,2001 年。

② 刘克庄:《林经略墓志铭》,《后村先生大全集》卷一百五十六。

③ 与本文所引略有差别:其所引前面多十余字,最后少十余字。

④ 束景南:《朱熹年谱长编》,上海:华东师范大学出版社,2001 年。

参正札子》就对留正“忧其不能保夫晚节末路”怀有感激之辞，以“独未及一见”留正（参政）为憾事，并称留正为“大君子”：

> 熹未尝有一日奔走之劳于门下，而参政所以知遇奖借，不后于众人。越自顷年，叨被改秩之恩，参政实掌书命，褒与之词，已浮其实，而所以告戒之者，又若忧其不能保夫晚节末路之难。此其所以爱之之深，可谓至也。熹虽至愚，亦知佩服。……今者之来，一前一却，虽获扶病进望清光，然却独未及一见参政，而衰病复作，遂以烦言逡巡引去。切闻进呈之际，参政犹欲少加意焉，诚不自知其何以得此于大君子之门也。[①]

如上所述，留正既对朱熹直言“忧其不能保夫晚节末路”，且对朱熹之“进呈”、“欲少加意”，何以又会同时对朱熹“貌礼之”而“内不善”，授意他人弹劾朱熹呢？这既有背常理，也不合留正人品。

由此可见，“兼听则明”，以朱熹同于去国归途中写给留正周必大之信函，以及后人林行知（刘克庄记）的回忆相互印证，究竟是谁“貌礼之”而“内不善”，还是朱熹自言（亲身感受）最为可靠。

“周必大、留正一时俱以相业称”，[②]史家之评可谓称道远远大于微词。朱、留书信交往于淳熙十五年（1188 年）至庆元四年（1198 年）。其中两人之龃龉主要在临漳之政，尤以“经界”问题为甚（其中盘根错节之复杂关系，也包括漳泉富室“出入门墙之下，承眄睐之恩者”，联合起来干预阻挠经界的推行）。朱熹对留正之指谪则丝毫不留情面：

> 至于经界一事，乃独屡上而不报。至其甚不得已而阳许之，则为多为疑贰之言，以来谗贼之口，曾不一年而卒罢之。则熹于是始疑相公所以知熹者，不若其于乡里小儿之深；所以爱夫漳之士民者，不如其于琐琐姻娅之厚，而匹夫之志，因以慨然自知其决不可以入相公之门矣。[③]

在庆元党禁中，周必大、留正也首当其冲，列伪党籍。明代理学家林希元评论留正说：“公出入三朝，一时相业，建储之议，视赵忠定为是。邵阳之贬，适表平生。”[④]患难见真情，兹李清馥《闽中理学渊源考》之相关记载及引述，举朱、留之交谊之三数事，以窥其概。

---

① 《朱熹集》卷二十七，成都：四川教育出版社，1996 年。

② 脱脱：《宋史》卷三百九十一，北京：中华书局，1977 年。

③ 《朱熹集》卷二十九，成都：四川教育出版社，1996 年。

④ 李清馥：《闽中理学渊源考》卷三十一，南京：凤凰出版社，2011 年，第 420～423 页。

庆元间，朱熹《答巩仲至》两次提到留正，一为关注其行迹说“留（正）徐（谊）方脱囚拘”。二则交代送书（《诗集传》）[①]，《答蔡伯静》：“闻留卫公得旨自便……遂止得量移南剑。”[②]《与田子真》：“卫公计时相见，闻欲徙居盘涧，若尔，即尤相近也。”“欲作卫公书，道此曲折，数日有苦目昏，不能谨书。”[③]《答储行之》则以“文字结缘”未果为憾：“卫公近得书，寄《梅岩图》来。初欲令作记，俄闻溪城之报，且罢休矣。甚愧不得一游其间，并以文字结缘也。”[④]《答黄直卿》尊称“留丞相”，并称其“资质之美”：“向留丞相来讨‘诗传’，今年印得寄之。近得书来云，日读数板，秋来方毕，甚称其间好处，枚举甚详。不意渠信得及，肯如此仔细读。如赵子直，却未必肯如此。渠前此见《中庸》说，极称序中危微精一之论，以为至到。亦是曾入思量，以此见其资质之美。惜乎前此无以此理謦欬于其侧者，而今日闻之之晚也。”[⑤]因此，朱熹在《与留丞相》中十分动情地说：

> ……不意临老乃有遇于明公也。更有他书，欲遂倾囷倒廪以跪进于几下，而私居乏人，艰于缮写，少假岁月，当遂此心。傥得一一悉蒙印证，则亦足以自信而无憾于方来矣。顾所不能无恨者，犹以登门之晚，而其质疑请益，乃有十年之迟。伏想明公于此亦不能不慨然其间也。[⑥]

这是朱熹于患难之中遇到学术知音的生动写照。朱熹以“登门之晚，而其质疑请益，乃有十年之迟”为憾，也是他以仁人之心严以律己的自我省察。如早十年“质疑请益”，留正像汪应辰、梁克家与朱熹那样有较深的沟通了解，以留正的地位和影响力，淳熙、绍熙、庆元年间的政治生态即当是另一番景象。

---

① 《朱熹集》卷六十四，成都：四川教育出版社，1996 年。

② 《朱熹集·续集》卷三，成都：四川教育出版社，1996 年。

③ 《朱熹集·续集》卷五，成都：四川教育出版社，1996 年。

④ 《朱熹集·续集》卷七，成都：四川教育出版社，1996 年。

⑤ 《朱熹集·续集》卷一，成都：四川教育出版社，1996 年。

⑥ 《朱熹集》卷三十八，成都：四川教育出版社，1996 年。此外，《朱子语类》卷一百二十一记：“留丞相以书问《诗集传》数处，先生以书示学者曰：‘他官做到这地位，又年齿之高如此，虽在贬所，亦不曾闲度日，公等岂可不惜寸阴？’”

三、余说

《闽中理学渊源考》著者李清馥系理学大家李光地之孙，由于特殊的家学渊源，以及家风之濡染，加上仕宦之丰富阅历，使李清馥具备撰著这一地域性理学人物的传记类史书的条件。该书的丰富内容及其特殊的史料价值，正逐步引起学界的重视，徐公喜主编的点校本于 2011 年由凤凰出版社出版。期望更多的学者运用该书，解决宋明理学研究中的问题，是我撰写本文的初衷。

息养生民　以固国本

——略说李光地的施政思想

陈桂炳

（泉州师范学院）

摘要：李光地生活在清王朝逐步走向康乾盛世的社会发展转折时期。作为清初最有代表性的理学名臣，他既务虚又务实，在其施政工作中，发扬且实践了儒家传统的民本思想，政绩卓著，深得康熙帝的赞赏。本文从重视民心、与民休息、为民兴利、省刑治贪等几方面，略说李光地“息养生民，以固国本”的施政思想。

李光地生活的时代，正是清王朝逐步走向康乾盛世的社会发展转折时期。作为清初最有代表性的理学名臣，他既务虚又务实，在其施政工作中，发扬且实践了儒家传统的民本思想，政绩卓著，深得康熙帝的赞赏。本文就略说李光地“息养生民，以固国本”的施政思想。

一

李光地，字晋卿，号厚庵，又号榕村，福建省泉州府安溪县感化里（今属湖头镇）人。其先世自闽北尤溪徙入闽南安溪，传到六世朴庵公李森，因有武功，受爵于朝，为邑右族。至李光地的父亲惟念公李兆庆时，家道已经中落。对这一时期的贫贱生活，李光地终生难忘，他在《母太夫人七十征言引》中曾经回忆道:“即窭且贫,崎岖多难,或衣被不完,或粗粝不饱,或循荒循野,风雪飘摇。”[①]其后在《先太夫人行状》中又再次追忆:“母寿登八十,强年半在贫贱患难中,际险而脱。曾祖以下两世未葬,惟先君彷徨日夜,卜兆开圹,母营谋拮据佐之。兵灾后,村落焚毁,先君未有栖止,亟构一椽以依先神,亦惟母节啬万端,克竟其事。极贫窭,衣食之入,悉为葬茔、祠宇、祀田费,至饥饿无怨声。”[②]

另李光地在为其夫人林氏撰写的墓志铭中也提到:“夫人二十而归余时,正家贫窭。”正因为家境贫窭,李光地父“被仇诬,官没于贿,累岁莫直”。此事至李光地中举人后,“至家呈身代理,于福州遇太守王公之仪得白”。[③] 可见李光地青少年时期的大部分岁月都是随双亲在贫窭患难中度过的,故对民间疾苦有切身的体会。这对他日后民本思想的形成产生了深刻的影响。

在探讨李光地的民本思想时,我们更应注意到其时代背景。李光地出生于明崇祯十五年(1642 年),是时腐朽的明王朝在农民大起义风暴的冲击下,已摇摇欲坠,在苟延残喘二年后即告灭亡。而虎视中原已久的清朝,乘机入关,于十月正式迁都北京,开始了对关内的统治。由于建立清朝的满洲贵族发家于奴隶主军事掠夺和杀戮,其轻民、掠民、残民的思想意识是根深蒂固的。他们在入关后,视被征服民族为草芥,烧杀抢掠,无恶不作,对因此而激起的民族反抗,更是实行惨无人道的屠城政策,“扬州十日”以及后来的苏州、嘉定、嘉兴、宁都、海宁、广州之屠等等,伤心惨目,罄竹难书。在这种轻民、残民思想的指导下,清初人口锐减,耕地荒芜,社会经济遭到严重破坏。因此,政局长期难以稳定下来,这从清兵入关仅用十天,而至全国统一却长达四十年这一点上可以得到说明。雄才大略的康熙皇帝对此有十分清醒的认识,他认为国家的根本在于百姓,《清圣祖圣训》卷七载曰:“守国之道,惟在修道安民。民心悦,则邦本得。”[④]

在康熙皇帝看来,民为邦本,失去民心就失去国本。因此,他很重视“安民”、“保民”、“息民”、“勤民”,并在满洲贵族中逐渐清除其轻民、掠民、残民等落后思想,因而促成了为后人所称誉的“康熙之治”盛世的出现。

---

① 李光地:《榕村全集》卷二十二,《书家谱传》。

② 李光地:《榕村全集》卷二十二,《书家谱传》。

③ 李光地:《榕村全集》卷二十二,《书家谱传》。

④ 《清圣祖圣训》卷七。

“李光地之信奉程朱，亦遭逢时会，上有倡者，下有随之”[1]，杨向奎先生主编的《清儒学案新编》对李光地虽颇有看法，但这句话对李光地思想的形成与“时”、“上”关系的评价，却是允当的。李光地于康熙五年(1666 年)中举人，康熙九年(1670 年)登进士，选翰林院庶吉士，授编修。康熙十六年(1677 年)因在平定三藩之乱中立下殊功，被特授侍读学士。其后历任翰林院学士、内阁学士、兵部侍部、工部侍郎、直隶巡抚、吏部尚书等职。康熙四十四年(1705 年)升任文渊阁大学士，入阁为辅，任此职直至逝世。康熙皇帝对李光地恩宠备至，除了李光地对清廷的一片忠心外，其主要原因当与李光地理学造诣较深，“在发挥理学的社会作用方面确是康熙的一位不可多得的人才”[2]也有很大关系。康熙皇帝称李光地：“专勤好学，博洽多闻，通窥秘府之珍函，详究遗经之奥旨。朕久玩羲文之易，独究理数之原，惟尔虚衷，随时请益，每共研寻终始，辨析精微。尝累日而未休，恒他人所莫解，君臣之契，特有深焉。”[3]

后于康熙五十九年(1720 年)的谕祭文中又再次提到：“至于天人象数，朕尝加意阐明。尔则探索研究，靡不虚心请益。盖惟朕知尔最悉，亦惟尔知朕最深。”[4]康熙皇帝所说的这种“君臣之契，特有深焉”的关系，对李光地民本思想的提出及其实践是至关重要的。我们知道，清初统治者为适应君主专制的需要，对程朱理学大肆推崇，同时又大兴文字狱，特别是到雍正、乾隆二朝时，文学狱已发展到望文生义、借题发挥来杀人了。清代大兴文字狱的结果，使封建文人怕触犯文网而放弃经世致用的学风，远离社会现实，埋头故纸堆中，于是烦琐的考据之学在乾隆、嘉庆二朝盛行起来，思想、文化的发展受到了严重窒息。这与康熙盛世相去甚远，《清儒学案新编》的作者称李光地“遭逢时会”，这句话是说得十分中肯的。

---

① 杨向奎：《清儒学案新编》。

② 侯外庐、邱汉生、张岂之：《宋明理学史》下卷，北京：人民出版社，1987 年。

③ 转引自郑金顺：《与李光地有关的三篇碑文的发现》，杨国桢、李天乙主编：《李光地研究》，厦门：厦门大学出版社，1993 年。

④ 转引自郑金顺：《与李光地有关的三篇碑文的发现》，杨国桢、李天乙主编：《李光地研究》，厦门：厦门大学出版社，1993 年。

二

李光地施政思想的主要内容，表现在以下几个方面：

首先是重视民心。

民心的向背，关系到天下的得失，也是天下致治与否的关键。对于这一点，李光地看得十分清楚，在其著作中曾多次谈到这个问题。他说要想“垂拱而天下治”，其中很重要的一点，就是要“重民”。因为“民者，天之所生，其聪明视听即天之聪明视听也”，“若我不敢安于天命而弗念其威，则民心必无怨背于我，而天命固矣”。[①] 作为一个君权天授论者，李光地认为国君受天命而治理天下，只有民心无怨背，才能天命固而天下治，故民心可畏。若不能敬天畏民，则天命坠而天下失。李光地还认真地总结了历史经验教训，指出东周诸侯衰败原因之一，就“暴其民”。因此，李光地认为民心可畏，无论是为国君者，还是为民牧者，对这个问题都必须高度重视。他说：“天地交则泰，上下交则治。天地不通则闭塞而成冬矣，君与臣民之情阔绝则天下无邦矣。”[②]

作为最高统治者的国君，如与民包括臣处于阔绝对立的境地，就会导致“天下无邦”的可怕后果。故国君当以“立国以民为邦本”是念，要“养贤以及万民，乃一定之理”。[③] 对于为民牧者，李光地认为：“为守令要在周知民情，甚非易事，必以心着实推求。……要体念父母二字，须实引父母责任在身上，养之教之。有此诚心为本，大段已得，又须委曲以得其心。”[④]李光地希望他们在处理诸事时，“自当法古，然亦必须顺民意”，“要因地势以制宜，顺民心而兴事”。对此，李光地还特地举一范例：“巡抚浙中者，前有范觐公，后有李武定，浙中士民至于今称之。及耿逆作乱，武定言于镇浙将军曰：‘今势危，全要得百姓之心，百姓一心，便可凭以立事。今与将军约，万一兵有生事害民者，吾关白将军，即当按法治罪。迨后别为庇护，操纵总由吾等耳，要使民知吾等不护兵以蹂民而已’”，[⑤]把能否“得百姓之心”视为平定三藩之乱的关键。

---

① 李光地：《榕村全集》卷四，《尚书句读》。

② 李光地：《榕村全集》卷二，《读书笔录》。

③ 李光地：《榕村语录》卷二十一，《治道一》。

④ 李光地：《榕村语录》卷二十一，《治道一》。

⑤ 李光地：《榕村语录》卷二十一，《治道一》。

其次是与民休息。

李光地指出:“先王之世,取诸民者贡赋税三者而已。此外不应复有名条,如后世之苛政。”[①]对于苛政之下农民的艰难处境,李光地十分同情,曾写过《农民苦行》等诗。而三藩之乱的爆发,使广大农民更是雪上加霜。因此,李光地请求清军入闽时要禁止屠戮,以慰残黎。当大乱取次削平,吴三桂授首可期之际,李光地又以历史教训为鉴,大力呼吁要抚恤疮痍。因为此时“海内元气亦虚耗已极,不特闽中为然,恐自大江南北,凡征发调遣输挽所至之处,俱已大疲极弊”,只有“与民休息”,才能“民气日复”[②]。至于如何与民休息,李光地提出了勿扰民、勿劳民、勿病民、蠲免钱粮等主张。

勿扰民。李光地说:“古者巡狩而国不费,民不烦,护卫少而征求寡也。”[③]康熙三十八年(1699年),康熙帝南巡时,李光地即奏曰:“畿甸翠华时幸,一切供亿臣皆过从减损,以抒民力。”得到康熙皇帝的肯定和采纳。而李光地本人也以身作则,他每有出行,“车马省约,禁诫严明,所经由有敢需求骚扰者死无赦,有阴为趋奉供亿者罚无赦。终巡抚任,率以为常”。[④]

勿劳民。李光地很重视在北方兴修水利,以减少漕运之烦扰。但因水利工程须动用大量人力物力,故李光地十分注重工程实效,以免劳民伤财。如广平县地当漳河之冲,农田常被水淹,但“该县一带土松河深,从来漳河迁徙不定,开河则旋淤,筑堤则旋塌。询之乡绅士民,咸谓不可筑堤”。[⑤]李光地经实地察勘后,即向康熙皇帝上了《覆广平县不可筑堤疏》,以免劳民伤财又难获实效。

勿病民。李光地在总结历代兵制的沿革之后,认为“多置兵则病民”。[⑥]他说:“三代不轻于用兵而民力裕。”而“汉唐之调发无时,其征戍也,终年其行役也,万里生出死归,诗人伤之”。李光地认为这是“亡秦之余弊也”,[⑦]故建议在当时海宇承平之际,应“除天下阨塞要害留兵外,其余城守半用民兵。即阨

① 李光地:《榕村全集》卷五,《周官笔记》。

② 李光地:《榕村语录》卷二十一,《治道一》。

③ 李光地:《榕村全集》卷二十五,《帝省方颂》。

④ 李光地:《榕村全集》卷二十五,《帝省方颂》。

⑤ 李光地:《榕村全集》卷二十七,《覆广平县不可筑堤疏》。

⑥ 李光地:《榕村续集》卷二,《上云麓富先生》。

⑦ 李光地:《榕村全集》卷一,《观澜录》。

塞要害处，亦仿屯卫之制，以省养兵之费而厚官俸，以苏民困。是切时要务”。[①]

蠲免钱粮。“民无恒产，故乱则土荒，而治则人散。此非立法之所能济也。下有定主，上有定民，则涣者聚矣”。[②] 民不定，天下就难治难定，而要使民安，就必须在经济上给人民留一线生路，剥削要有限度，使民有恒产。因此，李光地主张要蠲免钱粮，以厚民生。广平县因屡遭水淹，民不聊生，李光地就建议于被水淹之乡村暂除一年钱粮，如明年水势未消，则请求皇帝同意再蠲一年。他还请求蠲免红剥船徭户灾后的田赋，以稍苏民困。

再次是为民兴利。

为了使“民生优裕，不至于流离而远去也”，李光地还希望地方官员能积极为民兴利，“一日为民牧须尽一日为民牧之心”，[③]为民兴利，乃当官职内之事。对那些“但恤身谋，无能以民事为家事”的守令，李光地提出了批评，他认为：“若算计到其事之利害，又算计到自己之声名得失，如何有这样万全事。故计较得及于民者有七八分得益，只能就去做。”[④]

对于平粜米粟这一济民善政，李光地是大力支持的。他说：“至于不肖有司挪移亏空，出于意外，未便以后日难料之事，置良法于不问，仍请授例题请发粟。”

如果米价比常颇腾之岁，发仓以济贫民之食，其施有限，为“令富室不得擅困仓之得，庶小民不致有升斗之艰”，他还建议“平粜以出富人之谷，为惠无穷”。由于地方官府的仓库缺少，历年因露积散堆，或潮湿蒸烂而耗折的粮食不少。李光地上[⑤]《请定仓谷春粜秋籴之例疏》，建议把以前曾实行过的春卖秋买的做法著为成例，“盖于平价便民之中，而寓推陈出新之法，宜每岁常行者也”。[⑥]

李光地在修治子牙河及筑大城、河间、献县等堤岸的过程中，认为“此一带原属洼下水乡，虽复岁治堤防，但足补苴万一。倘遇溃决，仍付淹没，非有

---

① 李光地：《榕村语录》卷二十一，《治道一》。

② 李光地：《榕村全集》卷二十七，《覆广平县不可筑堤疏》。

③ 李光地：《榕村续集》卷五，《饬广积疏》。

④ 李光地：《榕村语录》卷二十一，《治道一》。

⑤ 李光地：《榕村全集》卷二十七，《请发仓赈借仍酌行平籴仓米疏》。

⑥ 李光地：《榕村全集》卷二十六，《请定仓谷春粜秋籴之例疏》。

变通之策，终非永赖之计”。他根据南方农业生产的经验，建议静海、清县一带水居之民，“其可兴水田者，教之栽秧播稻之法。其难以成田者，则广其蒲稗菱藕之利，使民资水以为利，则不患水之为害矣”。至于献县、交河等与正定接壤之处，因在盐河上游，“若能修治沟洫，杂兴水田，则水势渐分，将下流之水势亦日减。是资水利，即以除水之害也”①。李光地南稻北移的建议在当地的条件下是否行得通，自可另当别论，但其为民兴利的良好动机，是应加以肯定的。

李光地特别注意避免因有司推行不善，而致利民之事适以滋扰的现象发生。他在奉命治理子牙河时，“乘春作未兴，遂竣斯役。滨河居民且千家，公别相基兆，官为营室以易之。民去水患得宁宇，欢声沸然”。② 至于对民不利之事，李光地则坚决反对。福建大吏请开捐实仓，李光地就认为没有这种必要，因为“今地方仓谷大丰，为官吏侵盗挪移，且福建潮湿，实在烂亦有之。既至亏空，私行摊派，上司借端盘查，需索使费。层累申咨，部行驳诘，文案纷冗，生出许多事端，而害总归于民”。李光地更是反对禁止渔民出海捕鱼，他说：“如今海贼不比当年郑成功等，闽广小民以捕鱼为生，一行禁止，民便失业。”③

最后是省刑治贪。

要使人民安定，还必须做到省刑治贪。如果在政治上把人民逼到走投无路的地步，当权者的统治也就很难稳定。因此，对人民适当的省刑是必要的。李光地曾上疏请“宽小民从前开荒之罪，使之各安耕种，照则输粮”。④ 当康熙皇帝在询问“闽贼陈五显”一事时，李光地趁机为之辩解，“五显之反，非设心为乱也，迫于饥耳”。后李光地又奏免“陈五显余党家属流配”，使参加这场“因饥酿乱”的起义群众，仅五显等五人坐斩，其余悉得免死。陈五显案的处理结果，对当道者后来在定刑方面产生了一定的影响，“是秋，京师断死刑仅二十有四人，实为近古未觏”。⑤

刑滥之由往往在于官吏贪酷，因此，要使小民安生，还必须治贪。李光地

① 李光地：《榕村全集》卷二十六，《请开河间府水田疏》。

② 李光植：《李文贞公年谱》卷上。

③ 李光地：《榕村语录》卷二十一，《治道一》。

④ 李光地：《榕村全集》卷二十六，《覆马厂疏》。

⑤ 李光地：《榕村全集》卷二十六，《请陈清查钱粮亏空疏》。

对贪官污吏是十分痛恨的，他父亲曾吃过贪官的苦头，累岁莫直，故在治贪方面是非常积极和坚定的。他说对贪官者当“尽法绳之”，并接二连三地向康熙皇帝上有关治贪的奏疏。在《条陈清查钱粮亏空疏》中，李光地指出：“窃见目前因循之积弊，未有甚于亏空者也……有不肖各官，不问公私，任意侵挪，动千万计。”而其盘查的有关上司，因“多牵于情面属托”，故往往从轻处理，“定案塞责，积习因仍，诚不可不立法审饬，以期厘清宿弊者也”。考虑到“法轻易犯，无顾忌”，李光地建议在量刑后，“不准折赎，不得以杂犯准徒名例完给，即恩赦、热审等典例，亦不准减免，庶人知畏法而库藏加”。[①] 但“于亏空各案，虽屡经严催，屡次参处，而承问各官展转稽迟如前”。李光地认为“凡此弊端，若非本管上司素有点染，为州县所挟持者，不敢据实明正其罪。则必州县夹托权势，压制上司，不令据实审结。上下相徇，一味以迟延，侥幸巧脱，若不再行严定承审处分，则案件终难完结”。故李光地又上《请严定承审处分疏》，限期要承问各官“作速审明招解”，否则将“严例议处，以除积弊”。[②]

此外，李光地还在《请严定承审命案处分疏》中指出：“俯惟吏治民生之要，莫如钱粮刑名二事。倘使积案不清，旷日持久，未有不为丛弊之藏者。伏查刑名中最重大者，乃命案、盗案，而命案又与盗案不同”，盗案难以速结而命案易结。但地方官在审理命案时，“一则牵于财势，一则怯于公论，遂拖延岁月，意在监毙原告以灭口。完案者，更有听恶役借端苛索，无故牵连邻里，株逮无辜，名为研审真伪，实系借命居奇”。故李光地建议“将一切命案照例勒限半年，专责巡道严催府州县速行完结”。若再不按限完结，对有关官员及承问各官即“严行参处”。如有“听讼不平，锻炼失实”者，则另行严查究劾。这样，就可使“命案无久稽之虞，而刑名之弊可清，官吏之奸可破，囹圄无幽滞，而良善得以安生矣”[③]。

李光地对贪官的斗争是十分坚决的，毫不退让。永定河分司吴禄礼是个贪官，他“筑堤旷年，不报奏”，李光地因此“节其请给”，结果受到吴禄礼的诬告。康熙皇帝派来审质的侍郎罗察也袒护禄礼，但李光地毫不动摇，抗疏论之。后来真相大白，吴禄礼被革职，沿河之民拍手称快。李光地之清廉，素有口碑。康熙皇帝曾称赞他是“清正抚臣”。后来赠给他“夙志澄清”匾额，即包

---

① 李光地：《榕村全集》卷二十六，《请陈清查钱粮亏空疏》。

② 李光地：《榕村全集》卷二十六，《请严定承审命案处分疏》。

③ 李光地：《榕村全集》卷二十六，《请严定承审命案处分疏》。

含着对李光地夙志治贪、澄清吏治的褒扬。[①]

再者，我们还应当指出，李光地的施政思想旨在"用民"，使清朝的统治"立于不倾之域"。李光地在回答"国家不患贫寡"之义时说："贫害甚于寡，故不患寡而患不均也。"但不安又"祸大于贫，故不患贫而患不安也。……至于和而安则立于不倾之域，而寡贫虽有之不足道"[②]。

这就十分清楚地告诉我们，在李光地的眼中，清朝统治的"和而安"是至关重要的。至于广大民众的贫困问题，只能退居于次要地位，尽管两者之间是有一定的内在联系，但相对于封建统治阶级的自身利益而言，民众"寡贫虽有之不足道"。可见强调"息养生民"的根本目的在于"以固国本"。

总之，李光地的施政思想是对历史上儒家传统民本思想的继承和发挥。作为康熙盛世的产物，李光地的施政思想是值得我们进行认真的总结；对于李光地把其儒家传统的民本思想付诸一定的政治实践，更是值得我们充分肯定。至于李光地思想中存在着一些时代的局限性，我们应以唯物史观看待，不能苛求于前人。

① 李光地：《榕村全集》卷二，《经书笔记》。

② 李光地：《榕村全集》卷二，《经书笔记》。

道学渊源与孔子家法

——论李光地对宋六子之评价

郑晨寅

（漳州城市职业学院闽学与闽南文化研究中心）

摘要：朱子之学术与道统观念乃建基于北宋五子，李光地对周、张、二程皆多所称颂，唯对邵雍颇有微辞。这与其所处的政治生态有一定关系。李光地指出了朱子学中客观存在着的孔子家法、孔子传派，这也是清初学术博学、崇实风尚之折射。李光地之学则具有兼宗汉宋、由虚入实的倾向，他重视以读书为学，崇尚实学与考订。对宋六子的评价，既表现了李氏本人学术旨趣与君王意志的调适、融合，同时亦体现明末清初儒学自身的发展趋势。由于清代文化专制的历史境况与李光地的特殊地位，他的学术主张在一定程度上起到了引导治学途径的作用，对清初学术逐渐向着考证经史的方向发展起到了一定作用。

李光地（1642—1718）为清初名臣、理学中坚，闽南泉州安溪人。闽地虽僻处海疆，却有道南一脉直承河洛之学。闽南则为朱子过化之邦，理学夙有渊源。李光地之父“独喜蓄濂洛关闽及同郡蔡、林诸先贤书”，故李光地十八岁起即专注于理学。李光地曾总结闽地儒学源流云：

南方风气日开，周、程、朱子，道南一脉，蔚然儒宗。又如陈古灵、蔡君谟、陈了翁、真西山，皆卓然。吾泉则有苏子容。明人物虽不及宋，若

蔡虚斋、陈紫峰、林次崖,海内读其书。末造有黄石斋、何元子诸公相踵起。[①]

周、程经由杨时、罗从彦、李侗传至朱熹,为道南学派。而闽中学者则有陈襄(号古灵)、蔡襄(字君谟)、陈瓘(号了翁)、真德秀(号西山),闽南学者则有泉州苏颂(字子容)、蔡清(号虚斋)、陈琛(号紫峰)、林希元(号次崖)以及漳州黄道周(号石斋)、何楷(字玄子),皆为一时翘楚。清初理学承宋明而来,又在"由王返朱"与经世思潮的余波中有所发展,康熙帝推崇朱子学,将之树立为官方哲学。作为当时最著名的朱子学者,李光地与康熙帝鱼水相得,对朝政大事、国家意志多所规划,又因身居高位而对当时学术有所影响。《榕村语录》《榕村续语录》之编排皆先置"经书总论"及"四书五经"于前,紧接其后的即为宋六子条目,可见李光地视宋六子为传经嗣道之人,而对宋六子之评价则颇能反映其时之学术风尚。

一、评北宋五子与道学渊源

朱子之学术与道统观念乃建基于北宋五子。道统之说源于韩愈[②],尽管宋儒普遍不承认韩愈在道统中的地位,但他的《原道》与道统说对宋人的影响是毋庸置疑的。将儒学称为道学,较早地见于程颐《明道先生门人朋友叙述序》:"门人、朋友为文以叙其事迹、述其道学者甚众。其所以推尊称美之意,人各用其所知,盖不同也。而以为孟子之后,传圣人之道者,一人而已,是则同。"[③]胡安国称道二程:"孔孟之道不传久矣,自颐兄弟始发明之,而后其道可

① 李光地撰,陈祖武点校:《榕村续语录》卷五,《诸儒》,《榕村全书》第七册,福州:福建人民出版社,2013 年,第 126 页。

② 《原道》称:"博爱之谓仁,行而宜之之谓义,由是而之焉之谓道……斯道也,何道也?曰:斯吾所谓道也,非向所谓老与佛之道也。尧以是传之舜,舜以是传之禹,禹以是传之汤,汤以是传之文、武、周公,文、武、周公传之孔子,孔子传之孟轲,轲之死,不得其传焉。荀与扬也,择焉而不精,语焉而不详。由周公而上,上而为君,故其事行;由周公而下,下而为臣,故其说长。"见马其昶校注,马茂元整理:《韩昌黎文集校注》,上海:上海古籍出版社,2014 年,第 19～20 页。

③ 程颢、程颐著,王孝鱼点校:《河南程氏文集》卷十一,《伊川先生文七》,《二程集》,北京:中华书局,1981 年,第 639 页。

学而至也。”[①]朱熹私淑二程，称：“二先生唱明道学于孔孟既没千载不传之后，可谓盛矣。”[②]而道统，实际上即道学之传承。[③] 朱熹在《伊洛渊源录》等著述中梳理了周敦颐、邵雍、张载、二程以来的北宋理学传承谱系，体现了他的儒家道统观，朱熹本人以二程嫡传自居。如果说他的表述还是较为含蓄的话，其弟子则说得很明白，以黄榦、陈淳为例：黄榦《朱子行状》云：“道之正统，待人而后传。自周以来，任传道之责者不过数人，而能使斯道章章较著者，一二人而止耳。由孔子而后，曾子、子思继其微，至孟子而始著；由孟子而后，周、程、张子继其绝，至熹而始著。”[④]而陈淳在《初见晦庵先生书》中则称：“孔孟周程之道至先生而益明，所谓主盟斯世，独惟先生一人而已。”[⑤]在嘉定十年(1217年)讲学于严陵时，则称朱子“集诸儒之大成，而嗣周程之嫡统，萃乎洙泗濂洛之渊源”[⑥]。

李光地对学问之传承颇有会心，他说：“学问之道，最怕那地方派断。派断，后人就苦了。”[⑦]朱熹在建阳创办沧洲精舍，以周、程等七贤配祀先圣，以明道学渊源，《榕村语录·宋六子》即以此发端：

> 沧洲精舍中祠七贤：周子、二程子、张子、邵子、司马氏、延平，独延平称师，即称谓间亦不苟。后称六人，则去延平；后称五贤，并去司马。……问：“论理学，司马自不如延平，何以六人去延平?”曰：“想是以其气魄小。”[⑧]

既以“气魄”去李侗，又以“理学”去司马光，则七贤仅剩其五。其中李光地对周、张、二程皆多所称颂，唯对邵雍颇有微词。

---

① 朱熹：《伊洛渊源录》卷四，《奏状》，朱杰人、严佐之、刘永翔主编：《朱子全书》(修订本)第12册，上海古籍出版社、安徽教育出版社，2010年，第975页。

② 《晦庵先生朱文公文集》卷七十五，《程氏遗书后序》，第3624页。

③ 朱熹以“十六字心传”(人心惟危，道心惟微。惟精惟一，允执厥中)为道学核心。余英时先生则对道统与道学做了严格区分，可备为一说，参见余英时：《朱熹的历史世界：宋代士大夫政治文化的研究》，北京：三联书店，2011年。

④ 脱脱：《宋史·朱熹传》，上海古籍出版社、上海书店，1986年，第1448页。

⑤ 陈淳：《北溪大全集》卷五，影印文渊阁《四库全书》本。

⑥ 陈淳著，熊国祯、高流水点校：《北溪字义》，《严陵讲义·师友渊源》，北京：中华书局，1983年，第76～77页。

⑦ 《榕村续语录》卷十六，《学》，第345页。

⑧ 《榕村语录》卷十八，《宋六子一》，《榕村全书》第六册，第69页。

（一）周敦颐

对周敦颐，李光地主要评价其学问之精微及中兴道学、开启二程之功：

> 周子真不可测，过数年更觉见得其书妙处又进，过几年复然，总无隙缝可乘……不知周子之学何所自来？[①]
>
> 《通书》四十章，字字纯粹……程朱说性命许多话，似还不如《通书·诚上章》为尽。[②]
>
> 圣学中兴者，周子。[③]
>
> 周子学问深潜，门人亦甚少，得二程。大程十五岁，小程十四岁，便以《太极》《通书》传之。周子无复余事，然二程足矣，何用他为？二程门人甚多，不见又得一程子。[④]

周敦颐博学力行，闻道甚早，二程之父程珦得知后即与之为友，并让其二子受学于周敦颐，故朱子称“周程授受，万理一原”[⑤]。而李光地称周子“得二程足矣”，强调其对道学之传承。

（二）二程

程颢自称：“吾学虽有所受，‘天理’二字却是自家体贴出来。”[⑥]对于二程，李光地主要指出他们对理学的揭示之功：

> 明道生平无著作，专在日用言行间著力，时时处处还他个道理，以单读书为玩物丧志。[⑦]
>
> 圣学埋没于训诂中，禅家傲兀为大。故二程揭出上一层道理，号召学者回来。[⑧]

《榕村语录》有不少对二程语录的分析，涉及到李光地对理、气、心、性等

---

① 《榕村续语录》卷五，《宋六子》，第112页。

② 《榕村语录》卷十八，《宋六子一》，第78页。

③ 《榕村续语录》卷五，《宋六子》，第112页。

④ 《榕村续语录》卷五，《宋六子》，第113页。

⑤ 《晦庵先生朱文公文集》卷八十六，《沧洲精舍告先圣文》，《朱子全书》第24册，第4050页。

⑥ 《河南程氏外书》卷十二，《传闻杂记》，《二程集》，北京：中华书局，1981年，第424页。

⑦ 《榕村语录》卷十九，《宋六子二》，第108页。

⑧ 《榕村续语录》卷五，《宋六子》，第115～116页。

理学范畴的阐发，此不赘言。而对二程的评价，还体现在与邵雍的“理”、“数”之分，详见下文。

（三）张载

对于张载，李光地推重其《正蒙》，并著有《正蒙注》。他认为：

《通书》可继《中庸》，《正蒙》可继《孟子》。[①]

磨炼历忧患，正是“利用安身”处。缘是不安处所以见安，岂享受安乐之安乎？横渠说“困之进人”一段，谓孔子“蒙难正志，其德日跻”，即此意也。[②]

张子作书之意，虑人与天地万物不相关，曰“胞”，曰“与”，曰“宗子家相”，以见一家之中，不可隔形骸而分尔汝。推之一乡、一国，亦不可隔形骸而分尔汝。所以不能如此者，总由工夫欠缺。[③]

李光地十四岁时曾身陷敌营，入仕后历经宦海风波，故对张载之言“困”深有所感。《正蒙·三十篇》云：“困之进人也，为德辨，为感速……以孔子之圣而下学于困，则其蒙难正志。圣德日跻，必有人所不及知而天独知之者。”[④]困然后方知所安，故《易·系辞传》云“利用安身，以崇德也”。但是德业之进修，往往正在困顿之后。对《正蒙·乾称篇》（即《西铭》）之“民胞物与”[⑤]，李光地亦身体力行，其于朝廷颇能选拔人才、护持元气、与人为善，于家乡则约束乡族、课训子弟、订正《家礼》，体现“民胞物与”之精神。

李光地云：“圣贤之道，久而弥光……程朱去今尚近，将来愈久愈显。后来便以尧、舜、文、周为上古，孔、孟为中古，周、程、张、朱为下古。”[⑥]在李光地看来，周、程、张、朱为道学正统之传，作为北宋五子之一的邵雍则不在其中，其中原因颇为复杂。

（四）邵雍

邵雍在五子中最长年，但在《宋史·道学传》中却名列五子之末（依次为

---

① 《榕村语录》卷十九，《宋六子二》，第 98 页。

② 《榕村续语录》卷五，《宋六子》，第 117 页。

③ 《榕村续语录》卷五，《宋六子》，第 117 页。

④ 张载著，章锡琛点校：《张载集》，北京：中华书局，1978 年，第 40 页。

⑤ 张载著，章锡琛点校：《张载集》，北京：中华书局，1978 年，第 62 页。

⑥ 《榕村续语录》卷五，《宋六子》，第 112 页。

周、二程、张、邵），这与其易学侧重于图书象数之说、二程易学则轻象数重义理有着重要关系。据《二程集》载，程颢不愿学邵雍之易数，径称“某兄弟那得工夫”，而程颐则以“易理”凌驾于“易数”之上[①]。相比其兄，程颐的态度更为轻谑，如以“雷起于起处”回答邵雍关于“今年雷起甚处”的讨论[②]，即为一例；更言其与邵雍同里巷居三十年余，“未尝一字及数”[③]。凡此，足见二程对邵雍象数之学的轻视。作为二程的私淑弟子，朱熹亦不能不做出这样的评价：“伊川之学，于大体上莹彻，于小小节目上犹有疏处。康节能尽得事物之变，却于大体上有未莹处。”[④]但朱熹既以《易》为卜筮之书。又有取于邵雍之先天易学，故对邵氏的评价与二程有所不同，因此称“学虽殊辙，道则同归”[⑤]，还是将邵雍纳入道学谱系之中。《榕村语录》则说：

> 当时伊川与邵子终不相合，明道亦说邵子于学全不识。问：“以邵子之虚明精究，何以谓之全不识？”曰：“程子论其学微杂黄老之意，便是不识。邵子若不得朱子表章，恐亦要减色。”[⑥]

李光地认同程子之言，以邵子之学杂有黄老之意为不识。他也承认由于有朱子表彰，邵雍得以显名，但他只重其先天图而否定其易学：

> 朱子尊崇邵子，只是重先天图。此图自是有传授，至他所说《易》，却是教外别传。故明道说他学全不识。有问《击壤集》于朱子者，答曰：“比他《皇极经世》好些。”可见程朱皆不甚尚其所学。大抵孔孟不讲的，便可不学。[⑦]

朱熹对邵雍的评价是比较不具体的，而李光地除“邵子文字熟烂”[⑧]、“此书（《先天图》）正未可轻议”[⑨]等寥寥数语之外，基本忽略了朱熹对邵雍积极评

---

① 《河南程氏外书》卷十二，《二程集》，北京：中华书局，1981年，第428页。

② 《河南程氏外书》卷十二，《二程集》，北京：中华书局，1981年，第428页。

③ 《河南程氏外书》卷十二，《二程集》，北京：中华书局，1981年，第444页。

④ 《朱子语类》卷一百，北京：中华书局，1986年，第3340页。

⑤ 《晦庵先生朱文公文集》卷八十六，《沧洲精舍告先圣文》，《朱子全书》第24册，第4050页。

⑥ 《榕村语录》卷十八，《宋六子一》，第69页。

⑦ 《榕村语录》卷十九，《宋六子二》，第102页。

⑧ 《榕村续语录》卷五，《宋六子》，第117页。

⑨ 《榕村续语录》卷五，《宋六子》，第118页。

价的一面。他直言“康节之数，不如程子之理精”[①]、“邵子学问有弊，其立言太夸”[②]。除了说“孔孟不讲的，便可不学”之外，又言：“孔孟程朱只说理，虽似把捉不定，看来倒准；邵子论数，却未必准”[③]、“其说元、会、运、世，恐未确”[④]，直接否定邵雍数术之学。我们知道，推测历史、预言时政一向为帝王所忌，由《桯史》所载艺祖（宋太祖）对谶纬之提防、变乱心理即可见一斑[⑤]，故李光地对邵雍的评价，与邵雍易学的特点及李光地所处的政治地位、政治生态当有一定关系。李光地侍候康熙帝这样一位颇具才识与谋略的异族帝王，始终有“战战兢兢、如履薄冰”之感，很难体会宋代士大夫那种较为宽松的政治氛围。而相比于周、程，邵雍，更愿意选择一种无拘无束的生活，他的不愿出仕、不配合当局[⑥]，自然不符合李光地所理解的“大一统”与帝王权威。另外，由于康熙帝精通天文历算之学，因此李光地一方面说“算学惟圣人精之”[⑦]，一方面将圣、王合一：“上精于历算，多是捷法，古法原不考求。当是古法多迂阔可笑，如以律以策起算，果然不是根本之谈。”[⑧]一旦以皇帝为圣人、以“古法”为迂阔无稽，其他学者（包括邵雍）的历算之学自然不在话下。故有“《皇极经世》分明泄漏天机，其推算之术或本弇陋”[⑨]之语，而康熙关于“你们汉人全然不晓得算法”[⑩]的判断，只能被奉为圭臬了。

---

① 《榕村语录》卷十九，《宋六子二》，第103页。

② 《榕村语录》卷十九，《宋六子二》，第105页。

③ 《榕村语录》卷十九，《宋六子二》，第107页。

④ 《榕村语录》卷十九，《宋六子二》，第107页。

⑤ 《桯史》卷一《艺祖禁谶书》载：“唐李淳风作《推背图》。五季之乱，王侯崛起，人有幸心，故其学益炽。‘闭口张弓’之谶，吴越至以遍名其子，而不知兆昭武基命之烈也。宋兴，受命之符，尤为著名。艺祖即位，始诏禁谶书，惧其惑民志以繁刑辟。然图传已数百年，民间多有藏本，不复可收拾，有司患之。一日，赵韩王以开封具狱奏，因言犯者至众，不可胜诛。上曰：‘不必多禁，正当混之耳。’乃命取旧本，自己验之外，皆紊其次第而杂书之。凡为百本，使与存者并行。于是传者懵其先后，莫知其孰讹。间有存者，不复验，亦弃弗藏矣。”见岳珂著，吴企明点校：《桯史》，北京：中华书局，1981年，第2页。

⑥ 张峄《行状略》载：“仁宗嘉祐中，诏举遗逸……熙宁之初，复求逸士……皆三辞，不获。而后从命，然卒称疾，不之官。”见《伊洛渊源录》，第987页。

⑦ 《榕村续语录》卷十七，《理气》，第394页。

⑧ 《榕村续语录》卷十七，《理气》，第394页。

⑨ 《榕村续语录》卷五，《宋六子》，第118页。

⑩ 《榕村续语录》卷十七，《理气》，第395～396页。

二、评朱子与孔子家法

李光地处明清易代之初，对于明代学术有较深刻的认识，其理学思想具有辨析朱陆（朱王）、以朱子学为宗的特征。《四库全书总目提要》称：“光地之学，源于朱子而能心知其意，得所变通，故不拘墟于门户之见。其诂经兼取汉唐之说，其讲学亦酌采陆、王之义，而于其是非得失、毫厘千里之介，则辨之甚明，往往一语而决疑似。以视党同伐异之流斥姚江者无一字不加排诋，攻紫阳者无一语不生讪笑，其相去不可道里计。”[①]李光地则说：“朱子为学，先立志主敬，以为学问之地，而又加以学问之功。象山只先立乎其大者……故君子既要尊德性，又要道问学，存心、致知，一面少不得。象山不可谓不高明，只是少‘道中庸’一边耳。”[②]已有论者指出其于朱子学理气论、格致论、知行论等范畴的继承与发展[③]，笔者则认为在学术史与方法论意义上，李光地评价朱子的重要价值乃在于指出了朱子学中客观存在着的孔子家法、孔子传派，而这也是清初学术风尚的一种反映。

（一）孔子家法：“删定赞修，事事不放过”

《榕村语录》载：

> 孔子却删定赞修，事事不放过。后来，朱子恰是孔子家法，十八岁成进士，已将韦斋所托三人之学尽传将去。不厌其欲，又学于谦开善，后乃归依延平。生平事事不见他放过，即做古文，官爵、地名必书见在；诗用故事，于古名号讲究甚悉。至字法，亦有几年工夫。而孔、孟、周、程之书，皆赖以明。其居官，凡大小事，毫不厌烦，都有区处。虽几句文稿，亦觉得理足。周、程、张、邵不得他，恐不能如此烜赫。[④]

孔子“学而不厌”（《论语·述而》），朱熹亦转益多师，其初从学于胡宪、刘勉之、刘子翚“武夷三先生”，后又师事开善寺道谦禅师，最终以李侗为归依，

---

① 《钦定四库全书总目》卷九十四，《榕村语录》，北京：中华书局，1997 年，第 1236 页。

② 《榕村语录》卷一，《经书总论》，《榕村全书》第五册，第 14 页。

③ 参见傅小凡、卓克华：《闽理理学的源流与发展》（福建人民出版社，2007 年），许明珠：《李光地对朱子学的承接与调修》（《泉州师范学院学报》2013 年第 1 期）等。

④ 《榕村语录》卷十九，《宋六子二》，第 108 页。

实现了逃禅归儒的转变，但出入佛老的问学历程，却对其思想体系的最终形成大有裨益。孔子“博学于文”(《论语·雍也》)，朱熹曾称：“孔子天地间甚事不理会过?”[①]其本人亦多才多艺，诗文、书法皆臻上乘，可称通才，如李光地在《续语录》称：“人物文章许多事，至宋朝定案，以朱子无所不通晓也。”[②]当然，此段话之重点在“删定赞修，事事不放过”，孔子自称“述而不作”，然删《诗》《书》，定《礼》《乐》，赞《周易》，修《春秋》，完成了对六经的整理。而朱子则创作《四书章句集注》《诗集传》《周易本义》《仪礼经传通解》等经学诠释之新篇章，并建构以四书为核心的义理之学。二人皆体现了规模宏大的综合、创新能力。李光地曾以佛家为喻：

> 佛家有经师，有法师，有禅师。经师是深通佛经，与人讲解；法师是戒律精严，身体力行；禅师是不立文字，参悟正觉。儒门亦似有此三派。郑、贾诸公，经师也；东汉诸贤，壁立万仞，法师也；陆子静、王阳明，禅师也。程、朱便是三乘全修，所以成无上正果。[③]

“三乘”乃佛教能使人获得证悟、息灭烦恼、至于涅槃的三种途径(声闻乘、缘觉乘、菩萨乘)，所谓“三乘全修”之说，正是为了强调程朱(特别是朱子)学术之综合性。李光地又说：“朱子大开城府，你有一点好处，我便收来。我有一点好处，便思公之于众，洞然无可疑者。”[④]大开城府，正体现了朱子学的包容性。

(二)孔子传派：“依文顺义，不少走作”

《榕村语录》载：

> 程子说书，都是将书返之身心，做起工夫，及实有所得，即将心得处说书。所以道理泡透了，融洽会通，触着即拈出，于书之精蕴，一丝不差。而于本文字义，却多不管。后赖一朱子，阐发着实，不然遇不善读者，便可流为禅学，有“六经注我”之意矣。孔子教问却不尔，朱子正是孔子传派，其于经书躬行心得矣。而解说处，却字字依文顺义，不少走作，才

① 《朱子语类》卷九十三，《孔孟周程》，《朱子全书》(修订本)第17册，第3097页。

② 《榕村续语录》卷五，《宋六子》，第118页。

③ 《榕村语录》卷十八，《宋六子一》，第70页。

④ 《榕村语录》卷十八，《宋六子一》，第72页。

无弊。[①]

“教问”，即指对学生的提问、疑问给予回答、教导，如颜渊问仁、子贡问君子、季路问事鬼神、子张学干禄等等，孔子皆能因材施教，循循善诱。《论语·述而》云：“子以四教：文、行、忠、信。”对文献的学习是孔门重要任务，同时也需结合生活实践，并本之以忠信。孔子主张“知之为知之，不知为不知”（《论语·为政》），而如前所述，其于经典文献“删定赞修”，体现了严谨的治学态度。李光地认为朱子“正是孔子传派”，既吸取程子对经书“躬行心得”之长处，又能忠实于经典，体贴圣人之意，明于字义，不加附会曲解，所谓“阐发着实”、“依文顺义，不少走作”，实际上兼具诠释与考据的方法。此于《四书章句集注》等著作可见一斑。

（三）孔子家法：“只在脚底下盘旋”

《榕村语录》载：

> 《榕村讲授》内，将扬雄、文中子、邵子语编在一处，他们都有要爬在人头上的意思。陆子静便不肯在先圣先贤脚底下盘旋。惟朱子只在孔孟脚底下盘旋，是孔子家法。孔子便只在尧、舜、文、周脚底下盘旋，所以云“下学而上达”。孔子只到患难方说“文王既没，文不在兹”，是实信得及，学者如何觉得这样话？[②]

孔子在政治上大体上是一个改良主义者而非激进的革命者，他提倡“正名”，维护“君臣父子”的伦理秩序，自然不会“爬在人头上”。但是在求学、弘道上，却又“当仁不让”，故于艰难坎坷之际以“斯文”自任，发“文不在兹”之叹（《论语·子罕》）。所谓“只在脚底下盘旋”，虽然看似缺乏王通、陆九渊等那样强烈的主体意识，但是从做学问的角度来讲，也就是“下学而上达”，将“道问学”与“尊德性”结合，亦可至于圣贤之境，如程子所言：“学者须守下学上达之语，乃学之要。盖凡下学人事，便是上达天理。”[③]孔子“祖述尧舜，宪章文武”（《中庸》），复古而从周，述而不作，通过整理六经传承先王之道，为万世立法，而李光地认为朱子亦为“师古”之人：“事必师古方好……孔子教门，定从

① 《榕村语录》卷十九，《宋六子二》，第 109～110 页。

② 《榕村语录》卷十九，《宋六子二》，第 110 页。

③ 朱熹：《四书章句集注》，北京：中华书局，2011 年，第 146 页。

古人考来，心心相印，有凭有据，不尔宁阙也。朱子亦然，所以有根有蒂，摇他不动。”[1]故李光地认为朱子“在孔孟脚底下盘旋”，当指其忠于原典、下学上达，此亦为孔子家法。

毋庸讳言，在叙述策略上，李光地相对忽略了朱子学的创新性与批判性。从总体上看，李光地认为朱子推尊于孔孟、忠实于经典，通过对儒家经典进行选择、诠释，因而重建新经学（以四书之学取代五经之学），是孔子家法的继承者，也是孔孟之道的阐发者与践行者。这是对朱子治学方法很有意义的概括、评价，也是清初学术博学、崇实风尚之折射。

三、李光地与清初学风

关于李光地之学术，《四库全书总目》给予很高的评价：

> 光地所长，在于理学、经术，文章非所究心。然即以文章而论，亦大抵宏深肃括，不雕琢而自工。盖有物之言，固与鞶帨悦目者异矣。数十年来，屹然而为儒林巨擘，实以学问胜，不以词华胜也。[2]

李光地著作等身，涉及经学、子学、史学、天文历算、诗文、律吕等诸多领域，学博识精，间有睿见。为学重视读书，推崇实学，“以学问胜”之称并非过誉。

（一）汉宋兼宗与由虚入实

关于其治学方法，虽然梁启超以李光地、汤斌等人为“治宋学”者，但亦认为清初诸家著述往往“出入汉宋”[3]。《四库全书总目》称其《周易通论》“在宋学中可谓融会贯通，卓然成一家之说”[4]，称其《周易观象》则云：“尊信古经，不敢窜乱，犹有汉儒笃守之遗。其大旨虽与程朱二家颇有出入，而理足相明，有异同而无背触也。”[5]同样指出李光地之易学既远承汉学，又融会宋学，其学术

① 《榕村语录》卷十九，《宋六子二》，第111页。

② 《钦定四库全书总目》卷一百七十三，《集部·别集类二十六·榕村集》，第2349～2350页。

③ 梁启超撰，朱维铮导读：《清代学术概论》，上海：上海古籍出版社，1998年，第67页。

④ 《钦定四库全书总目》卷六，《经部·易类六·周易通论》，第59页。

⑤ 《钦定四库全书总目》卷六，《经部·易类六·周易观象》，第59页。

倾向与明末出现的由王返朱、追求经世致用之学风遥相呼应。陈祖武先生指出李光地“表彰经学，实事求是，于清初健实学风之形成，关系甚巨”[①]，则又关涉到清初（顺治、康熙朝）学术风尚。梁启超称：“清学之出发点，在对于宋明理学一大反动。”[②]顾炎武评价明末心学误国，用“以明心见性之空言，代修己治人之实学”[③]一言以蔽之，孙奇逢则称“晦翁殁而天下之实病不可不泄，阳明殁而天下之虚病不可不补”[④]，李光地亦言：“嘉靖后，一派务高，遂酿成明末那样风气。”[⑤]由此看来，实学乃清初学术之主要追求，故梁启超以“健实而有条理”[⑥]概括康熙朝中后期的学术特征，庶几得当。皮锡瑞则认为：“朱子在宋儒中，学最笃实。元、明崇尚朱学，未尽得朱子之旨。朱子常教人看注疏，不可轻议汉儒。……王、顾、黄三大儒，皆尝潜心朱学，而加以扩充，开国初汉宋兼采之派。”[⑦]而李光地受顾炎武影响非小。

（二）“读书须整片读”与“以读书为学”

顾炎武正是“健实”学风的主要倡导者与引领者，李光地曾向顾氏学习音韵学。据《年谱》载，李光地三十岁时始见顾氏，闻音韵之学：

> 顾氏与纵谈点画、声音古今讹异之原，公心识其说。顾氏又曰：“读书须整片读，仆平生零缀碎补，遇连篇文字，则不耐竟读。此大病也，当以为戒。”[⑧]

机缘巧合，顾炎武去世后，其《音学五书》埋没于扬州坊贾间。李光地得知后将之赎买，使传于世。[⑨] 故顾炎武所主张的“读九经自考文始，考文自知音始”[⑩]之治学方法，李光地当深受其影响。至于“读书须整片读”的教导，可

---

① 《榕村全书》第一册，《整理说明》，第 2 页。

② 梁启超撰，朱维铮导读：《清代学术概论》，上海：上海古籍出版社，1998 年，第 7 页。

③ 顾炎武著，张京华校释：《日知录》卷九，长沙：岳麓书社，2011 年，第 311 页。

④ 张廷玉等撰：《清朝文献通考》卷二百二十五，《经籍考》十五，杭州：浙江古籍出版社，1988 年，第 6878 页。

⑤ 《榕村语录》卷二十二，《历代》，第 212 页。

⑥ 梁启超：《中国近三百年学术史》，北京：东方出版社，1996 年，第 18 页。

⑦ 皮锡瑞：《经学历史》，北京：中华书局，2004 年，第 217 页。

⑧ 《文贞公年谱》，《榕村全书》第十册，第 12 页。

⑨ 参见《文贞公年谱》，《榕村全书》第十册，第 77 页。

⑩ 顾炎武：《亭林文集》卷四，光绪十一年刊本。

以比较李光地自己所言："注一部书不容易，若单就一字一句解，有何难？须将一部看成一串，若不能如此，三行外便另成一意，与前矛盾。"[①]其意庶几近之。李光地崇尚实学、博学，必重读书。《榕村续语录》载：

> 谢上蔡、尹和靖晚年只是佛学，于用处疏略。……朱子出，乃立读书为教宗极，而佛氏不能夺矣。人或言佛教能使人外形骸，见危致命为脱然。由今观之，唐人率溺于佛，皆沉溺于声利，而不见其清廉节义多于后世。朱子之学兴，读书者视死如归，亦复不少，宋明之末，可以观矣。故子路云："何必读书然后为学？"此种议论，夫子深恶之，而斥其佞，并不与辨论。又当时以读书为学，亦可见矣。朱子真孔子衣钵。[②]

朱子极为重视读书穷理，认为"穷理之要必在于读书"。他出入经籍、博览群书，其庞大的思想体系正是建立在对浩瀚文献的阅读、涵泳的基础上。故李光地以其为孔子"博学"之嫡传，认为"朱子真孔子衣钵"。

（三）实学、考订与道统、治统之合一

在推崇朱子的同时，李光地将明人作为对立面进行批评，他说："明朝人真不肯读书。"[③]又说："明时儒者，皆欲样样学到，不肯将这一件透，再学那一件，所以不好。朱子云：'有十件物，格透一件到十分，也好。九件物都格到九分，有一分不透，却不好。'这是学术大关要处。"[④]因此，李光地以"实学"为旨归："吾学大纲有三：一曰存实心，二曰明实理，三曰行实事。"[⑤]又以考订为要务："有明一代学问，凡前人说过的话，便不屑说，却要另出意解。……有所承受，一路考订来者，便是；作而不述，不信而好古者，便不是。"[⑥]

明人学问，当然不全是如此不堪。贬低明学，也可视为清朝树立统治合

---

① 《榕村续语录》卷十六，《学》，第 342 页。

② 《榕村续语录》卷五，《诸儒》，第 124～125 页。《论语·先进》载：子路使子羔为费宰。子曰："贼夫人之子。"子路曰："有民人焉，有社稷焉，何必读书然后为学？"子曰："是故恶夫佞者。"

③ 《榕村续语录》卷十九，《诗文》，第 479 页。

④ 《榕村续语录》卷十六，《学》，第 348 页。

⑤ 《榕村语录》卷二十三，《学》，第 219 页。

⑥ 《榕村语录》卷二十二，《历代》，第 212 页。

法性的一种策略。如论者所言,李光地实际上经历过由陆王返程朱的学术转向[①],这与康熙帝通过"尊朱"以确立道统、治统合一,加强思想控制之政治意图密切相关。早在李光地康熙十九年(1680年)的叙述中,接续道统之人已非康熙帝莫属:

臣又观道统之与治统,古者出于一,后世出于二……自朱子而来,至我皇上,又五百岁,以应王者之期,躬圣贤之学。天其将复启尧舜之运,而道与治之统复合乎!伏惟皇上承天之命,任斯道之统,以升于大猷。[②]

其后李光地不断调整自己的学术取向,他说:"朱子之意与皇上同"、"皇上近来大信朱子"[③]。对康熙帝留意朱子著作十分欣慰:"皇上索性不发朱子书回,我甚喜,可见皇上是真自己看。"[④]康熙五十一年(1712年),李光地编成《朱子全书》,进呈康熙,朱子也于此年入祀十哲:

未几有旨:"朕阅《朱子全书》,粹然孔孟之传,宜跻位四配之次。"公奏曰:"朱子造诣,诚与四配伯仲。但时世相后千有余载,一旦位先十哲,恐朱子必有未安。"乃定列祀于十哲之末。[⑤]

可以说,康熙试图通过奖崇朱学实现身兼君师二任、在思想上进行大一统的目的,李光地即为实际的执行者(特别是五十岁以后),故有编纂《朱子全书》《周易折中》、议定祀朱子于十哲之行列等举措。李光地对康熙平三藩、复台湾皆有助力,由国家疆域之大一统进而实现思想上之大一统,李光地于此默契于心。其门生蔡世远亦有"天子神圣,道统、治统萃于一身"[⑥]之语,陈寿祺则称:"盖熙朝经术修明,自圣祖成之。自公发之,而后雍正、乾隆间继述众经,圣教由是大显。"[⑦]以"成之"、"发之"分别评价康熙、李光地对清初儒学(圣教)的作用,用词可谓得体。

再者,我们应该看到李光地对明人学问的批评,对宋六子的评价及其为学宗尚的调适,也隐含着"以己续朱"之意。其门人后学张叙则明言之:

---

① 陈祖武先生于此有较深入论述,可参见陈祖武:《清初学术思辨录》,北京:中国社会科学出版社,1992年,第209~213页。

② 《榕村全集》卷十,《进读书笔录及论说序记杂文序》,《榕村全书》第八册,第255页。

③ 《榕村续语录》卷七,《史》,第152页。

④ 《榕村续语录》卷十六,《学》,第340页。

⑤ 《文贞公年谱》,《榕村全书》第十册,第89页。

⑥ 蔡世远:《二希堂文集》卷一,《历代名儒名臣循吏传总序》,影印文渊阁《四库全书》本。

⑦ 陈寿祺:《总序》,《榕村全书》第一册,第2页。

> 孔子而后，三更五百余岁而至朱子，能传孔子之心者朱子也。由朱子而来，至于今又五百有余岁矣，依傍者徒拾其皮毛，超躐者遂迷其宗派。惟安溪李文贞公，笃敬义之实学，得诚明之正传……则五百年来，以公直接朱子者，乃万世之定论，非叙一人之私言也。[①]

“五百年”，是孟子对圣人之世出现周期的大概预测，“由尧、舜至于汤，五百有余岁”（《孟子·尽心下》）、“五百年必有王者兴，其间必有名世者”（《孟子·公孙丑下》），张叙强调李光地之“实学”接源于朱子，在道学谱系中予以其极高的位置。在中国历史上，道学（儒学）与君王一直存在着博弈，“道尊于势”是孔孟之政治理想，朱子继扬孟子“格君心之非”之思想，以“正心诚意”为帝王治道之根本。明清易代之际，黄宗羲更以无道之君为“天下之大害”。将张叙之言与前引李光地以康熙为道统所在相比，我们或可窥见在专制（集权）主义统治下，儒臣与国君争夺道统话语权的一种妥协：以“统”归于君，以“学”自任而辅君，使儒家之“道”传而勿失。这或许是李光地基于当时政治现实的一种不得已之设计。

综上所述，李光地既突出周、程、张、朱义理之学的正统地位，又排斥“逍遥派”邵雍的历象推步之学，在学术上与政治上着力推崇朱子，重点阐发朱子严守先圣之道，着实阐发经典之“孔子家法”，提倡实学与考证。李光地对宋六子的评价，既表现了李氏本人学术旨趣与君王意志的调适、融合，同时亦体现着明末清初儒学自身的发展趋势。由于清代文化专制、民族矛盾的历史境况与李光地的特殊地位，他的学术主张在一定程度上起到了引导治学途径的作用，对清初学术逐渐向着考证经史的方向发展起到了一定作用。至于朴学最终走向为学问而学问、为考证而考证的末路，又另当别论了。

---

① 《榕村语录》（上），第5页。

试比较李光地和吴英在祖国统一及地方治理方面的贡献

叶茂樟

（泉州经贸职业技术学院地方文化研究中心）

摘要：李光地和吴英同为闽人，又为姻亲，一文一武，一生的主要活动时间大致与清初康熙一朝相终始。他们在平息三藩之乱、稳定东南沿海局势、收复台湾和地方治理过程中，“英雄所见略同”，为祖国统一大业和社会稳定、经济发展做出巨大贡献，揭开了康乾盛世的新篇章。李光地和吴英，可谓文臣与武将的典范，值得万民敬仰。比较李光地和吴英的历史贡献，不仅有利于深化对他们的研究，也为当今社会治理和经济文化发展提供借鉴。

李光地（1642—1718），字晋卿，号厚庵，别号榕村，福建安溪人，清康熙年间著名的政治家和思想家。在朝为官达48年，先后担任翰林院编修，历任侍读学士、内阁学士兼礼部侍郎、翰林院掌院学士兼礼部侍郎、通政司通政使、兵部右侍郎、工部侍郎、直隶巡抚、吏部尚书兼直隶巡抚、文渊阁大学士等职，为扫平割据、统一祖国、革除弊政、澄清吏治、治理水患和繁荣文化等做出重要贡献。吴英（1637—1712），字为高，号愧能，世居福建晋江大浯塘，后入籍莆田定庄。吴英为一代爱国名将，他戎马一生，转战南北，所到之处，体恤民情，造福一方，历授浙江左营游击、处州副总兵、同安总兵、兴化总兵、平台水师副将、四川提督、福建陆路提督、福建水师提督等职。因作战英勇，康熙帝赐“作万人敌”匾额，并加授威略将军封号，以褒其威能。李光地和吴英同为闽人，一文一武，年岁相近，又为姻亲，他们一生的主要活动时间大致与清初康熙一朝相终始，在清初祖国统一大业和地方治理方面做出巨大贡献，这里试做对比分析。

一、维护祖国统一的爱国情怀

（一）平息三藩之乱

清朝初年，明朝降将吴三桂、耿精忠、尚可喜等人因镇压农民起义和扫除明王朝残余势力有功被分封为王，随着势力的强大，他们不再甘愿接受中央政府的节制。康熙十二年（1673 年）十一月，平西王吴三桂在云南率先发难。翌年，靖南王耿精忠据福州反清，分兵进攻江西、安徽、浙江和广东等地，又招台湾郑经发兵取沿海郡县为声援。康熙十五年（1676 年），定南王尚之信在广东反清。三藩之乱的战火一时燃遍大半个中国，严重影响到清王朝的统治。

靖南王耿精忠叛于福州之时，李光地正以翰林院编修充会试同考官身份乞假回乡省亲。当时，迫于逆贼淫威，“泉州府、安溪县皆为伪官，将闽绅进士以上者，无不驱而为伪官”，[①]而“李某堪称王佐，如不出，天下事未可知，必为大王之害”。[②] 因此，耿精忠和郑成功之子郑经均遣人到安溪招揽李光地。李光地不得已到福州见耿精忠，行前即嘱家人谎报父疾，故到福州两天后便告假回乡，并迅即奉父匿于山谷间。虽身处荒野，李光地并没有忘记为国谋划平叛大计。经深思熟虑，康熙十四年（1675 年）五月，李光地向清廷密疏“破贼机宜”，略谓：“今耿逆方悉力于仙霞关，郑贼亦并命于漳、潮之界，独汀州一道与赣州接壤之处，防备极疏。”因而建议“因贼之疏，选精兵万余人，诈为入广之兵，由赣达汀”，“则贼将不战自溃”，此即“所谓避实击虚、迅霆不及掩耳之类也”。[③] 李光地置疏于蜡丸中，遣仆间道赴京，通过内阁学士富鸿基上达。圣祖见疏大喜，命兵部录疏，付领兵大臣参照。但福建前线形势已经发生新的变化——因郑经声言借漳、泉二府之地，“精忠难之，于是耿、郑交恶”。郑经遂径自出兵，夺取泉、漳、兴、邵、汀诸府。为对付郑经，耿精忠于康熙十五年（1676 年）六月从浙、赣等地调兵南下。清军趁机出击，攻破仙霞关，直取浦

① 李光地：《榕村全书》卷十，《榕村续语录》，福州：福建人民出版社，2013 年，第 210 页。

② 李光地：《榕村全书》卷十五，《榕村续语录》，福州：福建人民出版社，2013 年，第 304 页。

③ 李光地：《榕村全书·文贞公年谱上》，福州：福建人民出版社，2013 年，第 17 页。

城、建宁、延平，耿精忠乞降。李光地所献破敌之策，虽未实行，但其矢志报国的行为却得到朝廷的充分肯定，亲王上荐疏："光地蹇遭贼乱，颠沛不渝，矢志为国，始终不肯从逆……应予表扬。"[①]康熙十六年(1677 年)，康熙帝下令"著于额外，升为侍读学士"。

康熙二年(1663 年)，吴英任守备，随提督王进功率兵攻打郑经，攻克铜山城，获授浙江提标都司。康熙十三年(1674 年)，耿精忠部将曾养性率军攻打浙江，清军总兵祖弘勋在温州反叛策应，分路进犯宁波、绍兴，浙东形势危急。吴英随从提督塞白理进行狙击，取得重大胜利。康熙十四年(1675 年)，曾养性、祖弘勋率领十余万大军进犯台州。吴英向塞白理提督提出应对策略，以修毛坪山路为名，暗中派兵抄小路从仙居袭击敌人。敌军盘踞在黄岩半山岭顽抗。"英偕游击曾承等冒矢石前进"，斩杀多名敌将，收复了黄岩，又率军收复太平、乐清等县。吴英迁升中军参将。康熙十五年(1676 年)，贝子傅拉塔率清军抵温州城外，拟收复温州。曾养性率数万人，分五路夜袭清军大营。面对敌人的夜袭，吴英建议"令诸军弃营据险"，并自告奋勇，率五百将士"抄伏敌后"，占据大洋山，阻其要道，与敌展开殊死之战，"身中数创"，直至黎明时分援军到达。此次战斗，"斩获无数"。紧接着又"贼至温州城下"，虽"铳伤马颠"，依然是奋起战斗，"刃十余人"、"夺贼马以战"。傅拉塔赞扬他"以一身当数万众"。[②] 经过这次战役，耿氏精锐殆尽。九月，康亲王杰书率大军进入福建，耿精忠投降。吴英在平定耿精忠叛乱的战争中立下赫赫战功，于康熙十七年(1678 年)升任副总兵官。值得一提的是，七年之后，吴英擢四川提督镇蜀，在其任内，又"破吴三桂余党杨善、师九经等，散其众"，使"三藩之乱"再无死灰复燃之机。

(二)稳定东南沿海局势

康熙前期，以蔡寅为首的白头军打着反清复明的旗号，干着烧杀抢掠勾当，一直活跃于闽南地区。康熙十七年(1678 年)，"同安贼蔡寅结众万余，以白巾为号，掠安溪。光地募乡勇百余人扼守，绝其粮道，贼解去"。几乎与此同时，郑经部将刘国轩"陷海澄、漳平、同安、惠安诸县，进逼泉州，断万安、江

---

① 赵尔巽:《清史稿》卷二六二，《李光地传》，北京:中华书局，1975 年。

② 李光地:《诰授威略将军福建水师提督吴公墓志铭》。

东二桥，南北援绝”。面对危在旦夕的泉州局势，“光地遣使赴拉哈达军告急，值江水涨，道阻，乃导军自漳平、安溪小道入。光地从父率乡勇度石珠岭，芟荆棘，架浮桥以济。光地出迎，具牛酒犒军。又使弟光垤、光垠以乡兵千度白鸽岭，迎巡抚吴兴祚军于永春”。[①] 同年八月，福建巡抚吴兴祚、宁海将军拉哈达南北合师，泉州解围，闽南诸县皆复。十一月，拉哈达上疏为李光地请功，康熙帝再次褒奖李光地“矢志灭贼，实心为国，深为可嘉”，[②]命从优授为内阁学士。

刘国轩攻陷海澄、围困泉州期间，吴英率部随康亲王驰援进剿。郑军切断洛阳桥以阻援军之后，吴英自上游陈三坝渡江，以奇兵插敌背后，并造浮桥接应主力，前后夹攻，解泉州之围，以战功迁福建督标军副将。后进军漳州，连克十九寨，收复海澄。康熙十八年（1679 年），又击败刘国轩的反扑。同年秋，升任同安总官兵。康熙十九年（1680 年），偕宁海将军拉哈达率舟师配合大军攻克金门、厦门。至此，清政府完全掌控包括闽海诸岛在内的八闽全境。

其时，正值清政府禁海迁界，加上连年灾荒，百姓流离失所，聊无生计。李光地极力反对，认为如今海贼势微力弱，不过如陆地之贼，只是偶然盗窃罢了，而“闽、广小民，以捕鱼为生，一行禁止，民便失业”，“当年迁海、禁海，使百万无辜室庐田产，荡然不存，饥寒流离而死者，不可胜数”。他一针见血地指出：“目下法禁，何尝不具，而不肯奉法者，官也，非民也。如今但讲求任用好人，一切疏节活目，便自然利及百姓矣。”[③]身为同安总兵的吴英恳请福建总督姚启圣，“许民出海采捕”，得到姚启圣的默许，使福建沿海居民“全活百万”。

（三）统一台湾

台湾问题是清政府的一块心病。三藩之乱平定后，大陆基本统一，中央集权进一步加强，清政府军事实力大为增强，而台湾郑氏政权经过六年的战争，军事、经济力量显著削弱，统治集团内部矛盾重重，危机四伏。康熙帝把统一台湾提上了议事日程，李光地和吴英同样为之做出不可磨灭的贡献。

康熙二十年（1681 年）正月，占据台湾的郑经死去，子克塽嗣位。康熙帝

---

① 赵尔巽：《清史稿》卷二六二，《李光地传》，北京：中华书局，1975 年。

② 李光地：《榕村全书·文贞公年谱上》，福州：福建人民出版社，2013 年，第 17 页。

③ 李光地：《榕村全书》卷二十七，《榕村续语录》，福州：福建人民出版社，2013 年，第 316 页。

认为收复台湾的时机已成熟，命令福建督抚及满汉将领“务期剿抚并用，底定海疆”。但是朝中大臣多畏首畏尾，“言海可平者，百无一焉”。福建方面，总督姚启圣、提督万正色及宁海将军拉哈达也纷纷上疏，认为台湾不可攻。由于福建将官的反对，康熙帝对出兵台湾之事犹豫不决。七月中，康熙帝与诸臣议事毕，独留李光地和明珠再议。康熙帝问曰：“海贼可招安否?”李光地力言不可，理由为“彼恃海军上风涛之险，一闻招安，他便说不削发、不登岸、不称臣、不纳贡，约为兄弟之国。岂有国家如此盛大，肯与为兄弟之理”？康熙帝又问：“然则此时可用兵否?”李光地断然答道：“闻郑经死，其军师陈永华亦死，此其时……但向日满洲兵不习水战，上船便晕，却去不得。必须南兵习于舟楫，知其形势，乃可用。”康熙帝又问：“汝胸中有相识人可任为将者否?”[①]并“敦问再三”。李光地考虑数日，审慎推荐前任水师提督施琅，“他全家被海上杀，是世仇，其心可保也。又熟悉海上情形，亦无有过之者。又其人还有些谋略，不是一勇之夫。又海上所畏，惟此一人。用之则其气先夺矣”。[②] 当月二十八日，康熙帝任命施琅为福建水师提督，加太子少保衔，前往福建。令其“到日，即与将军、总督、巡抚、提督商酌，刻期统领舟师，进取澎湖、台湾”。康熙二十一年(1682 年)五月，姚启圣和户科给事中孙蕙以“恐船入大洋损兵辱国”为由，奏请缓攻台湾。李光地在康熙帝面前再次保荐施琅，“海上惟凭风信，可进则进，可止则止。提督施琅谙于水师，料必无虞”。[③] 终于促使康熙力排众议，复授施琅福建水师提督。李光地也以内阁学士的身份亲临福建参与收复台湾事宜。

施琅出任福建水师提督后，非常重视将领的选拔。鉴于吴英在平定耿精忠之乱和稳定东南沿海局势中所显示非凡的军事才干，施琅对他十分赞赏。康熙二十一年(1682 年)三月，施琅在《密陈专征疏》中向朝廷举荐了八位高级将领，首位就是吴英：“同安总兵官臣吴英，智勇兼优，竭忠自许，可以为臣之

---

① 李光地：《榕村全书》卷十二，《榕村续语录》，福州：福建人民出版社，2013 年，第 242 页。

② 李光地：《榕村全书》卷十一，《榕村续语录》，福州：福建人民出版社，2013 年，第 227 页。

③ 李光地：《榕村全书》卷十一，《榕村续语录》，福州：福建人民出版社，2013 年，第 227 页。

副,尤望恩嘉奖励。”[①]对此,吴英曾回忆道:“壬戌年,提督施(琅)公与总督姚(启圣)公意气不和,题请专征,游移一载。时施公亲到同安,请予同征。予见督提不和,未敢许允。癸亥三月,施公咨姚公,欲予弹压厦门,进退可以接应。予奉令统兵到厦,施公会予曰:‘进攻澎台,非公不可。’再三固恳。予曰:‘公若倾心降气,与姚公和衷,求其许我同征,破台俱在我也。’施公曰:‘既荷许诺,大事济矣。’”[②]施琅求贤若渴的心情清晰可见。

康熙二十二年(1683年),吴英调任兴化总兵,施琅特意请旨调取吴英率兴化官兵同征。在进攻澎湖中,吴英积极献计献策:“依我愚见,明早收船八罩,申明赏罚之令,将不向前将领尽行捆绑,欲以军法从事,待我会各镇保领,令各立军令状,将功赎罪。我战船四百余号,只挑选大船四五十只,余船尽令在后架梁,将各船精锐官兵尽行挑出……若挑定官兵,船只无多,各船篷上,俱书姓名。各镇领头当先,众将不敢不进,不患此贼不破也。”[③]吴英不仅参与决策,面对刘国轩率重兵把守的澎湖还一马当先,身先士卒,“郑氏势盛,前军被围,英单船拔出之。翼日进攻,杀其先锋,烧其船。英所乘船忽为潮水冲着石上,敌船火烈将及。副将詹六奇驾小舟挽英避再三,英以众军在船,义不独存,坚却之。船忽浮起,士气益厉,战弥力。郑氏大败,毁其船百九十余艘,歼其官将三百余员,杀溺兵五万计”(《福建通志》)。以至将施琅也赞叹道:“此行赖公大展智略,三日登舟,一月成功,扫除数十年海外之巨寇,不世之勋也。”(《福建通志》)澎湖大捷后,台湾不战而下,清政府最终完成了统一大业。

二、为官一方,政绩显著

李光地自康熙十一年(1672年)九月担任翰林院编修开始,在朝为官达48年之久,除了维护国家统一,在革除弊政、澄清吏治、治理水患和繁荣文化等方面亦做出重要贡献。施琅平定台湾后,很快率水师主力离台,“遂将台湾地方交吴英总统把守”。吴英驻台期间,“禁暴诘奸,市肆不扰”,“驻师数月,民不知兵,台人比之征西大帅”(据乾隆《台湾县志》)。康熙二十四年(1685

---

① 施琅:《靖海纪事》,福州:福建人民出版社,1983年,第60页。

② 佚名编:《清威略将军吴英事略》。

③ 吴英:《行间纪遇》。

年)，吴英擢四川提督镇蜀。康熙三十五年(1696 年)，吴英从四川调回福建，任福建陆路提督。康熙三十七年(1698 年)改任水师提督，驻师厦门，直至去世。李光地与吴英为官一方，政绩多多，然始终以民生为本。所谓英雄所见略同，比较其地方治理方略，有诸多相同之处，或许是巧合，更多的是一心为民的情怀。

(一)屯田减负

屯田制是历代统治者筹措军饷和税粮的一种方法。清初，战事频繁，民众税赋严重。统一后，又因幅员辽阔，镇守压力大，民众负担并未得到减轻。李光地和吴英体恤国家财政，提出了裁减兵员、实行屯田减负等变通方法。

康熙四十四年(1705)年，李光地向康熙帝提议，建立民兵，实行屯田制。李光地认为唐朝的府兵制固然不可能迅速恢复，守卫边疆海防的专职军队也不可能撤到内地，为了减轻国家财政负担而又保证内地社会的稳定，最好的办法是建立民兵，“为宜参用民兵，给以半费。民兵既有田园庐落，又谙熟其俗情形势，有事鼓而用之，易效臂指。事已，散而归休，足以力农。如此，费之省者以百万计矣”。而对守卫边疆海防的专职军队，则实行屯田制，“亦宜效古屯田之意，择在所余地，官予耕种。数熟之后，量减其资粮。唯无地者，乃予全给。如此，费之省者又百万计矣！夫兵贵精不贵多，今之兵，安然坐食，与游惰无异”？这样，既有利于减轻国家财政负担，又能使军人经常参加劳动而避免游惰之弊。而对于节省下来的经费，李光地认为可以给官员加薪，高薪养廉，“因而量加百官之俸，使足自给，一绝其需求之门，以枉其乱法干纪之路，则庶绩咸熙矣！”①

康熙二十三年(1684 年)四月，清政府设置台湾府，首任台湾知府蒋毓英、台湾总兵官杨文魁先后到任。次年三月，吴英奉旨入京，面陈治理台、澎措施，奏请分兵屯田，以补粮饷之不足，奏曰：“前议设水师赶缯双篷船百号，不特岁修多费，且恐多船停泊外洋，或起奸人觊觎之心。请减十之八，留二十船分拨台湾、澎湖二处以传递文书。台湾、澎湖经制官兵一万员名，前议以鹿皮、白糖通洋助饷，诚为善策。然恃货物交易以济兵食，不能如期给发，而且波涛可虞。臣见台湾民田水田颇好，俱系郑锦亲党及伪镇所占，不在民田之

① 李光地：《榕村全书·文贞公年谱上》，福州：福建人民出版社，2013 年，第 267 页。

内。今有郑克塽所遗耕牛甚多，除澎湖二千官兵无田可耕，其防守台湾之八千官兵，以四千屯田，每兵水田三十亩、牛一头，令其耕种。闲则操练，则兵有恒产，饷可省半矣。”[①]

康熙谕示“下九卿、詹事、科道议，令督抚、提镇会同酌行”，但是吴英的建议并没有被采纳执行。台湾总兵官杨文魁奏称：“田皆民业，夺为兵田万不可，况兵皆内地抽调，父母妻子隔海相望，谁肯举家渡海为屯乎？”[②]得到康熙认同，“兵民欢呼载道”。《台湾府志三种》收录杨文魁《台湾纪略碑文》记载：“原任兴化镇吴(吴英)条陈屯田、减船事宜，往返核覆，几经三载，终仍旧制。”其实，吴英所提出的兵屯不在民田之内，“俱系郑锦亲党及伪镇所占”，这对恢复台湾经济、减轻民众负担是有积极意义的。

(二)兴办书院

作为理学名臣，李光地的思想从小就打上了程朱理学的烙印。李光地在朝为官后，更是为弘扬朱子理学发挥书院的教育功能不遗余力。他参访天下书院，乐于为各地书院撰文、题词。康熙五十一年(1712 年)，江西省上饶市信江钟灵书院重修，李光地应邀作《广信钟灵书院记》，盛赞书院的辉煌历史。康熙五十四年(1715 年)，江西省上饶铅山县鹅湖书院重修，乞假回乡的李光地恰好路过，作《重修鹅湖书院记》，强调“书院之建，实与国家学校相为表里”。康熙五十二年(1713 年)，江西上饶怀玉书院重修，李光地作《重修怀玉书院记》，称“为政者以新学校、育人材为先”。在福建尤溪南溪书院，李光地怀着对朱熹的景仰之情，“一再经此邑，登障望文公山，洼突毕肖”，撰写了《南溪书院志序》，并题写匾额“斯文正鹄”。李光地还讲学于福建鳌峰书院，并就福建巡抚陈瑸之请，推荐其弟子、理学家蔡世远入主鳌峰书院，并作《留题鳌峰书院》一诗，对创办鳌峰书院的张伯行和现任巡抚陈瑸赞赏有加。李光地晚年回乡期间，制定家规乡约，“期改陋习，以奉善政”，建议安溪县令曾之传扩建文昌祠为考亭书院，并作《安溪考亭书院记》。推动泉州知府刘侃知主持重修泉州府学，撰写《重修泉州府学记》，盛赞泉州历代文章科名。在故乡安溪县湖头镇，李光地命长子李钟伦建造榕村书屋，专供家乡学者读书、著述、

---

① 赵尔巽:《清史稿・吴英传》。

② 陈寿祺纂:《福建通志・台湾府之宦绩・杨文魁传》，第 506 页。

讲学。康熙三十八年(1699年),李光地又设义学,让更多的贫困子女有机会受到教育。在他的影响下,泉州各地纷纷设馆讲学,培养人才。除了大力扶持福建和江西的书院教育,李光地担任直隶巡抚期间,也在辖区创办书院,设立义学,取得良好的教育效果。据记载,“前后延孙勷、徐用锡等为之师,立为规条,务使整衣冠,谨颦笑,一正俗学之陋。有间则身临课之,诸生兼通五经者,以十数,独张南龄能诵十三经,中乙酉顺天乡试第一。嗣后推行所属,凡通都大邑,皆以次修举焉。”①

李光地为书院教育所付出的种种努力,固然有“迎合康熙的需要和好尚”之嫌,但是其为“学校之废为贤人君子所忧悯”的拳拳之心清晰可见。从这一点上说,李光地和书院的教化之功是显而易见的。以朱子过化的福建福州、泉州为例。历史上,福州、泉州均有“海滨邹鲁”之称。据乾隆《福州府志·风俗》记载,福郡自宋以后,“风气进而益上,彬彬郁郁,衣冠文物之选,遂为东南一大都会”。泉州也有“极之十室之间,必有书舍,读书之声相闻”教化兴隆的形象描绘。由于全国的许多书院都把理学思想作为办学指导思想,“书院成为广泛传播理学的最好载体,理学通过书院教育,为士人确立了成圣成贤的最高人格目标,因而主导了士人的思想倾向和社会风气,其流风遗韵也绵延至今。”②

作为一名武将,吴英在书院教育方面的成就或许不如李光地,但他同样热心文教事业。任兴化总兵时,吴英捐资重修兴(兴化)、泉(泉州)文庙。留镇台湾期间,又带头捐俸创办东安坊书院,开启了捐资助学之风气。时台湾县令王士俊亦捐资重修文庙,建立义学,延师课士。至康熙四十八年(1709年),台湾各地共创办书院九所。台湾文教事业的振兴,造就了一批台湾士子,“仅以台湾县为例,康熙四十四年(1705年)至五十一年(1712年)间,共有文举人一名:王茂立(龙岩教谕)。贡生十一名:陈圣彪(副榜)、许宗岱(代州州判)、胡琛(恩贡)、施玮(侯官训导)、陈文达(参与编修台湾、凤山县志)、颜我扬(归化训导)、林萃冈(兴化训导)、叶道坦(训导)、郭必捷(宁洋训导)、陈

① 李光地:《榕村全书·文贞公年谱上》,福州:福建人民出版社,2013年,第268页。

② 黄新宪:《清代福建书院的若干特色及当代价值》,http://www.changle.com.cn/thread—365528—1—1.html,2011—12—31.

宗达(岁贡)、张缵绪(同安教谕)”。[①] 厦门玉屏书院(即今厦门五中校园内),其旧址原为义学。康熙二十四年(1685年),吴英在明代义学旧址建文昌殿、萃文亭。后来户部郎中雅奇建集德堂和学舍,为士子课文场所,使玉屏书院成为厦门有记载以来最早的官办书院。

(三)结缘寺庙

闽南宗教文化源远流长,素有佛国之称。作为主政一方的地方官吏,李光地和吴英有深厚的寺庙情结,闽南许多寺庙都留下了他们的踪迹,为传承宗教、民俗文化做出应有的贡献。

在李光地故乡安溪县湖头镇碧翠山麓的妙峰寺,据乾隆《安溪县志·寺观》记载,为李光地祖父李先春所建,李光地21岁时读书于此,谱《太极通书相表里图》。后来,李光地曾以《妙峰山弱冠读书处今来屈指五十余年》赋诗纪念。同样坐落于湖头镇西南隅的泰山岩,始建于宋。清乾隆《安溪县志·寺观》载:“宋绍兴四年,显应祖师坐化,建寺于此。”李光地与泰山岩寺主持锐锋和尚相交甚深,锐锋和尚早年曾搭救遇劫的少年李光地,并对收复台湾有功,清康熙二十二年(1683年),在朝为官的李光地返乡重建泰山岩,使之焕然一新。

李光地还为安溪县湖上乡的铜锣庙题写匾额“铜锣古地”。古匾讲述的是李光地少年遇劫,后来在铜锣八社二十八猛士的救助下平安脱险之事。获救后的李家自此以后定期到铜锣庙叩拜酬谢,从不间断。二十八猛士破帽顶寨救李光地之事,同样流传于安溪县桃舟乡吴山寺。武功高强的湖头泰山寺锐锋和尚即原修行于此。据载,73岁高龄的李光地请假还乡,曾临吴山寺,作长歌一首并勒石为记,可惜此石今已无处可寻。此外,李光地还为保生大帝祖籍地安溪感德玉湖殿奉祀的灵医吴夲作《吴真人记论》,为安溪铁观音发源地之一的西坪镇松岩村代天府庙题写匾额“山高月明”,为永春县湖洋镇西峰寺《西峰法谱》作序。

吴英的出生与成长始终笼罩一种神化色彩,或许是这种缘故,吴英一生急公好义,善举多多。吴英留镇台湾期间,为安抚人心,稳定社会秩序,改建

---

① 鲁鼎梅修,王必昌纂:(乾隆)《重修台湾县志》卷十,上海:上海书店出版社,1997年,第209页。

台湾东宁天妃宫，供奉天妃妈祖，促进两岸文化认同。据首任台湾诸罗知县季麒光所作《募修天妃宫疏》："东宁天妃宫者，经始于宁靖王之舍宅，而观成于吴总戎之鸠工也。"吴英还捐资重修厦门的大观院、虎溪岩，晋江的南天禅寺、莆田的梅峰光孝寺等。

大观院在厦门市思明区，门牌号将军祠 40 号，原址为将军祠 37 号，原名福田院，始创于明武宗正德年间（1506—1521），明末被毁。康熙三十七年（1689 年），福建水师提督吴英重建，塑红面大观音菩萨圣像，并改称大观院。后人为感念吴英将军的功德，遂建吴英祠以祀。至今大观院还奉有吴英将军的神像。

虎溪岩位于厦门万石岩西南侧，又名东林寺，叫玉屏寺，建于明代万历年间。康熙四十年（1701 年），福建水师提督吴英捐资重修。迎聘高僧元飞和尚主持营建，先后重建大雄殿、垂云楼、啸风亭、虎渡桥以及山门围墙、登山石径等，颇具规模。康熙五十一年（1712 年）春，吴英游览该寺，吟咏《岁首游虎溪岩》诗一首，诗云："杓斗回寅转一年，郊游改换旧山川。桃开嫩蕊含珠露，柳发新枝舞翠烟。岐海霞光瞻日近，鹭江风暖占春先。虎溪形胜冲霄汉，砥柱东南半壁天。"全诗描绘了春意盎然的美景，抒发诗人誓死保卫祖国海疆安宁的崇高情怀。

南天禅寺位于晋江东石镇岱峰山南麓，因崖刻石佛，又称石佛寺。原建于南宋嘉定九年（1216 年），后时废时修。康熙三十八年（1699 年），吴英捐资重修，改匾额为南天禅寺，并撰写《重兴南天禅寺碑》。碑文记载寺庙创建经过，"宋嘉定丙子，一庵净师过此，夜见峭壁灿光三道，是山萃众之灵岳，遂募镌弥陀、观音、势至三尊，建造殿宇，因就石佛为号……"并就重修石佛寺，点明其中情缘，吴英曾经在避乱迷途的危急中，获一老叟指点，方能脱身，而老叟竟然是寺中僧佛。重修寺庙乃为报恩，借此显示佛祖的灵应。

梅峰光孝寺在莆田市城厢区，与广化寺、龟山寺、囊山寺并称为莆田四大丛林，为全国首批重点寺院。始建于隋唐，前身为观音亭，后扩建为佛教庙宇。因山上遍植梅树，北宋崇宁二年（1103 年），宋徽宗赐额"梅林佛国"，故称梅峰寺。翌年，又赐额崇宁禅寺。绍兴七年（1137 年），宋高宗赐名报恩光孝寺。康熙四十年（1701 年），吴英捐资修建大殿，九年后又重修山门。

三、结语:文臣与武将的典范

平息三藩之乱、稳定东南沿海局势、统一台湾之后,清初历史翻过国内战争的一页,揭开了康乾盛世的新篇章。李光地和吴英年岁相近,一文一武,同为闽人,又为姻亲①,他们为维护祖国统一、社会稳定、经济发展和文化繁荣做出巨大贡献,得到当权统治者的高度赞誉。康熙五十七年(1718年)五月,李光地在京去世,正在热河行宫的康熙帝惊闻噩耗,深为"悯悼",派遣皇五子允祺、内大臣公马尔赛等往奠茶酒,赐银一千两,命工部尚书徐元梦等护其丧归,又谕部臣曰:"李光地久在讲幄,简任纶扉,谨慎清勤,始终如一。且学问渊博,研究经籍,讲求象数,虚心请益,知之最真无有如朕者,知朕亦无有过于光地者。"②赐祭葬如典礼,谥曰"文贞"。雍正帝继位后,赠太子太傅,祀入贤良祠。追恤祭文赞道:"李光地学问优长,持身端恪"、"流芳竹帛,卓然一代之完人"。吴英戎马倥偬五十多年,身经百战,战功卓著,颇得清廷赞赏。康熙帝曾赐以"威略将军"封号、"作万人敌"匾额和"但使虎貔常赫濯,不教山海有烟尘"对联以褒其能。吴英去世后,康熙帝在热河行宫御制七律诗,诗曰:"水陆封疆六十年,曾经百战驾轻舟。蓬台远涉鲸鲲浪,岛屿平开峰火烟。将老偏宜立壮志,宸襟每注施恩延。波涛有作须先靖,黾勉防微截未然。"③并命诸王以下大学士、诸臣追念元功,满朝文武百官纷呈赞章。对于吴英在统一台湾进程中的重大作用和地位,一直认为是仅次于施琅的。台湾府首部《台湾府志》卷九《人物·开拓勋臣》和康熙三十四年(1695年)重修的《台湾府志》卷三《名宦·开拓勋臣》都把吴英列于施琅之后。

吴英比李光地年长五岁,早逝六年。李光地深知吴英的为人和才干,吴英去世后,特别为之作墓志铭④。墓志铭详细回顾了吴英的戎马一生,对吴英的军事指挥才能倍加赞赏,"自海逆负险,造乱四世,历六十年。所公与施侯合谋,七日而举之"。对吴英的勇猛推崇备至,"初,贝子收兵,失公所在,大

---

① 吴英第九子应机为李光地叔父永州总兵李日煜之婿。

② 赵尔巽:《清史稿·李光地传》。

③ 李光地:《诰授威略将军福建水师提督吴公墓志铭》。

④ 实由李光地所荐拔的翰林院编修李拔所撰,由贵州学政、莆田人林麟焻书,刊于康熙五十三年(1714年),原为二方一合,其一现存莆田市博物馆。

骇。既见公，喜且泣曰：‘以一身当数万众，战终夜不殆，神卫汝忠耶’”。对吴英的赫赫战功佩服至极：“闽之乱亟矣，莫甚于耿与郑。耿之平也，公既力诸原。海氛之靖，则施侯为之主，而公实赞之。盖公所至，以功业自显，而造功于闽为尤大。”[①]同时，称道吴英品质：“持身宽厚谨恪，居于家门不纵不苛，乡人久安焉。待族姻、朋好有恩礼，虽勋高爵大，异于古名将怙侈骄暴者，故能以功名终。”李光地还为吴英的自传体著作《行间纪遇》四卷本作序，称颂吴英参与平台之后，“天子嘉悦公功，昼接殷优，赐赉重迭。以东南既靖，俾帅于西。控驭巴峦，夷民帖服。既又以滨海重任，非公不可。水陆二阃，公历专之。恭遇山海清谧，九重以江淮氓庶为忧，间岁南巡，察视河务。公与南服制、抚朝觐行宫，恩礼便蕃，弥加于昔”。把吴英的历史功绩提到很高的地位，“盖历指三十余年间，名绩昭章，如古之登于册府图画者，不过数人。而吾闽水师提帅吴公，其一也”，“地披读终编，其成功于艰危，万死一生之状，足令观者惊愕悲喜。而至于今日宠命始终，备极渥注，则又使人慨然于功名之际，而益知圣朝之盛德为难名。故公此述，不曰纪功，而曰纪遇。盖上以自幸千载之遭，而下以无忘当日群帅知待之雅，尤古人所谓劳谦君子，厚之至也”。李光地和吴英可谓文臣与武将的典范，值得万民敬仰。将李光地和吴英做比较研究，不仅深化对清初历史文化的研究，也给转型时期的当今社会提供诸多借鉴。

① 李光地：《诰授威略将军福建水师提督吴公墓志铭》。

李光地谋略探析

吴力群
（泉州师范学院）

摘要：作为康乾盛世的主要奠基者之一，李光地在从政过程中，面临着复杂多变的形势，他不仅胸怀家国情怀，而且善于运筹帷幄，积极调动并充分利用各种有利因素，实现自己的远大理想，为传承中国道统与治统做出重要贡献。本文分析李光地面临的清初社会背景，探讨其谋略的思想基础，总结其治国理政谋略，力求为当代国家治理与中华民族伟大复兴提供有益启示。

历史上忧国忧民的士人很多，胸怀远大理想、富有家国情怀的政治家也不少，但卓有成效者却不多。这是因为治国单凭满腔热情，甚至满腹经纶是远远不够的，它还需要将设想乃至美好愿望转化为可执行的战略规划，需要审时度势，调动各方面的积极性，抓住稍纵即逝的机遇，将各种有利因素整合到宏伟的事业中去。在中国古代，每个由乱走向治的时代，总是有一批胸怀大志、高瞻远瞩的知识精英辅佐统治者励精图治，实现社会复兴。这些知识精英往往与社会基层联系密切，深知民间困苦与渴望，既集传统思想文化精粹于一身，掌握当时先进的理论，特别是治理思想，又上下求索，勇于实践，善于总结经验教训，进行有效的治理创新。他们善于调动各方面的积极性，优化配置社会资源，不断推进社会文明。李光地无疑是此类知识精英的杰出代表。

一、清初社会背景

当李光地告别故乡，风尘仆仆地来到京城从政时，他所面临的远非太平盛世。从社会整体来看，清初天下纷乱，社会危机四伏。首先，汉人反清复明情绪仍然非常强烈，汉族知识分子大多视满族为夷狄。割据势力伺机而起，三藩之乱使原来因厉行海禁已困难重重的经济、财政更加危险。其次，社会治理存在诸多问题，特别是"吏治极坏，百姓苦极，有司亦困极"，"属官有贪婪"、"钱粮有预征"、"地方过往有抽斗"、"乡绅有把持"、"旗兵有窝盗"[①]。

清朝是少数民族政权，从政治上看，清朝是以少御多，依靠少数旗人统治人口为其百倍以上的汉人，这使得清政府不得不将大量精力用于防范汉人。他们虽然通过维护科举制度笼络了汉人中的士绅阶层，但对普通汉人百姓却无能为力。新清史的学者在翻阅满文档案时发现，清朝皇帝在对满族重臣私下谈话里，充满着对汉臣的不信任、轻视和嘲弄。汉人的文化民族主义依旧强烈，旗人从未忘却对汉人的忌惮，所谓汉化，很多时候带有权宜之计的色彩，他们从来没有忘记骑射才是满洲的根本。虽然康熙对中国道统与治统甚为倾心，但从全局来看，远未达到成功"转型"的程度。更有甚者，清朝贵族仗着铁马金戈，四处圈地，大肆侵占土地，剥夺汉族农民的命根子。清朝作为中国封建社会最后一个朝代，既传承、集成了历代的"特长"，也面临历代累积的各种矛盾与灾难，出现了各种问题总爆发以及统治者陷入黔驴技穷的局面。社会的种种弊端，迫使封建统治者对统治理论进行改进，特别是将重要的思想资源理学政治化、社会化。

从统治阶层来看，李光地所辅佐的康熙绝非等闲之辈，而是开创康雍乾盛世的千古一帝。康熙不但天资过人，而且自幼勤奋好学，文韬武略，无不精通，在清除鳌拜，撤除三藩，统一台湾，平定准噶尔叛乱等一系列政治、军事行动中或精心谋划，或御驾亲征，充分显示出杰出的政治与军事才能。除鳌拜、削三藩、清理索额图与明珠等山头势力的果敢行为，彰显出亲政后的康熙虎气十足、顺昌逆亡的本性。康熙极有主见又疑心重重，最痛恨被利用；他自尊

---

① 张宪博：《试论东林学派及复社对清初国家治理的影响——以清初几位理学名臣为个案》，《明史研究》2014 年第 1 期，第 112～154 页。

心强却善于忍耐，等待时机，年纪轻却城府极深，多磨难而意志坚强，这些特性导致李光地从政如履薄冰，不容稍有闪失。

二、李光地谋略的思想基础

李光地富有大局意识、全局观念，善于谋篇布局，从现代的观点来看，就是善于“顶层设计”。与穷守章句的酸儒腐臣不同，他注重经世致用，对人对事都有非同一般的鉴别力与敏锐性，这与他谋略的思想基础高度相关。

（一）志存高远，善于创新

艰难曲折的社会经历，不肯随波逐流的心志，造就了李光地善于洞察世事的深邃眼光，以及匡扶天下的战略雄心。为了获得治国安邦的思想资源，李光地不被圣贤话语所束缚，不囿于一家之言，而是融会各家理论精髓，勇于创新，形成面向解决理政难题的独特理念。虽然李光地对朱熹极为推崇，并竭尽全力传承与弘扬程朱理学，但不全盘接受，而是根据自己的深究，提出透彻的见解。李光地认为万物为“性一分殊”而非“理一分殊”，因而圣学以性为大。他反对程朱“性即是理”，认为二程言性即理，今当言理即性。对待陆王心学，李光地认为“陆王于程朱有助”，主张朱陆兼采，取长补短。这种实事求是、不盲目跟风的定力，在当时极为难得。丰富的思想资源，使李光地在理政过程中不拘一格，游刃有余。治国理政不但要敢于担当，而且要有使命感。在中国历史上，有一些宠辱不惊、始终如一的国家治理人才，不仅仅因为其道德高尚，更由于其牢记使命，不为人走茶凉而悲愤，不为潮起潮落而伤心。李光地在辅佐康熙过程中，屡遭排挤打击，恶意中伤，也曾遭受康熙的猜疑、误解甚至贬抑。对此，李光地胸怀坦荡，矢志不移。在李光地心目中，干大事重于当大官，当大官是为干大事服务的。为此，李光地对萧何甚为推崇，他曾不无感慨地说：“孟子言‘好善优于天下’，《大学》之‘一个臣’，便是此二字注脚。有此二字，无所不有。萧何与高祖同起丰沛，良、平皆后进，高祖任用之，何无几微不平之意。自己老老实实的管粮饷，又荐一韩信，赖以成功，故功为诸臣冠。”[①]李光地一生历尽坎坷，但乃“咬定青山不放松”，最终实现了自己的远大

① 李光地：《榕村语录·榕村续语录》，陈祖武点校，北京：中华书局，1995年，第387页。

理想。

(二)总结明朝灭亡的深刻教训,注重务实兴邦

李光地一生务实,对明朝空谈心性、不探究治国经邦真本领的浮华学风甚为反感,主张经世致用,以解决实际问题为要务。他开宗明义地说:“吾学大纲有三:一曰存实心,二曰明实理,三曰行实事。”为此,除了儒家经典,他还深入研习历数、兵法、水利、律吕、音韵等,得其要领,为治国理政打下雄厚的知识基础。李光地痛恨于事无补的纸上谈兵、高谈阔论,而对孔明推崇备至,认为孔明与一般儒生不同,善于观大局、谋大略。对于孙权称帝这种有违礼义传统之事,他说:“武侯亦贺孙权即位,却是事机当然,必如此方好并力于魏。魏灭,不怕吴不服,与管仲不同。”他还对孔明针对战争需要设计出木牛流马颇为欣赏,这与视制作技术为奇技淫巧的中国传统儒者大相径庭。他指出:“孔明有巧思,木牛流马亦是想出来的。脚用四小轮,容易行动。栈道路窄,车大难行,牛马却步窄,前用一人牵动,其后十数俱可牵连而行。”[①]李光地将孔明的行事作风归因于:“静中工夫,惟闲时可用。孔明自廿六岁出来,日倥偬于戎马之间,曾无刻暇,而曰:‘学须静也,才须毕也。’想他天资高,时时将心提起,用着实落工夫来。”[②]

(三)坚忍待机,不争一时

李光地在从政过程中几度沉浮,却从不言弃。他以极大的耐心等待事态的转机乃至康熙的醒悟。决策与施政关系到国家的长治久安,不可意气用事。对此,李光地深入研究三国时期蜀国的兴衰成败,对一代英主刘备由于图报荆州之仇而葬送“联吴抗魏”、“一匡天下”大计痛切心扉。李光地指出:“先主不忍东征之举,后来武侯收拾,便如人遭濒死大病,虽已痊可,元气终未能复。假令当年能忍,姑与吴和,俟曹操死后,以先主之英伟,加武侯之干济,据河、渭上流以争天下,必大得志。人不能如圣人之大公,便须坚忍。一能坚忍,成就便不可量。”[③]

---

① 李光地:《榕村语录·榕村续语录》,陈祖武点校,北京:中华书局,1995年,第394页。

② 李光地:《榕村语录·榕村续语录》,陈祖武点校,北京:中华书局,1995年,第394页。

③ 李光地:《榕村语录·榕村续语录》,陈祖武点校,北京:中华书局,1995年,第390页。

(四)大义施仁政,团结大多数

在中国古代,胜王败寇的思想始终像幽灵一样不绝于世,人们往往对抵制自己的对手怀有深仇大恨,即使对手失败了,也必欲置之于死地而后快,力求赶尽杀绝。李光地详细地研究周武王攻取商朝后的种种作为,有一个发现,即虽然商朝纣王曾经囚禁周文王,并迫害多年,但周武王战胜商朝后并未对其遗老遗少穷追不舍和报仇雪恨,而是以礼相待,仁至义尽。他指出:"武王取商,不闻商家有死难之人。当时箕子、胶鬲以下,自然尚有其人,因武王处得好,大家便相安。并不见胶鬲出为周用,周亦不曾强胶鬲使为己用。这便是两尽其道。"[①]在施政过程中,难免会由于误解,甚至是观点与经验不同而产生争议,久而久之,必然会对合作产生障碍。在现实中,人们往往耽于一层薄薄的脸皮,不肯握手言和,不但文人会相轻,文武之间也会相轻,因而损害事业,甚至中断了大好势头。只有顾全大局,主动"解铃",才能化解矛盾,精诚合作,不影响治理事务。为此,李光地特地举历史上的事例加以说明:"汾阳纯忠无私,然才具略短,不得临淮相助,恐难成功。郭、李素不相睦,及郭为帅,李乃自缚请罪。郭惊谢之曰:'王室多难,岂修私怨时耶!'遂两相交契。此等处,实高人数等。"[②]

(五)处理好治理社会与自我修养的关系

"正人先正己"是中国治统的重要思想。只有淡泊明志,才能心静如水;只有心静如水,才能对世事洞若观火。只有对各种事物想通了、看透了,才能领悟这个世界的真相,才能对我们的所作所为对他人及社会产生的后果看得清楚,才会怀有敬畏之心,对自己的言行倍加警觉,切实做到"慎独",因而起到"正人"的作用,有益于社会。李光地指出:"李斯当不得位时,好读不正之书,着不正议论。及得志,便恶焰滔天。所以读书要正当,莫着怪僻之论,有此一段怪论,便恐有发作时"、"'勿以善小而不为,勿以恶小而为之',是何等胸次识解"。[③] 要处理好个人功利与天下之利的关系,处理好立功与立德的关系,立功要为立德服务,而不能不择手段,将功凌驾于德之上。对此,李光地

---

① 李光地:《榕村语录・榕村续语录》,陈祖武点校,北京:中华书局,1995年,第386页。

② 李光地:《榕村语录・榕村续语录》,陈祖武点校,北京:中华书局,1995年,第397页。

③ 李光地:《榕村语录・榕村续语录》,陈祖武点校,北京:中华书局,1995年,第387页。

在总结楚汉之争的历史经验时说："韩信之败，就在闻郦生下齐，自耻不如，遂袭而取之。功必欲自己出，败之根也。韩信等之善将，如蛛之结网，蜂之酿蜜，他的偏长是天生的。亦有学问，他学问于这一路，偏容易，偏在行。"①

（六）坚持"能者为师"原则，充实社会治理知识

李光地认为领导者要消除知识恐慌、本领恐慌，就必须不耻下问，深入了解社会生产与生活情况。他说："服友要取直谅，自己受益。不受尽言者，始于予智，终于至愚。夫子称舜好问好察，不必贤智之言，始足听也。耕问奴，织问婢，他所素习，必胜于我。武侯天资高，曰'广咨询'，曰'闻过必改，而无吝色'，曰'吾心如秤，不能为物作轻重'。故功虽未成，而信格神明，势倾天下，当时称服，了无异词，后世传诵，久而弥光。"②李光地深知每个人即使有所长便必有所短，充分认识民主决策、集思广益的重要性，这在封建时代是难能可贵的。他指出："天地间道理是公共的，人说不妥，到底有些毛病。所以武侯只要人攻其短，不是故意如此。他高明，直见得事理无尽，非一人之见，便能至当不易。裁断虽是一人，众议必要周尽。竟是'以能问不能，以多问寡；有若无，实若虚'的本领。此却是圣贤穷理治事根本。王荆公只为少却这段意思，便万事瓦裂。武侯在草庐，见庞德公便拜。身为将相，见许司徒亦拜，此是何等意度！王荆公于韩、富诸公，皆视之若无有。日对明道先生，犹谓其'言如上壁，两目不见人'，如何成事？凡做事，与人商量有好处。推与众人，即是与人为善之意。"③由此可见，李光地不仅认识到众议对科学决策的重要性，而且洞见其有利于调动众人积极性，营造众人拾柴之势。

三、李光地的治国谋略

（一）辅佐帝王，复兴治统

李光地面对着清初混乱、危急的政治局面，高瞻远瞩，在千头万绪中找出一条既可平天下又能同时挽救命悬一线的中国道统与治统的可行路线。李

---

① 李光地：《榕村语录·榕村续语录》，陈祖武点校，北京：中华书局，1995年，第397页。
② 李光地：《榕村语录·榕村续语录》，陈祖武点校，北京：中华书局，1995年，第395页。
③ 李光地：《榕村语录·榕村续语录》，陈祖武点校，北京：中华书局，1995年，第399页。

光地根据清廷的权力结构与运作方式，特别是康熙的性格与抱负，采取了以康熙为中心，以辅佐其治国理政为复兴中华传统途径的从政策略，以最有效、最快捷的方式，影响清朝的政治走向，保存并传承儒家道统，实现自己的社会理想，完成传承中国治统的历史使命。为了更好地让康熙采纳自己的观点或计策，李光地避免在大庭广众之下慷慨激昂、锋芒毕露，很少在朝廷上畅抒己见、奏议方略，更少显示自己的能耐，给足了康熙面子。他总是寻找适当机会，在康熙心境良好的情况下，或娓娓而谈，或点到为止，以最恰当的方式，使康熙恍然大悟。对康熙的过失，李光地采取"以颂为规"、"言婉意至"的恰当方式，使傲视群伦的康熙如梦方醒。在吏部任上，李光地对兵制、官俸、蠲免钱粮等方面屡有建树。在清朝贵族占优势的朝廷，李光地依靠自己的智慧，获得康熙的高度重视，为此，康熙甚至发出"义虽君臣，情同朋友"的感慨。康熙在李光地去世后说："知光地者莫若朕，知朕者亦莫若光地矣。"这种让康熙引为唯一知己的人，除李光地外，再无他人。在两人晚年，天下已太平，但每当李光地要回乡休假，康熙都苦苦劝留，依依不舍，可见康熙对李光地寄予了极为深厚的感情。李光地利用自己对康熙的影响力，劝说康熙取消圈地、捐官、连坐与灭族等恶劣的治理制度，使不可一世的清朝贵族的霸凌习气大为收敛，为改善老百姓生存状态做出重大贡献。

针对清初清朝奴隶主贵族仍然占据重要地位的情况，李光地有意识地增强儒家政治文化在清朝国家机器中的影响力，耐心而又坚定地促进清朝统治方式的转型。在康熙朝中后期，李光地机智地通过主持朝廷修书这一传播途径，为理学树立一个教化的范本和媒介，因而确定儒学道统在清朝官方意识形态中的主导位置。李光地在清初官方的语境内为理学争得一席之地，很大程度上改变了清朝的政治文化形态，使中华文明又一次避免了衰落乃至覆灭的危机。彭绍升在《故光禄大夫文渊阁大学士李文贞公事状》中提到："时圣祖临御久，日潜心六艺之文、河图象数之学，下逮濂、洛、关、闽之书，旁及历算、声音之道。反覆研索，由原达流。公固笃信程（程颢、程颐）、朱（朱熹），因以上窥羲（伏羲）、文（周文王）之秘。所奏进文字，发舒心得，圣祖未尝不称善。凡御定诸书，多委公参定，中有'淆赜往复，陈请不倦'。光地每承顾问，及奏进文字，皆发舒心得，抉奥探窔。至是命修《朱子全书》、《周易折中》、《性理精义》,中有淆赜,光地往复陈请不勌,求底精醇。"[①]《清史稿·李光地传》也写道:"时上潜心理学,旁阐六艺,御纂《朱子全书》及《周易折中》、《性理精义》诸书,皆命光地校理,日召入便殿擘求探讨。"由此可见,李光地通过接近康熙并在承旨编修《朱子全书》、《周易折中》、《性理精义》等书过程中与其密切交流和研讨,潜移默化地对康熙施加影响,最终成功地使康熙由唯我独尊的君王变成君王与君子完美结合、符合中国道统与治统的"儒帝"、"理帝",彻底排除了清朝奴隶主贵族统治传统取代中国治统的可能性,完成了继往开来这个伟大而艰巨的历史使命。

(二)注重情报在决策及施政中的重要作用

"知己知彼,百战不殆",情报是打赢战争的先决条件,只有及时搜集、分析、传递情报,才能在复杂多变的形势下,快速抓住敌方弱点,占据主动地位,稳操胜券。李光地十分注意深入实地,掌握实际情况,做出如实判断,采取精准对策。康熙十二年(1673 年),康熙决定撤除三藩的封地,平西王吴三桂、平南王尚可喜、靖南王耿精忠表面答应撤藩,暗地里却准备起兵反叛。康熙十四年(1675 年),李光地请假回乡探亲,耿精忠招请李光地一同造反。李光地拒绝后,从福州急返故乡,隐匿在山谷里。但他并未消极逃亡,而是在获取耿精忠的兵力布置情况后,上疏给康熙皇帝,指出耿精忠势力已大为削弱并走上穷途末路,同时,根据福建的地形与叛军的兵力部署,提出避实就虚、出奇制胜的计策,建议清军选精兵万人,假称进兵广东,然后由赣州抄小路进入汀州。因为耿精忠在这里防守的士兵不过 1000 多人,清军可以出其不意,乘虚而入。为了保证情报传递的可靠性,他把奏疏写在一张薄薄的纸上,折成小纸团,再用白蜡做成一个小丸,中间挖空,放入小纸团,再用腊封好,然后派家仆速将《蜡丸疏》送往京城,通过内阁学士富鸿基献给康熙皇帝。康熙十七年(1678 年),郑锦派遣悍将刘国轩进攻福建沿海地区,先后攻陷海澄、漳平、同安、惠安等县,最后将泉州紧紧围住。为了万无一失地攻下泉州,刘国轩派人切断万安、江东二桥通道,使南北的清军都无法救援。在十万火急的情况下,李光地除了派人为清军引路,还选择水性好的勇士从水关潜入城内,为守军送去至关重要的情报:"援兵马上就到。"因而稳定军心,使其坚守到援兵到

① 李元度:《国朝先正事略》,长沙:岳麓书社,2008 年,第 220 页。

来，一举击退刘国轩军队。

注重深入现场调查，掌握第一手资料。李光地深知信息在搜集、传递过程中，由于人为因素，常常出现扭曲变形、弄虚作假现象，造成决策失误与重大损失。为此，每当接受重大任务，他往往亲临一线，查看实况，而不喜欢坐在衙门里听汇报、下指示。他经常与广大民众直接沟通，掌握事实真相，使贪官污吏原形毕露，使渎职失职者无处可遁。康熙四十年（1701 年），李光地担任直隶巡抚，接受治河重任后，他亲下基层，查核河上物料、钱粮使用情况，发现河道总督王新命和工部侍郎赫硕兹贪赃枉法，便如实上奏。康熙获悉真实情况后，立即撤销王、赫二人的职务，使治河工程建设顺利进行。为了掌握水文实情，李光地还先后实地勘察漳河、子牙河、永定河，制订出治水方案，并指导工程建设。治水工程建设展开后，李光地严密规划组织，划界承包，指派专人负责。他乘船驻柳坌口，每天巡视工地，根据新情况、新问题督促指挥。通过筑堤、分流、排涝等工程，李光地成功治理了长期为害百姓的河患，给当地农业带来了持续丰收的年景。对此，康熙褒奖道："李光地自任直隶巡抚以来，每年雨水调顺，五谷丰登，官吏兵民无不心服。"他还高兴地说："朕用一清正抚臣，便岁丰民乐。"[①]康熙还将李光地的治河经验推广到黄河的治理中。

（三）抓住机遇，决战决胜

李光地善于眼观四方，时刻研判时局，抓住稍纵即逝的机遇，在极短时间内完成鹰抓鸡的惊人动作。康熙二十年（1681 年）七月，盘踞台湾的郑经一死，他立即搜集有关台湾政局动态的信息，马上奏说："郑锦已死，子克爽幼弱，部下争权，宜急取之。"[②]并建议任用熟悉海上情形的内大臣施琅领兵攻台。康熙帝完全采用了他的建议，在很短时间内就一举收取台湾。李光地虽然是一介书生，但由于胸怀治国安邦的雄略，深谙中国传统文化精髓，因而其治国理政智慧与胆略，特别是判断机遇的能力远远超出一般儒生的水平。

（四）韬光养晦，注重实效

李光地历经磨难，深知要办好一件事情并不容易，只有少出风头，才能减

---

① 徐心希：《闽都书院》，福州：福建美术出版社，2009 年，第 146 页。

② 庄晏成：《泉州历史人物传》，厦门：鹭江出版社，1991 年，第 369 页。

少阻力；只有注重实效，才能达到目的。清朝官场险恶，稍有不慎，不仅自己会身陷险境，而且会耽误大事。李光地身为清廷重臣，善于洞察世间，常有真知灼见，却少有奏疏。他一般不落笔，也很少写东西，这在官场中甚为罕见。《清史稿》说："光地益敬慎，其有献纳，罕见于章奏。"[①]在《南山集》案和陈鹏案中，李光地为人求情，但他不上书，而是采用了一种"曲径通幽处"的沟通方式来解决。著名的桐城派文人方苞，是《南山集》作序之人，因南山案牵连被捕入狱。李光地极想救方苞，但并未上奏。有一天，康熙与大臣们议事，获悉鸿儒汪霖去世，康熙叹道："汪霖死，无能古文者。"李光地立即机智地说："唯戴名世案内方苞能"，于是康熙决定赦免方苞。当时的政治环境异常险恶，"文字狱"盛行一时，李光地能够站出来，采用一种充满政治智慧的方式，利用适当的机会挽救方苞，既体现其莫大的勇气和胆识，又反映其非同寻常的行事艺术，特别是求实效的招数。

（五）尊重人才，用其所长

从李光地推举施琅、智救方苞、力荐梅文鼎等事件中，可看出李光地爱才、识才、惜才的优良品格。李光地在人才问题上有自己的一套想法与做法，他深知千军易得，一将难求。世间形势瞬息万变，只有良才才能因势利导，制胜于事态起伏之中。李光地识才与用才艺术在举荐施琅收复台湾中表现得淋漓尽致：(1)根据用人场景确定人才需求。出征台湾必须穿越时而风平浪静时而骇浪滔天的海峡，以及危险四伏的天险澎湖与鹿耳门。必须战胜精通海战、凶悍狡猾的刘国轩及其水师，这要求带兵主将熟悉台海与敌军战法而又谋略过人。(2)采取配套措施，优化用人环境，以便才尽其能，建功立业。施琅收复台湾需要高度统一的指挥权，以便见机行事，进退自如。然而福建总督姚启圣期望获得共征权，由于他与施琅看法不同，双方较劲厉害，这对征台相当不利。为此，李光地动用"自身资源"，通过各种运作，让施琅获得征战的专征权。鉴于施琅年纪较大，需要能在前面冲锋陷阵的猛将，李光地又推举英勇善战的蓝理作为先锋。在渡海作战中，蓝理不负所望，在强敌面前一马当先，大破敌阵，为占澎湖收台湾立下了汗马功劳。(3)抓住关键节点，提供智力支持。施琅虽然足智多谋、经验丰富，但也存在一些弱点，而收复台

---

① 赵尔巽等撰：《清史稿》卷二六二，《李光地传》，北京：中华书局，1977 年，第 9898 页。

湾,“只许成功,不许失败”。为此,李光地在施琅出征前夕,利用“乞假奉母归”的机会,为施琅出谋划策。

李光地不仅关注出类拔萃的人才,还注意以其为中心,广招后起之秀,形成英杰辈出的人才梯队。梅文鼎在北京期间,正值《明史》纂修,天下学者名流云集京师,梅文鼎因此结识了不少学者。作为精通历算的大家,受朋友之邀,梅文鼎参与了《明史》历志的部分修订工作。李光地耳闻其名,便把梅文鼎聘入馆中,并以梅文鼎为师,网罗爱好历算的学生,形成了清初研究历算的集体,为康熙时代蒙养斋开馆、《律历渊源》的编纂培养了一批人才。

被李光地悉心培养与推举的人才还有著名的朱轼、杨明时等五十多名后辈,先后成为康熙朝名臣。朱轼官至文华殿大学士,兼吏部尚书,他任浙江巡抚时,首创用“水柜法”做堤基,为治理沿海水患做出重大贡献。乾隆元年(1736 年)朱轼去世,谥号文端,乾隆帝御赐“帝师元老”。杨明时任直隶巡道时,革除宿弊,政绩显著。康熙五十八年(1719 年)迁贵州布政使。雍正三年(1725 年)升任兵部尚书,并任云贵总督,后转任吏部尚书,仍以总督管巡抚事。乾隆即位后,根据其诚朴端方,召其赴京,任命为礼部尚书。乾隆二年(1737 年)杨明时病故,谥号文定,加赠太子太傅,入贤良祠。

四、李光地谋略研究的现实意义

(一)冷静观察世界,加强战略思维

当前,国际形势错综复杂,美国为了维护霸权,不惜破坏世界经济发展的良好态势,极力打压中国,特别是将我国列为主要战略竞争对手并悍然发动了贸易战,企图打乱我国的发展战略。为此,我们要吸取中国古代智慧的精华,特别是李光地高瞻远瞩、经略天下的战略思维,提高站位,加强战略定力,不被暂时出现的现象所迷惑,不纠缠于局部得失。要冷静观察,利用美国国内外难以调和的多种矛盾,争取赞成与支持互利共赢的国际组织、国家及其企业与民众,将全球化进行到底,将未来发展的主动权牢牢掌握在我们手里。

(二)求真务实,勇于创新

改革开放以来,我国获得了举世瞩目的成就,大多数地方真抓实干,一步

一个脚印，使经济社会获得长足的发展。但一些地方为了出政绩、树形象，出现了一些不切合实际的设想乃至规划，结果过度举债、欲速不达，社会发展遭遇严重障碍。目前，我们既要看到我国已经取得世界第二大经济体的不俗成绩，也要看到我国面临着经济转型升级的重要关头，进入了改革开放的深水区与高质量发展的新阶段，今后的任务更加艰巨。为此，有必要吸取李光地“存实心、明实理、行实事”的理念，深入基层，摸清发展过程中的各种问题与困难，紧紧依靠广大民众，勇于改革与创新，清除阻碍进步的体制与机制“暗礁”，调动深藏于社会之中的积极因素，实现高质量、可持续的发展。

（三）善于发现机遇、创造机遇、运用机遇

机遇出现于内外各种因素处于最佳组合的场合，及时发现机遇或创造机遇，并有效运用机遇，能够以同样的代价获得最好的效果，或者以最少的代价获得同样的效果。李光地不仅善于发现机遇，利用稍纵即逝的良机决战决胜，而且精于创造机遇，实现自己的理想。当前经济运行稳中有变，经济下行压力有所加大，我们要善于化危为机，加快动能转换与转型升级。此外，在中国这样一个巨大体量的市场，正确且充分运用机遇是一种巨大的挑战，既需要勇气与定力，也需要吸取历史智慧，运用灵活的手段，施政时要先“培植元气”，扶正祛邪，不能粗放式地破字当头与下药过猛、转向过急。

（四）重视新理念传播，增强影响力与吸引力

当前，中国发起“一带一路”的倡议，获得沿线国家的积极响应，取得巨大进展，但某些西方国家却利用出现的一些问题，进行恶意中伤，引发某些沿线国家的担忧。对此，我们要借鉴李光地的有益做法，加强有效传播，将有关“建立桥头堡”、“转移过剩产能”等说法转为共商、共建、共享、共赢等美好愿景。

李光地不仅是一位具有历史性影响的思想家、政治家，也是一位非凡的谋略家，他的战略思维与丰富的治国理政实践，值得我们深入挖掘并加以认真研究。他的宝贵经验，值得我们长期借鉴。

论李光地的六艺、格物之学

方　遥

（福建师范大学文学院）

摘要：明末清初是实学思潮高涨的时代，其背后有着特殊的政治、社会、经济因素与学术思想背景。李光地作为清初朱子学的主要代表人物之一，亦主张学术应由虚返实，见诸实用，并将实学视作儒学，区别于释、道异端的基本特征。而六艺、格物之学正构成了李光地实学思想与学术研究的一个重要组成部分。以六艺之学为核心，李光地对音韵、兵法、天文、历算等各种实用知识与学问皆抱有广泛的兴趣，并做了大量的实际研究工作，取得了不少研究成果，培养、影响、带动了一大批清初学者从事相关研究，因而推动了清初实学的兴盛和发展。李光地对当时传入的西学颇为了解和关注，其对西学的态度、理解与应对方式亦具有相当的代表性，反映了当时中西学术之间的交流与碰撞，以及士人对待西学的一种矛盾心态。

明清之际，实学思潮的兴起源于当时特殊的政治社会环境与学术思想背景，其核心精神与反王学思潮紧密相连，强调由虚返实，以“修己治人之实学”代“明心见性之空言”。这背后既包含着学者个人对于明代灭亡的悲痛、反思与激愤，又有学术思想发展的内在逻辑可循，还是当时政治、社会、经济状况的要求与反映。李光地作为清初朱子学的主要代表人物之一，亦主张学术应由虚返实，见诸实用，并将实学视作儒学，区别于释、道异端的基本特征。在概括自己的学术思想时，李光地即强调“吾学大纲有三：一曰存实心，二曰明

实理，三曰行实事”[①]，可见其对于实学的重视与追求。程晋芳之所以会将李光地与顾炎武、黄宗羲并列为清初三学人，除了程、李二人共同的朱学崇尚外，一个最主要的依据就是李光地学术鲜明的实学特色，“其所施行，皆有用无弊”[②]。而六艺、格物之学正构成了李光地实学思想与学术研究的一个重要组成部分。

一、李光地关于六艺实学的基本态度

在清初实学思潮高涨的学术背景下，除六经之学外，六艺之学亦被众多学者视作实学的基本形式和重要代表。如颜元即云：“我夫子承周末文胜之际，洞见道之不兴，不在文之不详而在实之不修，奋笔删定繁文，存今所有经书，取足以明道，而学教专在六艺，务期实用。”[③]李塨亦言：“先王三物之教，六德六行，其实事只在六艺”[④]，“六艺为圣贤学习实事，孔子习礼学乐，执射执御，笔削会计，无不精当”[⑤]。又云：“人之参天地者，六德也。德之见乎世者，六行也。行之措乎事者，六艺也。……夫德行之实事，皆在六艺。艺失则德行俱失。”[⑥]潘耒则说：“古之君子不为无用之学。六艺次乎德行，皆实学，足以经世者也。”[⑦]

而李光地亦相当重视六艺之学，提出：

> 六经外，六艺皆当留心。文武既分途，射、御暂可不讲。至礼、乐、书、数，实要紧事。[⑧]
>
> 六艺真是要紧事。礼乐不消说，射不可不知。但今之架式，要弯身才好，看古人却云“外体直”。至于御，今已无之，骑马即御也。古时太守

---

① （清）李光地：《榕村语录》卷二十三，《榕村语录·榕村续语录》上册，北京：中华书局，1995年，第409页。

② （清）程晋芳：《勉行堂诗文集·勉行堂文集》卷一《正学论五》，合肥：黄山书社，2012年，第696页。

③ （清）颜元：《颜元集·存学编》卷三，《性理评》，北京：中华书局，1987年，第75页。

④ （清）李塨：《圣经学规纂》卷一，北京：中华书局，1985年，第10页。

⑤ （清）李塨：《圣经学规纂》卷二，北京：中华书局，1985年，第16页。

⑥ （清）李塨：《大学辨业》卷二，北京：中华书局，1991年，第12页。

⑦ （清）潘耒：《遂初堂集》卷七，《方程论序》，《续修四库全书》第1417册。

⑧ （清）李光地：《榕村语录》卷二十七，《榕村语录·榕村续语录》上册，第485页。

领兵，文武未始分，若是一旦朝廷以武事命之，不能骑射，如何使得？大将尚可，偏裨岂不殆哉！至书算，试看岂可阙得。本朝顾宁人之音学，梅定九之历算，居然可以待王者之设科。①

显然，在李光地看来，六艺之学各有实用，皆为经世之要紧事，皆须讲求。特别是礼、乐、书、数，应当成为每个士子必须学习与掌握的基本技能。针对那些轻视六艺，甚至将六艺之学与心性之学割裂、对立，分属于小学与大学的观点，李光地亦进行了批驳：

今人动言，小学只习礼、乐、射、御、书、数，到入大学，便专讲心性。从来无此说。不想扫洒、应对、进退之节，礼、乐、射、御、书、数之文，"节"、"文"二字作何解？节是童子不知登降周旋所以然之故，但习其节目；文是童子不知礼、乐、射、御、书、数所以然之理，但诵其文词。到后来成人时，便已熟惯而知其用，日用而益明，精义入神，下学上达，不离乎此。非大学后便不提起六艺之事也。②

根据李光地的理解，六艺之事作为实学的基本内容，贯穿于人的一生，并不以年龄为限。小学时习六艺之节文，大学时明六艺之道理。且知性明理必须建立在不断实行、实践的基础之上，日用而理益明，理明而行益笃，二者不可割裂，并非明理后便不必实践。

以六艺之学为核心，李光地对音韵、兵法、音乐、天文、历算等各种实用知识与学问皆抱有广泛的兴趣，并做了大量的研究工作，且对当时传入的西学亦有较深的了解和关注，故能成为清初理学家中实学研究的代表人物。

二、李光地的音韵学研究

在音韵方面，李光地著有《榕村韵书》《韵笺》《等韵便览》《等韵辨疑》等著作，又主持编纂了当时最完备的韵书《音韵阐微》，可谓清初较有成就的音韵学家。

音韵学虽然历史悠久，但因其内容艰深繁杂，一向被视为绝学，较少受到学者的特别关注。直至明清之际，随着经学的复兴，由于音韵学与训诂考据

① (清)李光地：《榕村续语录》卷十六，《榕村语录·榕村续语录》下册，第776页。

② (清)李光地：《榕村语录》卷一，《榕村语录·榕村续语录》上册，第7页。

之间存在着密切联系，经过顾炎武等人的提倡，遂由“附庸”蔚为“大国”，成为清代的一门显学。清儒对于古音的考据之精，审音之细，皆是前所未见的。尤其是顾炎武，不仅提出了“读九经自考文始，考文自知音始”[①]的主张与口号，强调“古人之音亡而文亦亡”[②]，确立了音韵学的特殊地位与价值。而且穷三十年之功著成《音学五书》，破除了叶韵说与传统韵书的束缚，根据《诗经》《周易》等上古韵文材料归纳韵部，得古韵十部，并离析《唐韵》以求古音分合，因而对古音学诸问题做了较为全面的讨论，建立了以考据学为基础的古音学体系，对于清代音韵学的成立与发展具有开创意义。

李光地于当时及前代的音韵学家中，最佩服顾炎武，认为“韵学不讲，宁人独出究心，直还三代。……前人于唇喉齿舌，或不差，而字之偏旁多不讲。至宁人却讲偏旁，故独有着落。杜、韩用韵皆精当，惟入声不能如宁人。宁人讲入声，直千古未有”[③]，“顾宁人韵书，真不刊之业，千古杰出，前贤未之有也”[④]，“有顾氏之书，然后三代之文可复，《雅》《颂》之音各得其所。语声形者，自汉晋以来，未之有也”[⑤]。故其音韵学研究亦受顾氏的影响最深。

据《文贞公年谱》与《榕村谱录合考》记载，李光地曾于康熙十年（1671 年）三十岁时问音韵于顾炎武，并由此开启了其对音韵学的终身兴趣及研究。关于这次会面的情况，李光地自述道：

> 余始官庶吉士，曾相从为半日话。时余于音学无晓也，宁人举大指示之曰：古者同文，声与形应，凡字旁从某，音必从某。后世不悟音讹，反谓古书为叶，皆非也。《唐韵》承江左末流，部居悉舛，分合之间，纷不可治。今当以《诗》《易》、周秦之文为正，质验字旁，分者并之，合者离之，使古书无二音，然后得复其旧。[⑥]

---

① （清）顾炎武：《亭林文集》卷四，《答李子德书》，《顾亭林诗文集》，北京：中华书局，1983 年，第 73 页。

② （清）顾炎武：《亭林文集》卷四，《答李子德书》，《顾亭林诗文集》，北京：中华书局，1983 年，第 69 页。

③ （清）李光地：《榕村语录》卷三十，《榕村语录 · 榕村续语录》上册，第 547 页。

④ （清）李光地：《榕村续语录》卷二十，《榕村语录 · 榕村续语录》下册，第 903 页。

⑤ （清）李光地：《榕村全集》卷三十三，《顾宁人小传》，影印文渊阁《四库全书》第 1324 册。

⑥ （清）李光地：《榕村全集》卷三十三，《顾宁人小传》，影印文渊阁《四库全书》第 1324 册。

由此可知，李光地在遇到顾炎武前，对于音韵学并无深入的认识。而二人之间的交流虽只有短短的“半日话”，但顾氏已将其治音韵学的基本原则与方法倾囊相授：(一)古书无叶音；(二)古音存在于文字声旁中，读音与字形相对应，“凡字旁从某，音必从某”；(三)《唐韵》不可靠。研究古音应以《诗经》《周易》等周秦韵文为基础，参考文字声旁以归纳韵部，进而对《唐韵》进行离析，“分者并之，合者离之”，以复古音之旧。显然，这三点代表了当时音韵学发展的最新成果，对于音韵学的研究者来说是极为重要的。李光地虽一时难以完全理解，但亦“心识其说”。归家之后的数年间，他又“追寻言绪，未达者自以意为之说”[①]，继续深入钻研。康熙十五年(1676 年)，李光地“既通国书及顾氏音学，至是玩心益熟，乃摘字之习用者，依等韵字母编为《便览》”[②]。在初见顾炎武七年后，李光地又得顾氏《音学五书》，并将其与自己这些年的研究所得相互参照，发现自己“所意者幸不谬”，颇为欣喜。此后，李光地便在顾氏音韵学理论的基础上，加以自己的推阐发挥，进一步改进顾炎武所创立的音韵学体系，并将其由训诂考据的工具推广到更加广泛的应用领域。

譬如李光地所著《榕村韵书》[③]，以顾炎武《古音表》为本，依韵府次第，重定其通用、独用之条，反对古韵通转之说，又参以古音等切之理，以定今音之分合，颇可刊正俗书分合之误。其《南北方音及古今字音之异》论证了南北方言及古今字音的不同，指出字音“与时推移，皆有不可以时音概者”[④]。其《榕村韵书略例》提出“五音生生”之说，以阿、厄、衣、乌、于为五元音，谓：“夫色不过五，而五色之变不可胜观；味不过五，而五味之变不可胜尝。故音不过五，而五音之变不可胜用也。前世为韵书者，未知五音生生之法，故虽区别有伦，而迷其本始。惟国朝十二字头之书，但以篇首五字，使喉舌齿唇展转相切，而万国声音备焉。盖于韵部，以麻、支、微、齐、歌、鱼、虞为首；于字母，以影、喻

---

① (清)李光地：《榕村全集》卷三十三，《顾宁人小传》，影印文渊阁《四库全书》第 1324 册。

② (清)李清植：《文贞公年谱》卷上，《北京图书馆藏珍本年谱丛刊》第 85 册，北京：北京图书馆出版社，1999 年，第 167～168 页。

③ 据罗常培的研究，今本《榕村韵书》疑即李光地的另一部音韵学著作《韵笺》。参见罗常培：《〈榕村韵书〉正名》，《罗常培语言学论文集》，北京：商务印书馆，2004 年，第 535～539 页。

④ (清)李光地：《榕村全集》卷二十，《南北方音及古今字音之异》，影印文渊阁《四库全书》第 1324 册。

为首，独得天地之元声。故可以齐万籁之不齐，而有伦有要也。”[①]其《翻切法》与《音韵阐微》则以“五音生生”说为理论基础，新创合声反切法。其基本方法为：“上一字择其能生本音者，下一字择其能收本韵者，缓读之为二字，急读之即成一音。……凡字之同母者，其韵部虽异，而呼法开合相同。则翻切但换下一字，而上一字不换。……凡字之同韵者，其字母虽异，而平仄、清浊相同。则翻切但换上一字，而下一字不换。”[②]故反切上字皆选用无韵尾的支、微、鱼、虞、歌、麻数韵中字，反切下字选用无声母的影、喻两纽字，同时注意用字的清浊、开合、声调，便可实现相切其声自合。如此，就大大改变了旧韵书“用法繁而取音难”的弊端，使反切的用字数量大为精简，拼读更为准确、顺畅，音韵系统亦更加简化，因而在汉字标音史上具有重要的地位与意义，影响于后世者甚大。

在音韵学研究中，李光地特别注重广泛利用方言、曲韵以及满洲十二字头拼音等材料，以弥补顾炎武音韵学理论之未备。譬如他说：

> 古人有闭口音，乃今诗韵侵、覃、盐、咸四部，在满字则阿、额、依一头是也。浙江、江西、闽广间此音尚存，直隶及他省皆无之。[③]
>
> 音韵古人四声并叶者多，不然《诗经》《易经》便不可读。可见乡音虽同文之世不废也。如“遇人之不淑矣”，“淑”字《诗》叶“啸”字。今《孝经》称“叔”还称如“啸”字音，岂不是古音之乡音？……彼处与中州近，古时大抵全是北边的音，及五胡来，便杂之以胡音，而古音反杂。又五代，中原人多渡江，蛮音又反存有古音。如吾闽说话，有将“此”字错去，竟不是一母一等者。若是念书，古音甚多，如有闭口，有入鼻，有轻唇无重唇，有轻齿无重齿之类。当日顾宁人每来访问闽音，大称是古音，而人不知。[④]
>
> 顾氏之学，以质于《诗》《书》古文，合者为多。至声气之元，歌乐之用，古人所以协律同文之本，则似有未能明者。盖东、冬、江、阳、庚、青、蒸七韵，原为一部，以其元乃一气所生，而用之以协歌曲，则收声必同故

---

① (清)李光地：《榕村全集》卷二十，《榕村韵书略例》，影印文渊阁《四库全书》第 1324 册。

② (清)李光地等纂：《音韵阐微·凡例》，上海：商务印书馆，1936 年，第 2～4 页。

③ (清)李光地：《榕村全集》卷二十九，《覆填写经世声音图满文札子》，影印文渊阁《四库全书》第 1324 册。

④ (清)李光地：《榕村续语录》卷二十，《榕村语录·榕村续语录》下册，第 901～902 页。

也。真、文、元、寒、删、先,及侵、覃、盐、咸皆然。至支、微、齐、鱼、虞、歌、麻诸韵,又各部之根,凡各部中字生音起韵,皆从此而得,应自为一部而通同之。欲其源派分明,故亦别为三部:歌、麻也,鱼、虞也,支、微、齐也。然鱼、虞之韵,能生萧、肴、豪、尤,故萧、肴、豪、尤与鱼、虞同一收声,而可以通用。支、微、齐能生佳、灰,故佳、灰与支、微、齐同一收声而可以通用也。至歌、麻与鱼、虞,虽别部而尤相近,盖古人读"鱼"、"虞"字皆如"模"字,读"麻"字皆如"歌"字。缘歌、模两部相近,其收声亦颇同,则鱼、虞可通于萧、肴、豪、尤者,歌、麻亦可通矣。如东、冬七韵,真、文六韵,侵、覃四韵,虽亦支、微、鱼、虞、齐、歌、麻所生,然翻转于齿、舌、唇、鼻间而得之,非喉音直切所生,如萧、肴、豪、尤、佳、灰者比,故各自为部,而不可相通也。[①]

又云:

国书"阿、厄、衣、乌、于"五字,妙得声韵之元,毫无勉强。……五字反复叠呼,便有四万声。《音学五书》所少者,此耳。将来把毛稚黄书及《度曲须知》,择其精要语,附刻于后,便成完书。……毛稚黄及《度曲须知》,亦晓得支、微、齐、歌、麻、鱼、虞七部之字无头,它部之字皆有头。却不知七部乃声气之元,别字都是他生的,无有生他者。如"西邀乌"是"萧"字,"西"是字头,"邀"是字腹,"乌"是字尾。又"支",乃"真"之头,"都"乃"东"之头,"于"乃"元"之头。韵部自当用此七部居前,以生各部。[②]

毛稚黄书却与宁人互相发。宁人吴人,而不知唱曲。稚黄则本之《度曲须知》,可叶之管弦矣。然稚黄又不知天地元音,元音惟本朝得之。音声起于歌麻,反切起于影晓,本朝起于外地。……自古以来,韵学不知有元音,而本朝合之,非偶然者。人须知古韵,又知唐韵,又须知今所用韵。凡学问皆须如此。[③]

在此,李光地一方面指出闽广、江西、浙江等处的方言中多保存有古音,故可利用方言进行音韵学研究;另一方面,又以实用为考量,在顾炎武划分古韵十部的基础上,参考、吸收了毛先舒的"收音说"与沈宠绥的《度曲须知》,以

① (清)李光地:《榕村续语录》卷二十,《榕村语录·榕村续语录》下册,第906页。

② (清)李光地:《榕村语录》卷三十,《榕村语录·榕村续语录》上册,第545页。

③ (清)李光地:《榕村续语录》卷二十,《榕村语录·榕村续语录》下册,第903页。

收声为依据，将顾氏的古韵十部厘为六部，以便于时人习闻应用。同时，李光地还受到满洲十二字头拼音方法，以及顾炎武提出的“反切起于合声”说的启发，将满洲十二字头与“收音说”及古音学、等韵学理论融会贯通，创为“五音生生”之说与合声反切法。

由上可知，李光地的音韵学研究力图将考古与实用结合起来，既关注考订古韵，以明古音、古文之原貌，又强调“合时谐俗”，能够为一般士人的诗赋、歌乐押韵提供指导和依据。关于前者，李光地对音韵学，特别是古音学的研究与提倡，不仅有助于他的经学研究，为其训诂考据古代经典提供了有力工具，如李光地的《诗所》便是以顾炎武的《诗本音》为依据来注解《诗经》，而且在当时顾炎武的古音学理论“知之者鲜”的情况下，坚持、宣传了顾氏的古音学，对于清代中前期音韵学与训诂考据学的发展起到了一定的推动作用。关于后者，其《音韵阐微》等书不但为当时及后世之人的诗词歌赋创作提供了便利条件，而且为汉字的标音、注音、正音工作提供了重要的基础，直到民国年间统一“国音”，制订汉字注音方案时，仍以《音韵阐微》作为重要的参考依据。

三、李光地的兵法研究

在兵法方面，李光地主要撰有《握奇经注》等。在古代很多阵法中，李光地尤其重视武侯八阵与李卫公五花阵，以其内容有所根柢。在他看来，“五花原于乡遂之兵，八阵原于都鄙之兵。乡遂之兵，以十为数，起于五；都鄙之兵，以八为数，起于井田之八家。自五家，以至于万二千五百家，皆以五相叠。故出兵自五人，以至于万二千五百人，亦如之。自八家，以至五百一十二家，皆以八相叠”①。而在《握奇经注》中，李光地便简要地解释了天、地、风、云、龙、虎、鸟、蛇八阵的布阵、变化之法，以及游兵与正兵的配合方法，清晰地阐述了《握奇经》“以正合，以奇胜”的军事思想。关于排兵布阵中正、奇配合的基本方式，李光地说道：“天、地、风、云者，正也；龙、虎、鸟、蛇者，奇也。正者，连营布阵之法。至于应敌决胜，则变为四奇。奇即正之变，非在正之外也。八者之外，尚有奇兵焉，则谓之握机。言其或前或后，望敌设伏，虽不在八阵之中，

① （清）李光地：《榕村语录》卷二十八，《榕村语录·榕村续语录》上册，第504～505页。

而实握其机，故曰握机也。”[①]但是正与奇的内容亦非一成不变，而是不断随着战场具体情况的变化而改变，“以天、地、风、云为正，则龙、虎、鸟、蛇为奇；以天、地为正，则风、云为奇；以龙、虎为正，则鸟、蛇为奇也。以前列之八阵为正，则后队之游军为奇也。总而言之，则凡正阵、游军皆为正，而时静时动、变变化化、不可测度皆为奇也”。[②] 相较于八阵之中的正与奇，李光地更为重视正兵与奇兵即游军的相互配合。关于正兵与游军各自的作用与特点，李光地总结道：“正兵者，利戈矛弓戟之用，习金鼓旌麾之节，闲步伐进退之方，识高下向背之地。其教养之素，至于如手足之相捍卫；其节制之重，至于如山丘之不可顿撼。如是则正兵之用尽矣。若夫侦间以得敌情，窥望以审敌势，未遇而致师，既阵而蹑敌，方合而出其傍，绕其后，我退而设之伏，示之疑，变强弱之形，移彼己之利。若此者，非游军不足以备其用，济其机也。”[③]显然，李光地将游军视作战场上出奇制胜的关键因素。故曰：“养游军之禄可数倍于养兵，驭游军之权或更甚于驭将。此握奇之号所以或专属之游兵，以为设奇制胜专在此也。”[④]

四、李光地的音乐研究

在音乐方面，李光地撰有《古乐经传》《大司乐释义》《乐书纂》等著作。对于六经中唯独《乐经》无文的原因，李光地解释道：“经具于《春官》之属，记具于戴氏之编，二者皆传于窦公。窦公者，与子夏同时，同事魏文侯，而申礼乐之事。其传止于此，则以其官器神明大略备也。若声气微妙，则不可写，故曰乐崩。”[⑤]因此，李光地以《周礼·春官》中的《大司乐》以下二十官为《乐》之经，以《礼记·乐记》为《乐》之传，又杂取《周易》《诗经》《尚书》、三礼、《孟子》《左传》《国语》《管子》《吕氏春秋》《淮南子》《史记》《汉书》《后汉书》《通典》《文献通考》等书论乐之文附之，较为细致地考证、辨正、阐释了古代传统音乐的乐

---

① (清)李光地：《握奇经注》，《藏外道书》第24册，成都：巴蜀书社，1992年，第831页。

② (清)李光地：《握奇经注》，《藏外道书》第24册，成都：巴蜀书社，1992年，第835～836页。

③ (清)李光地：《握奇经注》，《藏外道书》第24册，成都：巴蜀书社，1992年，第836页。

④ (清)李光地：《握奇经注》，《藏外道书》第24册，成都：巴蜀书社，1992年，第836页。

⑤ (清)李光地：《榕村全集》卷一，《观澜录·经》，影印文渊阁《四库全书》第1324册。

仪、乐器、乐律、乐理、乐教与乐用。

譬如关于乐律，据《周礼·春官·大司乐》记载，冬至郊天之乐以“圜钟为宫，黄钟为角，大簇为徵，姑洗为羽”，夏至祭地之乐以“函钟为宫，大簇为角，姑洗为徵，南吕为羽”，祭祀宗庙之乐以“黄钟为宫，大吕为角，大簇为徵，应钟为羽”。李光地认为此天、地、人三乐乃上文祭祀天神、地示、四望、山川、先妣、先祖六乐合二为一而成，进而指出先儒没有发现这一点正是由于未能分别“声”与“调”的不同所致。他说：“调与声不同。……且以黄钟之五调论，则所谓黄钟宫调者，用黄钟所生之七律，而以黄钟起调，黄钟毕曲也。所谓黄钟商调、黄钟角调、黄钟徵调、黄钟羽调者，则亦用黄钟所生之七律，而或以太簇，或以姑洗，或以林钟、南吕起调毕曲也。所以然者，黄钟以太簇为商，以姑洗为角，以林钟为徵，以南吕为羽。如此节用黄钟为角调，则必以其所生之角声起调毕曲，自然之理也。故如黄钟之为角声也，则必曰夷则角，而不曰黄钟角；如太簇之为徵声也，则必曰林钟徵，而不曰太簇徵；如姑洗之为羽声也，则必曰林钟羽，而不曰姑洗羽。汉魏以来，乐部未之有改，然则黄钟为角之为角调而用姑洗，太簇为徵之为徵调而用南吕，姑洗为羽之为羽调而用大吕，无疑也。”[①]

据此，李光地认为郊天之乐的“圜钟为宫”与祭祀宗庙之乐的“黄钟为宫”存在错互，即前者当作“黄钟为宫”，而后者当作“圜钟为宫”，且以黄钟一律宫、角两用并不构成重复。李光地引用祀天神、四望之律解释郊天之乐道：“黄钟为宫，则黄钟宫调也，其起调毕曲之律即以黄钟。黄钟为角，则黄钟角调也，其起调毕曲之律则以姑洗。太簇为徵，则太簇徵调也，其起调毕曲之律则以南吕。姑洗为羽，则姑洗羽调也，其起调毕曲之律则以大吕。此四律者，皆前所祀天神、四望之乐。故此大祀则合而用之，至下二乐莫不皆然。”[②]他又引班固《汉书·律历志》以黄钟为天统，林钟为地统，太簇为人统之说，认为“黄钟当为天宫，林钟当为地宫，明矣”，故郊天当以黄钟为宫，而“太簇虽属人统，然前文既与应钟合而为祭地之乐，则施之宗庙之宫义有未允。而夹钟者，前文所用以享于先祖者也。盖天气始于子，地气始于午，人事始于卯者，阴阳昼夜之正也。地退一位而始于未，则避南方之正阳也。人进一位而始于寅，

① （清）李光地：《古乐经传》卷一，《乐经》，影印文渊阁《四库全书》第220册。

② （清）李光地：《古乐经传》卷一，《乐经》，影印文渊阁《四库全书》第220册。

则重民事之蚤作也。然则宗庙之祭以圜钟为宫，既合享祖之文，又著人事之始，比于援引星辰，舍经证纬，不亦善乎”?[①] 此外，李光地还提出：“祭祀之大者废商，故调止于四。而地乐中有太簇，本黄钟之商声，人乐中有无射，乃西方之穷律。缘去商调之义，故此二律有应为起调毕曲者则并去之。盖蕤宾与太簇同类，南吕与无射同方，故其乐可以相代也。”[②]

李光地认为宫、商、角、徵、羽五音不仅与句字相关，而且与韵部之间存在密切关系。他说：“凡人声之发于喉者，宫也；其入于鼻者，商也；其转于舌者，角也；其抵于齿者，徵也；其收于唇者，羽也。喉之声，深以厚；鼻之声，铿以轰；舌之声，流以畅；齿之声，细以详；唇之声，闭以藏。人之声必自喉始，交于舌齿之间，上于鼻而下于唇，至唇之闭，则又息于喉而复生矣。是故古之知音者必辨韵部，未有韵部之不审，句字之不清，而可以言歌者也。”[③]又说：“作诗用韵脚，若是喜庆事，用宫音，便洪亮。发扬感激事，用商音；述平常事，用角音。可骇愕事，用徵音；悲恻事，用羽音。”[④]但李光地同时指出，五音的形成较为复杂，韵部仅是其外在的表现形式，不能单纯依靠唇、齿、舌、喉之声确定宫、商、角、徵、羽，“因其调之抑扬高下而叶之，因其言之缓急轻重而命之，因其情之刚柔吐茹而形之，夫然后口与心相应也，响与籁相追也。故韵部者，音乐之助而犹非音乐之本也”[⑤]。

李光地对于音乐的思想内容与教化作用亦十分重视。在他看来，五音有声有调，而调始于人心，反映人的性情之德，故较之声更为基本。“宫调深厚，于人为信之德，而其发则和也。角调明畅，于人为仁之德，而其发则喜也。商调清厉，于人为义之德，而其发则威也。徵调繁喧，于人为礼之德，而其发则乐也。羽调丛聚，于人为智之德，而其发则思也。是数者生于心，故形于言。言之有发敛、轻重、长短、疾徐，故又寓于歌。《书》曰‘诗言志，歌永言’者此也，圣人因是制为五者之调以仿之”[⑥]。因此，音乐便具备了教化人心、陶冶性情的功能。“闻宫音使人和厚而忠诚，闻角音使人欢喜而慈爱，闻商音使人奋

---

① (清)李光地：《古乐经传》卷一，《乐经》，影印文渊阁《四库全书》第220册。

② (清)李光地：《古乐经传》卷一，《乐经》，影印文渊阁《四库全书》第220册。

③ (清)李光地：《古乐经传》卷四，《附乐记·声律篇》，影印文渊阁《四库全书》第220册。

④ (清)李光地：《榕村语录》卷二十八，《榕村语录·榕村续语录》上册，第493页。

⑤ (清)李光地：《古乐经传》卷四，《附乐记·声律篇》，影印文渊阁《四库全书》第220册。

⑥ (清)李光地：《古乐经传》卷四，《附乐记·声律篇》，影印文渊阁《四库全书》第220册。

发而好义，闻徵音使人乐业而兴功，闻羽音使人节约而虑远”[①]。五者之调形成后，圣人又制六律以为其发敛、轻重、长短、疾徐之节，则调中之五音具焉。从五音产生的这一过程来看，“仁义礼智信者，五音之本也。喜怒哀乐者，五音之动也。调者，五音之体制，而声者，五音之句字也”[②]。因此，音乐演奏必须先定调，而后以声从之。若先设声，而后以调从之，则将导致性情之失，背离了音乐的本质。

至于诗、调、声三者之间的主次关系，李光地认为应以诗为根本，调次之，声最后。因为诗与性情之德的联系最为密切，所谓“不知调者，不可与言声；不知诗者，不可与言调；不知性情之德者，不可与言诗。可与言诗，而乐思过半矣”[③]。据此，李光地批评后代的雅乐形式大于内容，“声有高下而无疾徐，纵其应律，亦所谓知声而不知调者也，知调而不知诗者也”，因而主张学习与创作音乐“必先教诗。教诗者，必先以六德为之本，使其性情之发无有不得其平而不由其诚者，则二者之患亡矣。然后以六律为之音，盖亦简易而不难也”。[④]

李光地进一步指出，音乐的社会功能主要在于移风易俗、教化人民，故推行乐教应当立足现实，注重变通，使今人喜闻乐见，而不能将今乐与古乐简单地对立起来，一味追求复古。在他看来，三代以下礼乐不兴，其中一个重要原因便是儒者的礼乐思想迂大繁难，流于空谈，而不切实际，无关日用。“礼则必其周公之制，乐则必其伶伦之律，微论其说无一是之归，纵使得之，亦止于郊庙朝廷之事。而所谓移风易俗，无有议及之者，又岂圣人礼云乐云之意哉”[⑤]、“若只郊庙中作乐，就是《云门》《咸池》《韶濩》《大武》，亦只天地鬼神闻之，如何天下风俗就会移易？自然是人人见闻，才能移风易俗”[⑥]。加之社会风俗变迁，民众习尚日非，即便勉强推行古乐，亦不过是“强其所不乐，举其所不行，则莫之从而不能久，非所谓‘通其变，使民不倦’者也”[⑦]。因此，李光地

① (清)李光地:《古乐经传》卷四,《附乐记・声律篇》,影印文渊阁《四库全书》第 220 册。

② (清)李光地:《古乐经传》卷四,《附乐记・声律篇》,影印文渊阁《四库全书》第 220 册。

③ (清)李光地:《古乐经传》卷四,《附乐记・声律篇》,影印文渊阁《四库全书》第 220 册。

④ (清)李光地:《古乐经传》卷四,《附乐记・声律篇》,影印文渊阁《四库全书》第 220 册。

⑤ (清)李光地:《古乐经传》卷五,《附乐记・乐教篇》,影印文渊阁《四库全书》第 220 册。

⑥ (清)李光地:《榕村语录》卷二十七,《榕村语录・榕村续语录》上册,第 484 页。

⑦ (清)李光地:《古乐经传》卷五,《附乐记・乐教篇》,影印文渊阁《四库全书》第 220 册。

极称孟子所说的“今之乐，由古之乐”，主张从实用出发，借鉴古乐的精神与形式来改良、整理今日之戏曲，“去其淫辞新声，及其节目之荒诞无实者，而一均之和音，被以雅曲，实之以忠孝廉贞节义之事，亦庶几乎可以语，可以道古者，未必非风俗之一助也”[①]。同时，还应改变俗乐的冗长繁衍，戏以四出为则，并使歌、舞分离，做到“舞以动其容，虽貌肖而口不言也；歌以咏其事，虽赞叹之而亦非其自言也。听其歌，观其容，而其人可知。……则至善矣”[②]。

五、李光地的天文、历算研究

在天文、历法方面，李光地主要受到梅文鼎与康熙帝的影响，编撰有《历象要义》《历象本要》[③]《星历考原》等著作。在某些学者眼中，天文、历法乃畴人、星官的专门职守，非儒者之所当务，故学者不必于此用心。而李光地则指出，天文、历法之学不仅与实际生活密切相关，直接指导着人们的生产与生活实践，“适于日用，所需尤大”[④]，而且其关于宇宙天地的生成、演化、运动等诸问题的探讨，亦与儒学义理直接关联，构成了儒家学说的重要知识背景和思想基础。所以他说：

> 圣人作历，为顺天以授时而已。天道之大，在寒暑四时，而寒暑四时运于不可见，于是而纪诸日月星辰之行。是故察日之出没，而昼夜明焉；察月之盈虚，而朔晦明焉；察日之发敛，而冬夏明焉。《书》曰：“历象日月星辰，敬授民时。”《易》曰：“观乎天文，以察时变。”寒暑昼夜者，天道之纲，民用之本。[⑤]
>
> 乾坤，父母也。继志述事者，不离乎动静、居息、色笑之间，故《书》始历象，《诗》咏时物，《礼》分方设官，《春秋》以时纪事，《易》观于阴阳而立卦，合乎岁闰以生蓍。其所谓秩序、命讨、好恶、美刺、治教、兵刑、朝会、

---

① (清)李光地:《古乐经传》卷五,《附乐记·乐教篇》,影印文渊阁《四库全书》第220册。

② (清)李光地:《古乐经传》卷五,《附乐记·乐教篇》,影印文渊阁《四库全书》第220册。

③ 《历象本要》初稿一说为杨文言所作。参见(清)平步青:《霞外捃屑》卷一,《书象本要乃杨文言作非榕村》,上海:上海古籍出版社,1982年,第7～8页。

④ (清)李光地:《榕村续语录》卷十六,《榕村语录·榕村续语录》下册,第775页。

⑤ (清)李光地:《榕村全集》卷二十,《圣人作历之原》,影印文渊阁《四库全书》第1324册。

搂伐，建侯迁国之大，涉川畜牝之细，根而本之，则始于太乙，而殺于阴阳。日星以为纪，月以为量，四时以为柄，鬼神以为徒，故曰："思知人，不可以不知天。"仰则观于天文，穷理之事也。此则儒者所宜尽心也。[①]

在李光地看来，天地不仅是万事万理的根本，而且是万事万理的起点，构成了实学的真正基础。故"孔子从不曾说到天地之先。……都是从天地说起。盖六合之外，存而不论。无稽之言，无复证据者，圣人便不言"[②]。又谓："圣人万古之师，一切幽渺荒唐之说，删去净尽。说理气只从天地说起，又只说现在的，至天地以前，天地之终，都不说。删《书》断自唐虞，以前就有文字，孔子都不存。不似他家从混沌之始，悬空揣度，以启后来编通鉴者荒唐幽怪之谬。"[③]因此，李光地的天文、历法研究既注重实际、实用，不为幽渺荒唐之说，又时常将其与理学思想进行结合，互相印证，所以往往给人留下两种截然相反的印象。

譬如关于宇宙的结构，李光地其实已接受了西方天文学的"地圆说"，提出："地至圆，无有上下。周遭人皆戴天履地，无有偏侧倒置"[④]、"天地如鸡卵，古人虽有其说而未竟其论。唐之淳风、一行，宋之尧夫，元之郭太史、许鲁斋，明之刘伯温，皆聪明绝世，而皆不知天地之俱为圆体。自西人利玛窦辈入中国，言地原无上下，无正面，四周人著其上。中国人争笑之，岂知自彼国至中国，几于绕地一周。此事乃彼所目见，并非浪词"[⑤]。但在同时，李光地亦未彻底否定传统的"天圆地方"说，而是对其加以转化，以动静之理进行解释。如南怀仁曾深诋天圆地方之说，李光地即回应道："天地无分于方圆，无分于动静乎！盖动者，其机必圆；静者，其本必方。如是则天虽不圆，不害于圆；地虽不方，不害于方也。"[⑥]此后，他又多次提及"天圆地方之说，盖以动静体性言之。实则形气浑沦相周，古人卵中黄之喻是已"[⑦]、"天圆地方者，言其动静之

① (清)李光地:《榕村全集》卷十二,《梅定九历学疑问序》,影印文渊阁《四库全书》第1324册。

② (清)李光地:《榕村语录》卷二十六,《榕村语录・榕村续语录》上册,第459页。

③ (清)李光地:《榕村语录》卷二十六,《榕村语录・榕村续语录》上册,第461页。

④ (清)李光地:《榕村语录》卷二十六,《榕村语录・榕村续语录》上册,第460页。

⑤ (清)李光地:《榕村语录》卷二十六,《榕村语录・榕村续语录》上册,第470页。

⑥ (清)李光地:《榕村全集》卷二十,《记南怀仁问答》,影印文渊阁《四库全书》第1324册。

⑦ (清)李光地:《榕村语录》卷二十六,《榕村语录・榕村续语录》上册,第472页。

性耳。实则地亦圆体，如卵里黄，上下周围与天度相应”[①]。显然，李光地并非当真认为天是圆的，地是方的，而是借用《大戴礼记》“天道曰圆，地道曰方，道曰方圆耳，非形也”[②]的思想，以天道动、地道静来解释“天圆地方”说。

与此类似，李光地既然承认地圆说，那么自然知道中国并非在大地的中心，甚至根本不存在某一特定的“地中”。譬如他说：“夫至顺极厚，非方非平，高下相循，浑沦旁薄者，地之本体然也。其南北两端，以去日远近为寒暑之差；东西，以见日早晚为昼夜之度。东之夜乃西之昼，南之暑乃北之寒也，如是则东西南北安有一定之中？南北或以极为中，或以赤道为中者，亦天之中，非地之中也。”[③]但是当南怀仁以赤道为地中，批评“中国”之名时，李光地又反驳道：“所谓中国者，谓其礼乐政教得天地之正理，岂必以形而中乎？譬心之在人中也，不如脐之中也，而卒必以心为人之中，岂以形哉？”[④]关于地中的含义与判断标准，李光地还提出：“西法称赤道之下，二分午表无景，是冬夏数均也。昔人有至外国者，熟一羊头而夜已曙，是昼数常赢也。今法南方四时昼刻每多于北，又况乎其九州之外者乎？昼夜不均，非所语中。然一岁之内，绝无短永，阴阳消息，其序靡显，揆之于理，亦未为中也。如此则惟中国之地，晷刻赢缩，与四时进退，二至相除，毫无余欠，而洛又其中之中，谓之中土，理宜不诬。以是知经所言天地四时之所交合，阴阳风雨之所和会，信乎其为至理，而非虚说也。”[⑤]又谓：“中国不可言地之中，惟可言得天地之中气。当黄道下处，日直到顶上，其热太剧。当赤道下处，一岁两春夏秋冬，立春、春分为春夏，立夏、夏至为秋冬，立秋、秋分又为春夏，立冬、冬至又为秋冬。惟中国寒暑昼夜适均而不过，所以形骸端整，文物盛备。”[⑥]如此，李光地就将原先表示地理位置的“中”转化为合理、中理的意思，并将中国特别是中原地区的昼夜

---

① （清）李光地：《榕村全集》卷五，《周官笔记·地官》，影印文渊阁《四库全书》，第 1324 册。

② （汉）戴德撰，（北朝）卢辩注：《大戴礼记》卷五，《曾子天圆》，北京：中华书局，1985 年，第 91 页。

③ （清）李光地：《榕村语录》卷二十六，《榕村语录·榕村续语录》上册，第 472 页。

④ （清）李光地：《榕村全集》卷二十，《记南怀仁问答》，影印文渊阁《四库全书》第 1324 册。

⑤ （清）李光地：《榕村全集》卷二十，《记南怀仁问答》，影印文渊阁《四库全书》第 1324 册。

⑥ （清）李光地：《榕村语录》卷二十六，《榕村语录·榕村续语录》上册，第 460 页。

寒暑变化规律视为理的标准，即所谓“正理”，因而为中国传统的文化思想和政治制度提供合理性依据。

由上可知，李光地并未在客观事实的层面上否定地圆说，反而一再对其予以肯定和宣传，但他同时又努力从义理的层面上对传统的“天圆地方”说和“中国”说进行解释和辩护，以此维护这些作为传统文化思想、政治制度和价值观念的知识背景与思想前提的基础性观念，使其能够继续为上层建筑提供合理性与合法性支持，尽量缓解来自西方知识与思想的冲击。有趣的是，当初利玛窦在向中国介绍和引进地圆说时，为了淡化与中国传统观念之间的剧烈冲突，以减轻西方知识、思想传播的阻力，亦采取了相似的策略。如利玛窦解释《坤舆万国全图》时说：“地与海本是圆形，而合为一球，居天球之中，诚如鸡子，黄在青内。有谓地为方者，乃语德静而不移之性，非语其形体也。”[①]而他在绘制世界地图时，亦有意将中国安排在靠近中心的位置，以适应中国传统的天下观。若从这一角度观察，则李光地对于传统观念的维护及其对中西学说的调和或许也带有某种辅助西学传播的意向，尽管这并非其主要目的。

此外，李光地还结合西方古典天文学知识与《周髀算经》中的传统天文理论，以太阳的运动来解释四季变化、极昼、极夜等现象，以及寒暑五带的形成原因。他说：“《周髀》言‘北极之下，有朝生而暮获者’，人指为谩。赵氏注之云：‘以北极之下，有以半年为昼，半年为夜者故也。’此语忒煞聪明。盖北极下，日在天腰，其在上半盘绕时全是昼。及旋到下半，便全是夜。此理甚确。”[②]又说：“其地气寒暑，则以去日远近为差。赤道之下，正与日对，其地最热。其景则四时常均，无冬夏短永。两极之下，取日最远，其地最寒，其景则短者极短，长者极长。正当两极之处，常以半年为昼，半年为夜。惟二极与赤道相去之间，当日南北轨之外，起二十三度，至四十度许，其地不寒不热，温和可居。其景则与冬夏进退，长短之极，皆无过十之七。”[③]李光地还据此批评《绎史》“天地之精华为四时，有四时而后有五行。水之精为月，火之精为日”的观点“大可笑”，指出：“四时乃因日而有，日傍近气温为春，在头上大热为夏，稍远便凉为秋，大远便冷为冬。据《周髀经》及西洋人说，则半年寒、半年

① (明)利玛窦：《乾坤体义》卷上，《天地浑仪说》，影印文渊阁《四库全书》第787册。

② (清)李光地：《榕村语录》卷二十六，《榕村语录·榕村续语录》上册，第470页。

③ (清)李光地：《榕村全集》卷五，《周官笔记·地官》，影印文渊阁《四库全书》第1324册。

暑者有之，一年有两春夏秋冬者有之。与中国对过的地方，中国的南极，是他的北极，中国的北极，是他的南极。中国寒，他却暑，中国暑，他却寒。”①

在算学方面，李光地主要亦受到梅文鼎与康熙帝的影响。据李光地自述，其早年曾问算学于潘耒，可惜教学不甚得法，故所得不多。直到后来与梅文鼎结交，其算学水平才得到较大提高。② 而康熙帝亦时常与李光地探讨算学问题，还曾亲赐对数表与《几何原本》《算法原本》等算学书籍给李光地，对其算学研究产生了较大的引导与促进作用。

李光地治算学同样注重中西、新旧之法的融合与会通。在他看来，古代六艺之学中的所谓“九数”皆与实际、实用相关，皆为经世之实学，故能极数之用。“然古人精密之法不传，而后世所用，悉皆疏率。故所谓径一围三、径五斜七云者，不过约略之算。而其方圆相求，三分进益，虚加实退，皆非真数也”。③ 相比之下，当时传入的西洋新法却十分精密，“于方圆、围径、幂积之算不爽纤毫”④，故应积极学习、借鉴西洋新法以补本国旧法之未备。

关于西洋算学的学习与运用，李光地提出：“欲通新法者，必于几何求其原，以三角定其度，较之以八线，算之以三率。则大而测量天地，小而度物计数，无所求而不得矣。”⑤正是基于这一认识，李光地对几何学与《几何原本》特别重视，将点、线、面、体视为算学的基础，即“万数之宗”。他说：“点引而成线，线联而成面，面积而成体。自此而物之多寡、长短、方圆、广狭、大小、厚薄、轻重，悉无遁形；自此而物之比例、参求、变化、附会，悉无遁理。”⑥他又将几何原理与儒学义理结合起来，提出：“凡数起于点，当初止有一点，引而长之则为线，将此线四围而周方之则为面，又复叠之教高则成体。‘直方大’，即是此意。直即线，方即面，大即体。惟直而后可方，惟方而后能大，故《象》曰‘直以方也’。直了才能方，既直方自然大，故曰‘敬义立而德不孤’”⑦。试图以客

---

① （清）李光地：《榕村语录》卷二十六，《榕村语录·榕村续语录》上册，第461页。

② 李光地曾说：“某天资极钝，向曾学筹算于潘次耕。渠性急，某不懂，渠拂衣骂云：‘此一饭时可了者，奈何如此糊涂！’其言语又啁啾不分明，卒不成而罢。今得梅先生和缓善诱，方得明白。”见（清）李光地：《榕村续语录》卷十六，《榕村语录·榕村续语录》下册，第775页。

③ （清）李光地：《榕村全集》卷二十，《算法》，影印文渊阁《四库全书》第1324册。

④ （清）李光地：《榕村全集》卷二十，《算法》，影印文渊阁《四库全书》第1324册。

⑤ （清）李光地：《榕村全集》卷二十，《算法》，影印文渊阁《四库全书》第1324册。

⑥ （清）李光地：《榕村全集》卷二十，《算法》，影印文渊阁《四库全书》第1324册。

⑦ （清）李光地：《榕村语录》卷九，《榕村语录·榕村续语录》上册，第166页。

观、具体、精密的西洋算学来解释、论证道德性的儒学义理。

此外,李光地还主张"算法重三角形"[①],故对我国古代的勾股法与西洋的三角、八线、三率法之间的异同做了比较。他说:"古所谓勾股者,举中之法耳。今三角法,即勾股也,然而有直角,有锐角,有钝角。又其算也,分周天为三百六十度,而角度对之,故量角之度以为起数之根。然则勾股有直而无锐钝,其数起于边而不起于角,岂非有待于新法以补其所未备者乎?其用之,则以八线之表。八线者,亦古人所谓勾股弦也。今则变勾而曰矢,且有正矢焉,有余矢焉;变股而曰弦,且有正弦焉,有余弦焉;其在圆外之股则曰切,且有正切焉,有余切焉;变弦而曰割,且有正割焉,有余割焉。八线相求,互为正余,故举一则可以反三,穷三则可以知一。举一反三,穷三知一者,则今之三率法是也。三率之法,即古者异乘同除之法,而其立法加妙,用之加广,则非古人之所及也。"[②]显然,李光地承认西洋数学要比我国的传统算学在方法上更为完备、精妙与准确。

可以说,作为一位重视实学的理学家,李光地对于当时大量传入的西学事实上抱持着一种较为复杂的心态。一方面,李光地对于西方先进的科技知识与实用器物持较为开放与开明的接受态度,特别是对其研究方法的完备、精密,及其对自然事物解释的准确性与可靠性十分肯定和推崇,所以他屡次称赞西洋历法"甚精密……其言理几处明白晓畅,自汉以来历家所未发者"[③]、"自古天地道里、日月晷景之说多矣,至于今日西历之家,其说弥详"[④]、"西士天学可称烂熟,简平仪取适用,而天之体不外乎是。前儒《浑天象七政图》,却失本来面目"[⑤],又表彰西洋数学"立法加妙,用之加广,则非古人之所及也"[⑥],还为西洋的机械、仪器等正名与辩护,提出:"西洋人不可谓之奇技淫巧,盖皆有用之物,如仪器、佩觿、自鸣钟之类。《易经》自庖牺没,神农作,神农没,尧

① (清)李光地:《榕村续语录》卷十七,《榕村语录·榕村续语录》下册,第814页。

② (清)李光地:《榕村全集》卷二十,《算法》,影印文渊阁《四库全书》第1324册。

③ (清)李清馥:《榕村谱录合考》卷上,《北京图书馆藏珍本年谱丛刊》第85册,北京:北京图书馆出版社,1999年,第487页。

④ (清)李光地:《榕村全集》卷五,《周官笔记·地官》,影印文渊阁《四库全书》第1324册。

⑤ (清)李光地:《榕村续语录》卷十七,《榕村语录·榕村续语录》下册,第814页。

⑥ (清)李光地:《榕村全集》卷二十,《算法》,影印文渊阁《四库全书》第1324册。

舜作。张大其词，却说及作舟车、耒耜、杵臼、弧矢之类，可见工之利用极大。"[①]此外，李光地借助西学的概念、原理来解释、论证儒学义理的行为，亦反映了其对西方科技知识的客观性与准确性的信任和重视。李光地不仅积极学习西方的天文、历算之学，还能够运用其知识编撰相关著作，如阮元即称李光地"所著书皆欧罗巴之学。其言均轮次轮之理，黄赤同升、日食三差诸解，旁引曲喻，推阐无遗，并图五纬视行之轨迹，尤多前人所未发"[②]，因而推动了相关西学知识的传播扩散。

但在另一方面，李光地对于西学的传播、流行，甚至是占据主导地位可能给中国传统文化思想、价值观念、意识形态带来的冲击与威胁亦表示深刻的忧虑。为此，他对西方政治、伦理、宗教等方面的思想学说持批评与排斥的态度，认为"西人学甚荒唐"[③]，而对西方的科技知识则主要将其限制在实用的范围之内，尽量避免其与传统思想发生直接冲突，同时更多地采取所谓"古已有之"的应对策略，通过发掘自身固有的学术思想资源，从中寻找可与之对应的内容与材料，以此证明传统思想文化的价值与合理性。譬如李光地受梅文鼎的影响，特别重视《周髀算经》《九章算术》等古代天文、历算典籍，大力发掘、阐释其中埋没已久的学术内容，提出：

天圆而地亦圆，四方上下皆人物所居，各以戴天为上，履地为下也，其说与《周髀》合。且浑天之术本谓如卵裹黄，乌有卵圆而黄不圆者乎？……天有九重，最近者月天也，稍远则日天与金、水天，又远则火星天，又远则木星天，又远则土星天，最远则恒星天，其外则宗动天也。《楚辞·天问》曰："天有九重，孰营度之？"然则九重之说旧矣。……惟宗动天行有常度，不独日月五星右行，恒星天亦右行也。其说则历代岁差之说是也。[④]

天地如鸡卵，古人虽有其说而未竟其论。……自西人利玛窦辈入中国，言地原无上下，无正面，四周人著其上。中国人争笑之，岂知自彼国

① (清)李光地:《榕村语录》卷十四,《榕村语录·榕村续语录》上册,第 253 页。

② (清)阮元等撰:《畴人传汇编》卷四十,《李光地传》,扬州:广陵书社,2009 年,第 448 页。

③ (清)李清馥:《榕村谱录合考》卷上,《北京图书馆藏珍本年谱丛刊》第 85 册,北京:北京图书馆出版社,1999 年,第 487 页。

④ (清)李光地:《榕村全集》卷二十,《西历》,影印文渊阁《四库全书》第 1324 册。

至中国，几于绕地一周。此事乃彼所目见，并非浪词。至梅定九出，始发明《周髀经》，以为原如此说，何必西学。[①]

夫至顺极厚，非方非平，高下相循，浑沦旁薄者，地之本体然也。其南北两端，以去日远近为寒暑之差；东西，以见日早晚为昼夜之度。东之夜乃西之昼，南之暑乃北之寒也，如是则东西南北安有一定之中？南北或以极为中，或以赤道为中者，亦天之中，非地之中也。此理《周髀》言之至悉，而汉氏以下莫有知者。近新历之家，侈为独得，历诋前说，几数万言。惜乎无以《髀》盖之术告之者。[②]

这些带有浓厚附会色彩的说法在今天看来或许显得有些自大和可笑，但在当时的历史背景下却也在一定程度上缓解了中西文化之间的冲突与士人内心的紧张，在客观上有助于那些刚刚接触西学的士人以一种更为平和的心情去理解和接受西方的新知识与新思想，未必一无是处。

关于中学与西学之间的差异，李光地还提出过这样一种说法：

西人历算，比中国自觉细密，但不知天人相通之理。如古人说日变修德，月变修刑，西人便说日月交食，五星凌犯，乃运行定数，无关灾异。不知天于人君，犹父母也。父母或有病，饮食不进，岂不是风寒燥湿所感，自然有的。但为子孙者，自应忧苦求所以然之故。必先自反于身，或是己有不是处，触怒致然，否则亦是我有调理不周而致然。因为彷徨求医，断无有说疾病人所时有，不须管他之理。无论天子，即督抚于一省，知府于一郡，知县于一邑，皆有社稷人民之责，皆当修省。即士庶，虽至卑贱，似不足以召天变，然据理亦当修省。如父母怒别个儿子时，凡为儿子者俱当畏惧。父母断不因其畏惧，而谓我本怒他，于尔无与，而反增其怒者。通天地人之谓儒，扬雄谓："知天而不知人则技。"西人此等说话，直是阴助人无忌惮，天变不足畏之说。[③]

对于李光地的这一说法，不少学者都持激烈的批判态度，认为其是为了维护封建纲常，以愚昧落后的天人感应和星占术数迷信观念来诋斥西方的天文、历算之学，反映了其对西学的浅薄和无知。这一批评虽不能说全无道理，但起码有简单化的嫌疑。其实若仔细分析，不难发现，李光地在这里虽然借

---

① （清）李光地：《榕村语录》卷二十六，《榕村语录·榕村续语录》上册，第470页。

② （清）李光地：《榕村语录》卷二十六，《榕村语录·榕村续语录》上册，第472页。

③ （清）李光地：《榕村语录》卷二十六，《榕村语录·榕村续语录》上册，第473页。

用了某种天人感应的表达形式，但其目的并非为了宣扬天人感应学说，也不能因此认定李光地相信自然现象是由人事所引起，因为这明显违背李光地的天文学思想。而他之所以要这么说，主要是希望借此提醒人君与各级官员须对天地自然，特别是天地自然背后的天理保持敬畏之心，时时因外部世界的改变而反省自己的行为，进而修明政治，改过迁善。所以李光地以父母子女比喻天人关系，认为虽然父母因风寒燥湿所感而生病是自然有的，但作为子女，仍须首先自我反省，思考自己的行为是否存在过错，然后为父母求医治病，"断无有说疾病人所时有，不须管他之理"。更进一步，在李光地看来，一门学问必须贯通天人，能够从具体的事物之理提高到普遍之理，并且对从天道到人事的所有问题都给出连贯、统一的解释，才能称得上最好的学问。所以他强调"通天地人之谓儒"，"知天而不知人则技"。作为中国传统文化的一个组成部分，传统的天文、历算之学恰好可以为这种"天人相通之理"提供相关的知识背景与思想基础，进而满足人们关于自然、社会、政治、伦理等各方面知识与价值的需要，而注重客观、专门的西方天文、历算之学显然无法发挥这样的作用。正是在这一意义上，李光地认为中学优于西学，西方的天文、历算之学纵然精密，但亦无法彻底取代中国的传统学问。

综上所述，李光地在六艺、格物之学方面的研究与思考还是较为广泛和深入的，亦带有十分鲜明的时代特点。其实学思想标榜的是一种有体有用、明体达用之学，不仅关注所谓实理、实心、实性的探讨，以及道德方面的修养和践履，而且注重将尊德性与道问学、居敬与穷理、涵养与致知等方面结合起来，广泛学习各方面的实用知识，积极穷格具体的事物之理，故能于此取得较多的研究成果。李光地作为理学名臣与学界领袖，不仅亲自从事相关的研究与撰述，而且延揽、培养、提携了一大批音韵、天文、历算人才，资助梅文鼎等人刊刻出版最新的学术成果，围绕其形成一个活跃的学术研究团体，因而有力地推动清初的实学风气，促进了相关学科的兴盛和繁荣。

李光地的《正蒙注》及其哲学思想

冯静武

（中国浦东干部学院教学研究部）

摘要：李光地继承了张载《正蒙》的学术旨趣，在注解其著《正蒙》的过程中阐述了"太和之用，不离太虚之体"的宇宙观，"性者，理之总名耳"的性命观和"易即天道也"的易学观。其《正蒙注》有其显著的个人特点，他以谨慎谦卑的态度，在继承张载哲学的基础上，综合各家学说，并对其进行比较研究，折中而取之。他还融摄宋明理学家的思想，以一个理学家和易学家的立场批判了佛教和道教"溺于空，沦于静"的思想。李光地的注解也带有鲜明的时代特征，提倡经世致用之学。他对推广《正蒙注》及张载的哲学思想也做了不小的贡献。

张载的《正蒙》在中国哲学史上有重要的地位，对中华文化和中华民族的民族性格有重要的影响。张载之后，不少哲学家对《正蒙》进行了解释，同时阐发自己的哲学思想。诸如明朝有高攀龙、陈伯达、王夫之，清朝有李光地、冉觐祖、张伯行、王植等。其中明末清初的王夫之所注较为流行，学术界对其研究也比较多。但对李光地《正蒙注》的研究成果并不多见，部分散见于李光地学术思想的著作当中，如《清初理学史》、《清初易学》等。这些学者主要侧重于以李光地的朱子学立场来分析其哲学思想，并以此反观张载的《正蒙》。这些研究对我们理解《正蒙》及张载的哲学思想多有裨益，但对李光地《正蒙注》的系统梳理并不见，对其中李光地的哲学思想分析还不够全面。我们认为李光地所著《正蒙注》内容丰富，见解独到，还可以从不同的角度进行分析和理解。本文试图通过分析李光地对《正蒙》的注解，管窥李光地的哲学思想，以求教于方家。

一、李光地《正蒙注》源流

《正蒙》一书是张载“精思而成”，所以“义博词奥”，按照《四库全书》总目所言“注者多不得其涯涘”，又因其“章句既繁，不免偶有出入”，尤其是当《正蒙》所载与程朱之说不尽相同之处，一般注者“亦莫知所从，不敢置议”[①]。李光地的《正蒙注》对《正蒙》疏通证明，多阐张载未发之意，对先儒诸多说法进行考证比较，在此基础上提出自己的见解。

从以上的论述中，我们可以看出注解《正蒙》并非易事，而李光地可谓是知难而上，以自己对《正蒙》的独到见解为其做注。李光地的《张子正蒙注》成书于康熙三十九年，也就是李光地五十八岁的时候，即 1700 年。根据《榕村全集》记载：“是岁，洪范初稿、孝经注、正蒙注、握奇经注成。”[②]李光地的《正蒙注》一共十七篇，按照张载《正蒙》的顺序，分篇而注。在文渊阁《四库全书》及《榕村全书》[③]的版本中均分为上下卷，在陈祖武等人点校的《榕村全集》中也分为两卷，分别是《正蒙一》和《正蒙二》，上卷包含《太和篇第一》等八篇，下卷包括《至当篇第九》共九篇。李光地的《正蒙注》共 4 万余字，是我们研究李光地哲学思想的重要原始材料。

二、李光地《正蒙注》的哲学思想

（一）张载哲学对李光地的影响

早年李光地对周朱程张的学说并不欣赏，不少学者认为李光地一生对朱子尊崇有加，这种观点是不准确的，至少年轻时的李光地不是这样。受其乡学和家学的影响，他早年反而对阳明学很是赞同。可以这样说，李光地早年

---

① 永瑢等：《四库全书总目提要》，北京：中华书局，1965 年，第 776 页。

② 李光地：《榕村全书》，陈祖武点校，福州：福建人民出版社，2013 年。亦参见李清植纂：《李文贞公（光地）年谱》，台北：文海出版社，1966 年，第 136 页。

③ 参看厦门大学图书馆藏清道光十年（1830 年）李维迪刊本。

的学术思想在很大程度上受到了阳明学派的影响，他曾说："二十一至二十五岁看陆子静、王阳明集及诸杂书。"[①]在李光地学术思想逐步成熟的过程中，他充分吸收了周朱程张的思想，建构了自己的哲学体系，其中张载对李光地影响很大。他曾自述："观明道，赞尧夫，异于横渠，赞横渠又异于濂溪，铢两不差，便知其渊源有自。'昔受学于周茂叔'、'吾学有所受'二语，源流何等分明。"[②]可以看出他的思想受周敦颐、程颢、邵雍、张载的影响颇深，也可以说张载的思想是其哲学思想的重要渊源之一。作为清初的理学大家，李光地对张载的思想非常重视。他在很多地方都表现出对张载和朱熹思想的欣赏，比如他对二者有关易学的理解颇为赞同，"横渠言易为君子谋，不为小人谋；朱子言易中只有'贞凶'不曾有'不贞吉'。皆是作易本意"。[③] 他对张载的《西铭》评价极高，在《榕村语录》中有这样的记载，"伊川于明道墓表，既以之接孟氏之传。于横渠，则曰：'自孟子后，只有原道一篇，西铭则原道之宗祖也。'"[④]大体上李光地对程颐的这种说法也是赞同的。也是因为他对张载哲学的推崇，所以才有了对《正蒙》的注解。据《榕村语录》记载如下：

> 周子太极图，上一圈似乎可省，而不知妙处在此。盖语人以尔与天地一般，太隔绝多不可信。至教他以尔之身父生之，父本于祖，祖本于曾、高，递而上之，以至于最初，必有两大父母，以为所生之始者。至显至切，不待烦言，而知我与天地为一体矣。下二圈，就包一部西铭在内，而张子随续之，奇矣。圣人治天下，专在根本上用功。如人培养花木，都在枝叶上洒以水，去其尘垢。圣人止在根上培植灌溉，枝、叶、华、实自然茂盛。[⑤]
>
> 太极打一圆圈最好，阴中有阳，阳中有阴，质如是气，亦如是五行。交系于上，一阴阳也；交会于一，一太极也。气化、形化，分而二之，实引而亲之也。人知成形于父母，而不知受气于天地。使知以星辰河岳自

① 李光地著，陈祖武点校：《榕村语录·榕村续语录》卷十六，《学》，北京：中华书局，1995年，第773页。

② 李光地：《榕村语录》卷十八，《宋六子》，第308页。

③ 李光地：《榕村语录》卷九，《周易一》，第151页。

④ 李光地：《榕村语录》卷十八，《宋六子》，第307～308页。

⑤ 李光地：《榕村续语录》卷五，《宋六子》，第624页。

处，则立于天地之间卓然矣。[①]

李光地认为周敦颐的“太极图”第一圈“似乎可省”，他认为最重要的是第二圈，到了第二圈，有了阴阳、动静，动静相互，阴阳变合，这是第二圈的精妙。紧接着是第三个层次，这个层次又分为两个部分，一个是气化，一个是形化。父母之生，就是天地之气化，但这只有通过读书明理才可以知道。他认为周敦颐的《太极图》和张载的《西铭》有异曲同工之妙，周敦颐是“顺流下来”，张载是“逆推上去”，二者是相得益彰。张载的《西铭》恰好接着周敦颐的《太极图》。

（二）“太和之用，不离太虚之体”的宇宙观

李光地继承了张载“知太虚即气则无无”的思想，张载在《正蒙》之《太和篇》中讲道：“太虚无形，气之本体，其聚其散，变化之客形尔。至静无感，性之渊源，有识有知，物交之客感尔。”[②]李光地对此注曰：“言太虚无形之中，而气之本体存焉，即太极也。”[③]在李光地看来，太虚无形，气之本体，即是太极。他在下面的注解中还提出，世间万物皆是以气之聚散而形成或者消亡，所谓“气散则适得太虚之体，气聚亦不失太虚之常”，[④]所以太虚生气，气聚则生万物，气散则物又重归于太虚。李光地还用体用关系理解“太虚”和“太和”的关系，提出“太和之用，不离太虚之体”的命题。“太虚”和“太和”是张载哲学的两个重要范畴，“太虚”的重要性自不必说，“太和”的重要性则不亚于“太虚”，《正蒙》篇第一篇就是讲“太和”。但是对于两者的关系，张载并没有讲得很明确。据冯友兰先生的推测，“‘太虚’说的是宇宙的物质结构，‘太和’说的是宇宙的精神面貌”[⑤]。李光地从体用关系出发来理解“太虚”和“太和”，有助于我们理解二者的关系。

宋明理学家大多都有出入佛老，回归儒家的经历。李光地作为明末清初的理学家，也带有这样的色彩。他在注解《正蒙》时，也不时用比较研究的方

---

① 李光地：《榕村续语录》卷五，《宋六子》，第 624 页。

② 《正蒙注·太和篇》，李光地：《榕村全书》，陈祖武点校，福州：福建人民出版社，2013 年，第 352 页。以下只注篇名及页码。

③ 李光地：《正蒙注·太和篇》，第 352 页。

④ 李光地：《正蒙注·太和篇》，第 353 页。

⑤ 冯友兰：《中国哲学史新编》，北京：人民出版社，2001 年，第 122 页。

法，以儒家的立场，批判佛教和道家的本体论，而这种批判的重要理论来源正是张载“气本论”的宇宙观[①]。李光地指出，太虚无形，气之本体。如果理解了虚空即为气，那么有无不二，隐显不二，神化不二，性命不二。李光地提出："散入无形，适得其本体而非无也。聚为有象，亦不失太虚之常而非始有也。"[②]在此基础之上，他首先批判了道家的“有生于无”的观点，认为老子“天下万有生于无”的思想是不理解体用一源，有无混一的道理，世间本来就没有一个所谓的“无”。紧接着他又批判了佛教的“有能碍无”的思想，李光地认为这样的思想是“不知形性、天人，相待而有，而非徒有也”[③]。在李光地看来，佛教以世界为幻，老子以乾坤为化，二者都不能举“幽明之要”，只能是“遂躐等妄意”。要理解宇宙之本体，必须要理解“一阴一阳之谓道”，这是规范天地的总规律，所谓“范围天地者此也，通乎昼夜者此也”[④]。如果不懂得这个根本的道理，就没有办法理解“性命”、“体用”、“有无”，更没有办法理解“太和”、“太虚”的思想，也容易滑向佛教的“梦幻之说”及老子的“虚无之论”。

（三）“性者，理之总名耳”的性命观

李光地在注解《正蒙》的过程中也阐发了自己“性本论”的哲学思想，提出“性者，理之总名”的哲学命题。如果说他在《初夏录》里提出的“理即性”[⑤]的思想是其性本论哲学之萌发，《正蒙注》则是其较为成熟的阶段。他在注解《正蒙》时讲：

> 性者，理之总名耳。著而为道，则有阴阳、刚柔、仁义之两名，而性其合也。命者，天之所赋，有物有则，而人受之者也。若于所性之理有偏，

① 李光地对佛、道二教的批判理路也受到张载思想的影响，张载正是“用这一种‘有无混一’的宇宙观”对道教和佛教的根本教义进行批判。参看冯友兰：《中国哲学简史》，北京：北京大学出版社，2011 年，第 122 页。

② 李光地：《正蒙注・太和篇》，第 354～355 页。

③ 李光地：《正蒙注・太和篇》，第 355 页。

④ 李光地：《正蒙注・太和篇》，第 355 页。

⑤ 在李光地看来，性的地位要高于“理”，其重要性也要超过“理”。他说：“性为之主，理其流也。”（李光地：《榕村全集》卷二，《经书笔记》）理是性在事物上的体现，它是由性所规定的条理。“理即性也，言气之中有亘古不易之性，是之谓理，不可以气为理也”。（李光地：《榕村全集》卷七，《初夏录》）他还说：“圣人尽性，而性者自然之实理，故曰：‘圣人之本。’”（李光地：《榕村语录》卷十八，《宋六子一》，第 312 页）

即于所受之分不足。惟穷理尽性，则可以至于命矣。是乃吾本然所受于天之则也。“维天之命，于穆不已”，然其“大德曰生”。是以天地感而万物化。[①]

在李光地看来，性“著而为道”，才有了阴阳、刚柔、仁义之分。命由天所赋，只有“穷理尽性”才可以“至于命”。所谓天地之大德曰生，天地交感而万物化生，圣人可以通过“穷理尽性乃至于命”的功夫，达到与天合一的境界，也就是“天人合一”。但是圣人不能像天一样做一个“无忧者”，正是因为圣人有“赞助化育”之责任[②]。至于如何去天相参，李光地注解《正蒙》时继承张载的理论，认为只有做到“无意、必、固、我”，才可以“与天地相似而参焉”[③]。

关于性、命的问题，李光地以“正性”和“正命”[④]进行阐发。李光地认为人之性同天之性不同，人所禀赋的气质有昏有明，而天之性则不同，天之性乃是“正性”。所谓“正性”，是指天之性与天道相通，是天道的根本，所以是“通极于道”。人所受的气数有吉有凶，也不像天命那样是“正命”[⑤]。所谓“正命”，是与人之性相通而为其根本，所以是“通极于性”，这个命纵贯流行于“气”之中，但不同的人，甚至是同一个人在不同的阶段表现的程度是不一样的，这属于气禀的不同，由于这个“气禀”的不同，所以才有“正”与“不正”之说。天人本无内外之别，因人有后天的形状，才有了内外不同。从这个意义上讲，人不

① 李光地：《正蒙注·诚明篇》，第 395 页。

② 李光地在《正蒙注》之《至当篇》中继承张载的思想，明确了“圣人所以有所不能也”，圣人亦有“不知不能之事”。参看李光地：《正蒙注·至当篇》，第 427 页。

③ 李光地：《正蒙注·三十篇》，第 437 页。

④ 李光地的“正命”思想很大程度上同朱熹的思想相类，朱子门人在问朱熹张载的“命遇”之说时，朱子回答：“所谓命者，如天子命我作甚官。其官之闲易繁难，甚处做得。甚处做不得，便都是一时命了，自家只得去做。故孟子只说‘莫非命也’，却有个正与不正。所谓正命者，盖天之始初命我，如事君忠，事父孝，便有许多条贯在里。至于有厚薄浅深，这却是气禀了。然不谓之命不得，只不是正命。如‘桎梏而死’，唤做非命不得。盖缘它当时禀得个乖戾之气，便有此，然谓之‘正命’不得。故君子战兢，如临深履薄。盖欲‘顺受其正’者，而不受其不正者。且如说当死于水火，不成便自赴水火而死。而今只恁地看，不必去生枝节、说命说遇、说同说异也。”参看《朱子语类》卷四十二，《朱子全书(修订本)》第 15 册，第 1498 页。在朱熹看来，“正命”就是天本初(发端)命人的原则，比如对君忠诚，对父孝敬。这是一般的原则，但也是最高的原则。

⑤ 参看《正蒙注》之《至当篇》，李光地在此篇注解如下：“上达而乐天理，则知天之所以命我者皆正命，何怨之有？下学而反己，则知我之所以自修者无与于人，何尤之有？”从中我们可以看出李光地认为天之所命皆为“正命”。

可以不知天,知人知天才不会被“气”所蒙蔽,而这正是学的功夫。所谓“尊德性而道问学”,对于两者的关系,李光地认为应该是相为始终,“非安勉两途之谓也”①。李光地在《正蒙注》之《大心篇》中发挥张载的思想,把“尊德性”和“道问学”联系起来看,他说:“不尊德性,则不知学问为何事。不知万物皆备于我,则于精微之理,不能反身而诚也。不卓然立于万物之表,则乌能行乎事物之中,而时措之宜哉?”②李光地还认为德性属心,物欲属形,在此基础上提出自己对天理人欲的理解,“但百体顺令于天君,则人心皆化为道心矣。天君下徇于百体,则天理将灭于人欲矣。清明在躬,气志如神。阳明胜,德性用之效也。蔽交于前,其中则迁。阴浊胜,物欲行之时也。阴本非恶,不顺于阳,则流为恶耳。引其恶以归于善,则莫非天也”③。李光地认为张载《正蒙》此条最为精粹,阳如果能胜于阴,那么清明盛行,德性的效用就彰显出来。反之,则物欲横行。

李光地还继承了张载的“天地之性”与“气质之性”的思想,他认为人有了形体以后,就有了刚柔善恶等,这就是所谓的“气质之性”。但是人生于天地之时,得天地之精华,在宇宙万物之中“独灵且贵”,虽然有气质上的偏差,但也无损于全然的“天地之性”,只要通过“反之”的功夫就可以理解“天地之性”本来就具足于“气质之性”中。李光地曾注曰:

> 刚柔缓急,即气质之性。参和不偏者,天地之性也。然惟禽兽则得其至偏者,而不能复全。人受天地之中以生,虽其拘于气而有刚柔缓急之不齐,而所谓参和不偏者自在也。何则?人之偏也,于五性之禀,特有多寡之异,而性之本,则未尝蔽且塞。故惟养而完之以复其初,则我之性即天地之性,故曰尽性而天也。继善成性,张子以为不已其善以成于性,与程、朱异。④

李光地认为参和不偏就是天地之性,人和禽兽之分别就在于禽兽所禀为“至偏”的,所以禽兽之性,不能复“天地之性”。而人在天地之中的偏,虽然有刚柔缓急之分,但是人性之本,没有蒙蔽和阻塞,所以只要“养而完之”,就可以复归天性之初。在这个意义上讲,人这性就是“天地之性”,所以人可以尽

---

① 李光地:《正蒙注·诚明篇》,第 392 页。

② 李光地:《正蒙注·大心篇》,第 412 页。

③ 李光地《正蒙注·诚明篇》,第 400～401 页。

④ 李光地:《正蒙注·诚明篇》,第 397～398 页。

性而知天。李光地把张载的“继善成性”注解为“不已其善以成于性”。

(四)“易即天道也”的易学观

李光地在注解《正蒙》时善于运用易学的方法，在《正蒙注》中时常可以发现他引用阴阳、吉凶、简易或卦象来解释《正蒙》的内容。当然这同《正蒙》本身就与易学有千丝万缕的联系也相关，比如“太和”这个范畴就是借用《周易》里的概念。《乾》卦《彖辞》里讲：“保和太和乃利贞。”[①]张载《正蒙》的书名也是由《周易》而来，《蒙》是《周易》的一个卦名，该卦彖辞中有“蒙以养正”之说。蒙，即蒙昧未明；正，即订正。“蒙以养正”，就是说从蒙童起就应加以培养。张载说：“养其蒙使正者，圣人之功也。”李光地在注解《正蒙》时，着重运用了“以易释蒙”的方法。

《正蒙》中有言：“昼夜者，天之一息乎？寒暑者，天之昼夜乎？天道，春秋分而气易，犹人一寤寐而魂交。魂交成梦，百感纷纭，对寤而言，一身之昼夜也。气交为春，万物糅错，对秋而言，天之昼夜也。”[②]李光地在注解这段话时指出，《周易》所说的幽明、死生、人鬼，都是“昼夜之道”，在天则表现为寒来暑往，在人则表现为清醒和入睡的不同状态。李光地还继承了中国传统哲学中天人相类的思想，认为人清醒的状态就好比是春天，沉睡的状态好比是秋天，人们在清醒和沉睡两种状态的转换好比是春秋的交替。

张载在《正蒙·太和篇》中曾用阴阳之气来解释风、雨、霜、雪等自然现象。李光地在注解时同样也用了易学的方法分析。他用《小畜》卦对自然现象进行解释，认为风行天上为“小畜”，因为风行则云不能大量聚集，所以蓄集就少，也就不能形成雨。自然界的各种现象都是阴阳相聚相散的结果。李光地还以此解释社会现象，“阴缓则易散而受交于阳，至治之世也”。[③]

在注解《正蒙》中“阳陷于阴为水，附于阴为火”时，李光地注曰：

> 说者皆谓一阳陷于二阴之间为坎，一阴丽于二阳之间为离，非也。凡能出入上下、动静发敛者，皆阳也。顾非阴，则阳之出入上下、动静、发敛，不可得而见耳。是故震阳动也，坎阳陷也，艮亦阳止也，巽阳入也，离阳丽也，兑亦阳说也。易卦所以分阴阳者，盖以阳为主而遇阴，则为阳

---

① 王弼：《周易注》，《王弼集校释》，楼宇烈校释，北京：中华书局，1980年，第213页。

② 李光地：《正蒙注·太和篇》，第360页。

③ 李光地：《正蒙注·太和篇》，第371页。

> 卦;以阴为主而遇阳,则为阴卦也。阳在下,而遇阴压之则动矣。阳在中,而遇阴锢之则陷矣。阳在上,而遇阴承之则止矣。阴在内,则阳必入以散之矣。阴在中,则阳必附之以为明矣。阴在外,则阳必敷之以为说矣。今谓巽阴入于二阳之下,离阴丽于二阳之中,是以入与丽属阴,故曰其说非也。张子前文云,阴在内,阳不得入,故"周旋不舍而为风"。盖不舍者,所以入之也。此条又以火为阳附于阴,比之观物言八卦处,理独精矣。[①]

一般认为上下两爻为阴爻,中间一爻为阳爻,就是坎卦。上下两爻为阳爻,中间一爻为阴爻,则为离卦。坎卦为水,离卦为火。李光地阐述了阳卦和阴卦的思想,认为只要是阳为主,即便是遇到阴爻,也仍然是阳卦。反之,如果是阴为主,即便是遇到阳爻,也仍然是阴卦。李光地认为张载此处对于阴阳和卦象的理解从义理上进行分析,比简单的观物取象要精妙得多。也正是在这个意义上,李光地受到张载、朱熹等人思想的影响,在易学思想上虽然也注重象和术,但我们仍然把他归为义理学派的代表[②]。

李光地的这种学术旨趣在《正蒙注》中还有很多表现。他在注解"天下之理得,元也"时用元融摄"四德",他说:"天下之理得,自然会通而说诸心,有以一天下之动矣,元之所以包四德也。析之,则长天下之善者,仁也。观其会通者,礼也。说我心者,义也。天下之动,贞夫一者,信也。"[③]他还把易理解为"至精"、"至变"之说。在解释乾卦六爻时,提出"爻为体,龙为用"的思想,他说:"以云雨之用,谓之六龙。以变化之体,谓之六爻。"[④]他还以"德与时位参会"的思想,以先圣先贤为例,生动地说明了德的重要性,他在解释《周易》乾卦时说:

> 九二有中正之德,盖大人也。然犹为时舍,如颜子之居陋巷,则修其庸言庸行足矣。三四,以刚居重卦之位而不中,危疑之地也。正性命,趋

---

① 李光地:《正蒙注·参两篇》,第373页。

② 《榕村语录》记载:"至横渠,虽讥其力索强探,然谓自孟子后,都无他见识。其所言'为往圣继绝学,为万世开太平',都是实话,非属夸大。若只晓得剥、复、否、泰自然之理数,非人力所得与,便超然自了,何赖于人之立命邪?果见得横渠与康节不同。大抵此心虽要撒脱放下,又要振作扶起,方是圣贤之学。"我们可以看出李光地对比得出张载和邵雍之学不同,他认为要达到圣贤之学绝非易事,在学术旨趣上他也倾向于义理之学。

③ 李光地:《正蒙注·大易篇》,第455页。

④ 李光地:《正蒙注·大易篇》,第456页。

变化，非庸言庸行所能尽。故乾乾以修其德，而又艰于见德。是其为大人同，而时之舍不舍不同也，周公、伊尹之位是已。九五，虽曰大人，而化而达于天德，以成性矣。德与时位参会，尧、舜其人也。以时则有亢，圣人处之则无亢。自尧、舜、汤、武，以至周公、孔子之所处皆是也。[①]

在李光地看来，《周易》中的时与位固然重要，但是更为重要的是德，君子要"为德"、"修德"、"立德"，只有以"德"和"时"与"位"互参，才可以无悔无亢。他以尧、舜为例，以时言之，则"有亢"。但是圣人处之则"无亢"，重要的原因就是德。

三、李光地《正蒙注》的特色

（一）谨慎谦卑、公正客观的态度

无论是对张载，还是其著作《正蒙》，李光地都十分尊崇。这也表现在他所做的《正蒙注》中。他在注解《正蒙》时，本着实事求是的态度表达了自己对张载思想及《正蒙》的理解。《论语・为政》曰："知之为知之，不知为不知，是知也。"李光地作为清初大儒，正是以这样的态度和方法来注解《正蒙》。我们在研究中发现，其《正蒙注》中对自己不太确定的或者存疑的地方，在注解时他都有用了"疑"、"似"、"或"、"未知是本意否"等注词，充分表现了严谨客观的精神。比如他注解"绘事后素"时，讲道："此以两素字各自为义，未知是本意否。恐子夏之时，已有如此说诗者，而孔子正之。"[②]再如在注解"'老而不死，是为贼'。幼不率教，长无循述，老不安死，三者皆贼生之道也"也用存疑的态度去做比较研究，他说："老不安死，贼生之道，似与夫子责原壤之意未合。"[③]我们认为他这种谨慎谦卑的态度和精神并不影响他在注解《正蒙》时提出自己的思想和观点，反而更能凸显出他作为一个理学家和经学家的严谨。

（二）比较研究、折中诸家的方法

李光地作为有清一代的理学家和易学家，其学术思想的一个显著特点就

① 李光地：《正蒙注・大易篇》，第457页。

② 李光地：《正蒙注・乐器篇》，第465～466页。

③ 李光地：《正蒙注・有德篇》，第447页。

是折中诸家学说。这固然和清初大的学术环境是分不开的,但李光地在这个方面表现得尤为突出。最有代表性的著作就是他的《周易折中》,这本著作在折中前人学术思想的基础上,提出自己的易学观点。其实李光地学术思想的这种特点除了表现在其易学思想方面,也表现在其理学思想上。我们在李光地注解的《正蒙》篇中,就可以看到这个特点。《正蒙·太和篇》中有言:"太虚为清,清则无碍,无碍故神。反清为浊,浊则碍,碍则形。"李光地在注解这段话时,引用了程子的注解:

程子讥之曰:"神气相极,周而无余,谓清者为神,浊者何独非神乎?"愚谓程子之言当矣。然张子方言虚空之即气,有无、隐显、神化之无二,无判清浊,离神气,以自背其说之理。盖言万物散而为太虚,则清通而一于神明。太虚聚而为万物,则散殊而滞于形器。犹人心之静而未发,则清明胜而德性用;动而有感,则或阴浊胜而物欲行耳。故天虽体物不遗,而刚柔、善恶之不齐,实限于形矣。性虽体事无不在,而吉凶、悔吝之交错,实生乎动矣。[①]

在这段注解中,我们可以看出程子对张载前文一段话的态度,程子提出了一个关键的问题,既然"神气相极,周而无余",为什么清者为神,而浊者就"非神"呢?李光地肯定了程子的观点,但紧接着,李光地也阐述了自己的理解,他把太虚的聚散比作人心的"未发"和"已发","太虚"聚而为万物,"散殊而滞于形器",就像人心之静而未动,清明胜于污浊,德性彰显。而如果心"已发","动而有感",那么阴浊胜而物欲流行。

在论及《正蒙》中的五行说时,李光地首先引用朱熹的观点,朱子认为:"五行之说,康节法密,横渠理透。正蒙一段极好,不轻下一字。"[②]又曰:"正有一说好,只金木之体质属土,水与火却不属土。"[③]在讲完朱熹的观点之后,李光地也阐述了自己对于五行说的观点:

愚谓得火之精于土之燥,石卝之金也。得水之精于土之濡,沙水之金也。相待而不相害,言得金则水火相需以成烹饪,而不能相害也。烁之反流不耗,言以火烧金,则流而为水也,烁而流者非真水也。然烁极而

① 李光地:《正蒙注·太和篇》,第357～358页。

② 李光地:《正蒙注·参两篇》,第372页。

③ 李光地:《正蒙注·参两篇》,第372页。

流之理，不可诬也。[①]

李光地在这里不仅区分了“石卝之金”与“沙水之金”，还提出水火不是绝对对立的，他们的关系在一定程度上是相互对待而不是绝对对立。如果有金则水火相需可以烹饪，那二者就不是绝对对立的关系。从以上的分析可以看出李光地并不是简单地继承或者重复周程张朱的思想，他经常是比较各家的思想之后，在折中的基础上提出自己的看法。即便是在注解张载的《正蒙》，他也不是一味地匍匐在张载哲学的脚下，比如在注解《中正篇》“君子之道，成身成性以为功者也。未至于圣，皆行而未成之地尔”[②]时，指出张载把“学未至圣”解释为“行而为成”，与周易“潜龙”之意不符。

在注解《正蒙》时，李光地还注重把不同的篇目和条目结合起来注解，而后进行分析和比较，如在《正蒙》最末一篇《乾称篇》时，李光地注曰：“此章即东铭也，《东铭》本曰《砭愚》，《西铭》本曰订顽，程子改之。”[③]在《正蒙注》的最后就段，他重点比较了《东铭》和《西铭》不同：

> 《西铭》为此篇之首，实《正蒙》一书之体要。故自“可状皆有章”以下，统论神化、性命、人鬼、死生，皆括全书之意，以申《西铭》之义。其以《东铭》终篇，乃初学之门也。故“益物必诚”，及“修己厚重”二章，实以见进学之本于诚，而其要在于持重改过，以起《东铭》之指。持重而无戏言、戏动者，主敬之事也。改过而无过言、过动者，徙义之事也。长傲则不敬，遂非则害义。不敬无义，而初学之本失矣。愚谓此铭虽本《论语》“重威”章之意，为初学之门。然究其极，则直内方外，夹持而上天德者，实在于此。盖如此，则言有教，动有法，而所谓昼为宵得，以至于息养瞬存者，皆自此而充之熟之尔。虽不能如《西铭》之彻上彻下，一以贯之，然下学上达之序，则又安可以偏废哉！[④]

李光地认为《西铭》作为《乾称篇》之首，是《正蒙》一书的“体要”，而《东铭》作为《乾称篇》的终篇，是初学者的“入门”篇。所以“益物必诚”，及“修己厚重”两章重点在于“持重改过”。李光地指出《东铭》虽本自《论语》“重威”章之意，虽为初学之门，但也十分重要。虽然不如《西铭》之“彻上彻下，一以贯

---

① 李光地：《正蒙注・参两篇》，第 372 页。

② 李光地：《正蒙注・中正篇》，第 410 页。

③ 李光地：《正蒙注・乾称篇》，第 490 页。

④ 李光地：《正蒙注・乾称篇》，第 490 页。

之”,但也不可以偏废,二者乃是“下学而上达”的关系。

(三)融摄义理、批判佛老的立场

李光地在做《正蒙注》时,非常注重义理之学,尤其是周程张朱理学的融摄多处可见,他在注解的过程中除了对前人思想在比较中继承以外,还有一个特色点就是他理学立场,更准确地说,是官方理学立场。在注解《诚明篇》中“过天地之化,不善反者也”时,他指出“过天地之化者,释、老是也。溺于空,沦于静,自谓见性,而实不足以尽性”[①]。李光地批评佛老自以为“见性”,而实际上根本没有“尽性”。李光地还批判了佛教以“人生为虚妄”的思想,他认为这样的思想是“离天于人”,把“形”和“性”、“天”和“人”孤立起来。他说:“孔、孟本天以语道,释氏言道而本心。言道似也,而以精、气为物、游魂为变为轮回,而厌苦求免,则非也。圣学本天,故知天德。知天德,则知形性之无二,而圣人为能不累矣。且知生死之非妄,而聚散之皆吾体矣。今释氏以形为累而生为妄,谓生死循环,而欲得道以免,是离人于天,离天于道,谓之悟道可乎?”[②]他对佛教的批判可谓是酣畅淋漓,认为佛教“人伦不察,庶物不明,在世则害治,在身则乱德。上不能反经以熄邪慝,下不能明道以觉沉迷,遂至千有余年,并为一论”[③]。在他看来,佛教对于个人修身、治世治国有害而无利。在批判了佛教的种种危害之后,李光地表明了自己对佛教的态度以及应对佛教的方法,就是“独立不惧”、“精一自信”,“惟独立不惧,则不至于怖死生,虑祸福;惟精一自信,则不至于溺耳目,宗世儒”[④]。

李光地还认为佛教的“无明”有违《大学》的诚明之道,他在继承张载哲学思想的基础上提出“诚明相为体用”的思想,并以此作为立论基础,批判佛教的“无明”思想。他认为大学应当先知天德,天德就是诚,万事万物之理都俱于“诚”之中。他认为佛教讲的实际看上去好像和诚相似,但是以人生为虚妄,以有为为“赘疣”,在修行方法上却要厌弃此生。这表面上看是与诚相类,但实际却反对“明”,不懂得“诚明相为体用”,没有了“明”,诚也就不存在了。他说:“彼语实际虽与诚相似,然既恶明,而殊其归,则亦非诚,而与我异其本

① 李光地:《正蒙注·诚明篇》,第396页。
② 李光地:《正蒙注·乾称篇》,第485页。
③ 李光地:《正蒙注·乾称篇》,第485页。
④ 李光地:《正蒙注·乾称篇》,第485页。

矣。本末既异，是非固不可同。诐淫邪遁之词，知言者展卷立辨而已。吾儒所谓天德者，性命也。欲知性命，知圣人，知鬼神，必先通乎昼夜阴阳之道。而知昼夜阴阳者，易也，易即天道也。浮屠徒知体虚空为性，不知本天道为用，则语寂灭者，与徇生、执有均耳，安能尽道其间，兼体而不累乎？诚者物之终始，鬼神者诚之不可揜者也。舍易而言诚，舍诚而言鬼神，非诬妄而何哉！"[①]从上面这段话中我们也可以看出李光地显著的儒家立场，他讲到佛教时用"释氏"、"彼"，讲到儒家时用"吾儒"，认为二者的区分是本末之异。佛教以虚空为性，不知本天道为用，抛舍"诚"而言鬼神，就是"诬妄"。

（四）彰显经世致用之学的时代特征

李光地注重理学的实践性，主张经世致用之学。他近半个世纪的政治生涯，均在康熙帝执政时期。在近五十年的伴君岁月中，李光地为扫平割据、统一祖国、革除弊政、澄清吏治、治理水患、发展经济、奖掖学术、繁荣文化等方面做出了重要的贡献。我们在李光地的《正蒙注》里也可以发现其哲学思想的"经世致用"特色。他在注解"贤才出，国将昌。子孙才，族将大"时说："此篇多言鬼神屈伸之事。此条言家国昌大之征者，如《中庸》言国家兴亡，祯祥妖孽，至诚先知祸福，与鬼神合其吉凶。此以为莫大于贤才之生出，乃祯祥之盛者尔。"[②]李光地申明了国家昌盛的征兆就是贤才辈出，培养贤才也是治国治世之道。

结　语

李光地的《正蒙注》继承和发挥了张载的哲学思想，对清初理学的发展有重要的影响。他在清初不遗余力地推广理学，张载的《正蒙》正是其推广的重要内容之一。由于他在朝廷的特殊地位，加上他自身学识的渊博，他的建议和主张也较容易得到康熙帝的采纳。《正蒙》作为张载主要的学术著作之一，历史上也受到极高的重视，实际上，《正蒙》自1690年已经列入科举考试的范围，成为清朝学子科考的重要内容。李光地以自己丰厚的学识和独特的政治

① 李光地：《正蒙注·乾称篇》，第487页。

② 李光地：《正蒙注·神化篇》，第489页。

地位，把儒家的“道统”和“治统”有机地结合起来，使自己成为儒学道统的守护者，也正是在这个意义上，我们可以把他称为一个官方的理学家。

（原载《孔子研究》2018 年第 4 期，略作修改）

李光地对朱熹《诗集传》的批评*

王　寅

（内蒙古工业大学人文学院）

摘要：朱熹所著《诗集传》是《诗经》最重要传本之一，元明清多数学者都对其权威性坚信不疑。然李光地却对《诗集传》提出了尖锐的批评，主要包括三方面：对《诗集传》中“比”、“兴”的批评，对《诗集传》所释诗篇字句的批评，对《诗集传》所阐发诗意的批评。李光地的批评具有强烈的时代色彩，清人已经不再盲从朱熹的《诗集传》，清初《诗经》学的发展逐步走向汉、宋融合，汉代《诗经》学开始回归，宋代《诗经》学的影响逐渐减弱。

朱熹《诗集传》是《诗经》学史上继《毛诗故训传》和郑玄《毛诗传笺》之后最重要的一种传本，该书旨意宏大，义理精深，体系完备，词汇简明，影响深远。自成书以来，即为学者推重，王应麟《诗考序》说：“朱文公《集传》宏意眇指，卓然千载之上。”②元、明、清三朝都以之作为科举考试的标准，为学子必读的书。然明中期至清初，逐渐开始有学者对《诗集传》提出了批评。明代桂萼说它“穿凿而失其本意”，③尤侗也不满朱熹淫诗说。④ 季本《诗经解颐》，李先芳《读诗私记》，姚舜牧《诗经疑问》，郝敬《诗经原解》等书都能打破朱说，发一

* 内蒙古自治区社科规划项目后期资助项目“李光地与清初经学”（2017ZHQ147）阶段性成果。

② 王应麟：《诗考》，台北：台湾商务印书馆，1986 年，第 598 页。

③ 朱彝尊：《经义考新校》，上海：上海古籍出版社，2010 年，第 2008 页。

④ 朱彝尊：《经义考新校》，上海：上海古籍出版社，2010 年，第 2008～2009 页。

家之言。学界对清人系统地批评《诗集传》的问题已有研究,但还不深入,对清初理学人物更没有涉及。[①] 李光地作为清初程朱理学的中坚,本该遵守朱传而不移,但他对《诗集传》也不甚满意。他的批评,虽然有些并不正确,但应认识到其中所具有的积极意义,作为一种现象值得深入探讨。本文试图透过考察李光地对朱熹《诗集传》的批评,分析李光地的学说,进而对清初的《诗经》学的走向略加探索。同时通过李光地的批评,透视宋代《诗经》学对清初《诗经学》的影响。

一、对《诗集传》中"比"、"兴"的批评

"比"、"兴"初见于《周礼》。《周礼・大师》载:"大师……教六诗,曰风,曰赋,曰比,曰兴,曰雅,曰颂。"其后《诗序》又申其说:"《诗》有六义焉,一曰风,二曰赋,三曰比,四曰兴,五曰雅,六曰颂。"孔子也说"兴于诗,立于礼,成于乐"(《论语・泰伯》)"《诗》可以兴,可以观,可以群,可以怨"(《论语・阳货》)。朱熹认为"兴"是指作者在作诗时,先说一事来引出所表达的主题。"兴者,托物兴词"[②]"兴者,先言他物以引起所咏之词也"。[③] "兴"一般上句虚指,而所起的下句为实指,"上句常虚,下句常实"[④]。朱熹说:"本要言其事,而虚用两句钓起,因而接续去者,兴也。"[⑤]可见朱熹认为所托之物与所兴之词不一定有紧密的关系,即便毫不相关的事物之间也可以"兴",前句只是起到引起的作用。如《鄘风・相鼠》第一章:"相鼠有皮,人而无仪。人而无仪,不死何为?"这里用"相鼠有皮"与"仁而无仪"并没有直接的关系。前言只是为虚,"人而无仪"才是诗歌所要批评的。"比",朱熹认为是指用一事来比喻另一事,"比者,以彼物比此物也"[⑥]。其中所喻事物本体往往不直接出现,而只出现喻体,即"以

---

① 参见林庆彰:《姚际恒对朱子〈诗集传〉的批评》,《河北师院学报(社会科学版)》1996年第2期,第81~85页。程嫩生:《戴震早年对朱熹学术的评判——以戴震〈毛诗补传〉与朱熹〈诗集传〉为例》,《江西社会科学》2011年第9期,第193~196页。

② 朱熹:《诗集传》,合肥:安徽教育出版社,2002年,第344页。

③ 朱熹:《诗集传》,合肥:安徽教育出版社,2002年,第402页。

④ 吕祖谦:《吕氏家塾读诗记》,台北:台湾商务印书馆,1986年,第355页。

⑤ 《朱子语类》,朱杰人等主编:《朱子全书》,上海:华东师范大学出版社,合肥:安徽教育出版社,2002年,第2737页。

⑥ 朱熹:《诗集传》,合肥:安徽教育出版社,2002年,第406页。

物为比而不正言其事”[①]。所以朱熹说：“比是一物比一物，而所指之事常在言外。”[②]如《周南·螽斯》第一章：“螽斯羽，诜诜兮。宜尔子孙，振振兮。”朱熹认为这是“以螽斯之群处和集而子孙众多”与“后妃不妒忌而子孙众多”相比。[③]综上，朱熹对“比”与“兴”二者的区分还是很清晰的，主要有两点：一是“兴”是引起，有发端起辞的作用，“比”主要是比附的作用。二是“兴”所表达的主题会在诗中出现，而“比”则不会。

对于“比”、“兴”说，李光地认为朱熹割裂了“比”与“兴”之间的联系，不满意朱熹把“《诗》之‘比’、‘兴’”，“看得无甚关系，而兴尤甚”。[④] 而李光地认为《诗经》的“兴”体，其“所托之物”与“所言之词”要有关联才可以，“《诗》中兴体，未有无关合者”[⑤]。这里李光地是指“所托之物”与“所言之词”存在本体与喻体的关系。可见对于“兴”的认识，李光地更认可汉、唐旧说，认为“兴”中有“比”的成分。所以他说：“大凡《诗》起兴者，兴中即带比意。”[⑥]郑笺：“比，见今之失不敢斥言，取比类言之；兴见今之美嫌于媚谀，取善事以喻劝之。”可见郑玄认为“比”是“比类”，“兴”是“喻劝”。郑玄对于“比”与“兴”并没有明确的区分，“比兴”都有“比喻”的含义。孔颖达疏也说：“兴者托事于物，则兴者起也。取譬引类，起发己心。”

正因为李光地与朱熹对“兴”认识有异，据此他认为朱熹在《诗集传》中有时所举“兴”例并不正确。如《周南·汉广》第二章：“翘翘错薪，言刈其楚。之子于归，言秣其马。”朱熹说：“以错薪起兴欲秣其马，则悦之至。”[⑦]这里朱熹认为是以“错薪”起兴“秣其马”。李光地认为“错薪”如果兴“秣其马”，二者应该有“比”在其中，但李光地说：“薪之错杂者，则可以刈而取之矣……错杂者仅可以饲之子之马驹而已”[⑧]、“‘错薪’……不但不可比‘之子’，并不得比‘之子’之马”。[⑨] 杂草仅可以作为马的草料，不仅不能比“之子”，更不能比“马”。既

---

① 吕祖谦：《吕氏家塾读诗记》，台北：台湾商务印书馆，1986 年，第 335 页。
② 朱熹：《诗传遗说》，台北：台湾商务印书馆，1986 年。
③ 朱熹：《诗集传》，合肥：安徽教育出版社，2002 年，第 406 页。
④ 李光地：《榕村语录·榕村续语录》，北京：中华书局，1995 年，第 225 页。
⑤ 李光地：《榕村语录·榕村续语录》，北京：中华书局，1995 年，第 225 页。
⑥ 李光地：《榕村语录·榕村续语录》，北京：中华书局，1995 年，第 228～229 页。
⑦ 朱熹：《诗集传》，合肥：安徽教育出版社，2002 年，第 409 页。
⑧ 李光地：《诗所》，台北：台湾商务印书馆，1986 年，第 8 页。
⑨ 李光地：《榕村语录·榕村续语录》，北京：中华书局，1995 年，第 226 页。

然这里没有比喻的关系,自然也不应"兴"。

李光地对朱熹的批评有其可取的一面,然而以朱熹所讲"兴"完全不取"比"意却不是事实,这点是李光地认识的疏漏之处。朱熹也认识到"兴"中有"比"。吕祖谦《吕氏家塾读诗记》引朱熹说:"因所见闻或托物起兴而以事继其声,《关雎》、《樛木》之类是也。然有两例,'兴'有取所兴为义者,则以上句形容下句之情思,下句指言上句之事实。有全不取其义者,则但取一二字而已。要之,上句常虚,下句常实则同也。"[①]朱熹指出"兴"有两种情况,一种是"取义",即有比喻的含义;一种是不取义,只是引辞。如《周南·关雎》第一章:"关关雎鸠,在河之洲。窈窕淑女,君子好逑。"朱熹注说:"彼关关然之雎鸠,则相与和鸣于河洲之上矣。此窈窕之淑女,则岂非君子之善匹乎。言其相与和乐而恭敬,亦若雎鸠之情挚而有别也。"可见朱熹也认识这里是用雎鸠之情与君子淑女之情相比。

二、对《诗集传》所释诗篇字句的批评

朱熹对《诗经》中字词的解释,很多承袭于毛传、郑笺,其中朱熹所创新说并不很多,方东树就说:"朱子《诗集传》训诂多用毛郑"[②]。李光地既有对朱熹承袭旧说的批评,也有对朱熹自创新说的批评。兹举例如下:

1.对《邶风·谷风》三章,《诗集传》说:"以比欲戒新婚毋居我之处,毋行我之事。"[③]朱熹认为以"鱼"比作"新妇",告诫新婚者。《小雅·小弁》卒章,《诗集传》认为:"王于是卒以褒姒为后,伯服为太子,故告之曰:'毋逝我梁,毋发我笱。我躬不阅,遑恤我后。'盖比辞也。"[④]这里朱熹认为是"比",以丈夫抛弃妻子而另娶他人,来比喻周幽王废弃废申后,逐太子宜臼。李光地认为朱熹解以"戒新妇"解《谷风》虽可以讲通,但《小弁》篇也如此理解就不恰当,就会与上文不相衔接。他说:

> 《谷风》篇"毋逝我梁"四句,《传》作戒新妇。……亦说得去。但《小弁》卒章,亦用此。若如此说,则与上文"君子无易由言,耳属于垣",不相

① 吕祖谦:《吕氏家塾读诗记》,台北:台湾商务印书馆,1986年,第335页。

② 方东树:《汉学商兑》,北京:生活·读书·新知三联书店,1998年,第321页。

③ 李光地:《榕村语录·榕村续语录》,北京:中华书局,1995年,第431页。

④ 李光地:《榕村语录·榕村续语录》,北京:中华书局,1995年,第604页。

连接矣。[①]

李光地认为此四句应该理解为“戒后人”，这样《谷风》与《小弁》都可通，他说：

> 某意此盖取譬于鱼，以戒后人也。“逝”字、“发”字，皆指鱼。……若曰其夫乃无常之人，今虽宴尔，将来恐汝亦逝于我梁，而发于我笱也。前车宜鉴，我不是身亲阅历，暇为后人忧耶？如此说，即《小弁》亦可通贯，言我已被谗而逐，后人无蹈吾故辙也。[②]

又说：

> 逝，鱼游也。发，鱼跃也。无游于我之梁，无跃于我之笱，犹言无蹈我覆辙也。新婚虽宴，安知其不如。今盖度其夫之不常而难信，故又言苟非吾身之所经历，岂暇为后人忧哉！[③]

李光地认为这里用“鱼”来比喻“后人”，告诫鱼不要游近我的“梁”，不要跃进我的笱，就是告诫后来人不要重蹈我的覆辙。因为这个丈夫是不讲信用之人，既然能抛弃我，也能抛弃后来者。朱熹认为“戒新妇”，李光地认为“戒后人”。朱熹认为是特指，李光地认为是泛指。李光地之说虽然也可作为一说，但朱熹之说更加合理。李光地认为《小弁》以“戒新妇”与语境不合，其实朱熹指出这里为“比”，用新妇之事比喻周幽王废申后之事。

2.对《大雅·板》第七章，《诗集传》解：“大宗，强族也。”[④]李光地不同意朱熹解“宗子”为“同姓之宗子”，即“同姓宗族之嫡子”，他认为“宗子”指“周天子”，他说：

> 宗子，不该说作各宗之宗子。宗子继宗，即天子也。[⑤]

又说：

> 宗子，君也。[⑥]

他认为“宗子”为天子，为君。“宗子维城”，天子好比是大城，而“价人”、“大师”、“大邦”、“大宗”好比是“藩篱”、“城墙”、“屏障”、“栋梁”。“藩、垣、屏、

---

① 李光地：《榕村语录·榕村续语录》，北京：中华书局，1995 年，第 227 页。

② 李光地：《诗所》，台北：台湾商务印书馆，1986 年，第 227 页。

③ 朱熹：《诗集传》，合肥：安徽教育出版社，2002 年，第 18 页。

④ 朱熹：《诗集传》，合肥：安徽教育出版社，2002 年，第 692 页。

⑤ 李光地：《榕村语录·榕村续语录》，北京：中华书局，1995 年，第 238 页。

⑥ 李光地：《诗所》，台北：台湾商务印书馆，1986 年，第 135～136 页。

翰”既然是为拱卫“城”所设，那么“价人”等自然是保卫“宗子”。如果这样，宗子解释为“同姓宗族之嫡子”自然不能与其地位相符，因此“宗子”应为天子。李光地此解也有问题，《板》是诗人假托劝告周厉王的诗歌，在第七章劝告周厉王要团结周围的人，不要众叛亲离。“宗子”可以理解为泛指“嫡长子”。“宗子维城”，郑笺：“宗子，谓王之嫡子。”“孔颖达疏：“宗子，王之嫡子也。”郑玄与孔颖达认为宗子是周王之嫡子。“宗子”泛指“嫡长子”较为妥当。李光地之说虽然有误，但也不是没有意义，说明他无论对毛传、郑笺亦或《诗集传》，都有自己的看法，不轻易袭取前人成说。

3.对《大雅·常武》第二章，《诗集传》：“三事，未详，或曰三农之事也。”李光地认为“三事”应指“司空、司徒、司马”，三公。他说：

> 《常武》“三事就绪”……论理都该归之司空、司徒、司马方是。国家举事，必须人役，是司徒所掌；必有政令，是司马所掌。用度百须，皆出于土地，是司空所掌。总离不得此三项。①

“三事”有三说，一为“三农之事”。郑笺：“王又使军将豫告淮浦徐土之民，云不久处于是也，女三农之事皆就其业，为其惊怖，先以言安之。”孔颖达疏：“三事谓三农之事。”三为“三卿”，全祖望说：“大抵三卿者，指上卿、亚卿、下卿而言。乐毅初入燕乃亚卿，是其证也。或曰一卿是相，一卿是将，一卿为客卿，而上下本无定员，亦通。”②三为司徒、司马、司空。语义与语境关系密切，相同的词语处于不同的语境就会表达出不同的含义，“三事”在这三篇诗歌中所处语境完全不同，自然不会含义相同。

从以上所举例证可知，李光地对《诗集传》所释字词的不满，多是从字词涉及的思想、制度方面入手。李光地对文字训诂并不擅长，因此他驳斥朱熹也只是从事实、道理等方面加以批评，而非从文字、音韵等方面批评。李光地既有对朱熹承袭旧说的批评，也有对朱熹破旧立新的批评，并没有一定之归。可见李光地之诗说并没有专主一家，而只是根据自身的判断来分析各家诗说，为己所用。

---

① 李光地：《榕村语录·榕村续语录》，北京：中华书局，1995年，第240页。

② 全祖望：《经史问答》，上海：上海古籍出版社，2002年，第622页。

三、对《诗集传》所阐发诗意的批评

李光地不满《诗集传》对诗意的阐发。举例如下：

1.《小雅・棠棣》第七章、第八章，《诗集传》说："言陈笾豆以醉饱，而兄弟有不具焉，则无与共享其乐矣。……言妻子好合如琴瑟之和，而兄弟有不合焉，则无以久其乐矣。……宜而室家者，兄弟具而后乐且孺也。乐尔妻帑者，兄弟翕而后乐且湛也。兄弟于人，其重如此。试以是究而图之，岂不信其然乎？"[①]李光地说：

> "傧尔笾豆"两节，某意不欲依朱传说。言不必肆筵设席，但有笾豆可列，便当饮酒为乐，与兄弟共之。兄弟之不和，吝尔干糇耳。又言必得妻子同心，兄弟乃得永好无斁。兄弟不相耽乐，妻子间之耳。朋友相与尚不轻绝，何况天性岂反疏薄？必有其由。今欲"宜尔室家"，在乎"乐尔妻孥"，试自究之图之，岂不诚然乎哉？即"刑于寡妻"，及《尚书》"我其试哉"之意。如朱传说"是究是图"二句，殊无力。[②]

朱熹认为《棠棣》第七章、第八章的诗意是表达兄弟对于家庭和睦的重要。虽然祭祀、酒宴已经齐备，如果兄弟不和，没有到场，就不会快乐。丈夫与妻子之间情投意合，如果兄弟有隙，也不会快乐。所以无论对于家庭还是对于夫妻之间的关系来讲，兄弟之情都是最重要的，这个道理也是十分明白的。但李光地指出兄弟之间有血缘关系，情感应该是好的，如果不合，一定是有外在的原因。原因就是对家庭食物分配产生的矛盾与妻子对兄弟之情的离间。所以该诗歌是想表达对兄弟不和原因的思考，"是究是图"，也是为了寻找兄弟不和的原因。相比朱熹之说，李光地此说显得有些牵强。该诗的主题是"凡今之人，莫如兄弟"，在第一章就一点明，因为结尾的第八章自然要点名主题，做到首尾相应，通篇诗歌表达的含义也是兄弟之情，而不是探求兄弟不和的原因。因此朱熹之说更符合诗歌的原意。

2.《小雅・蓼莪》第一、二、三章："蓼蓼者莪，匪莪伊蒿。哀哀父母，生我劬劳。蓼蓼者莪，匪莪伊蔚，哀哀父母，生我劳瘁。瓶之罄矣，维罍之耻。鲜民

---

① 朱熹：《诗集传》，合肥：安徽教育出版社，2002 年，第 549 页。

② 李光地：《榕村语录・榕村续语录》，北京：中华书局，1995 年，第 231 页。

之生，不如死之久矣！”《集传》释“莪”说：“人民劳苦，孝子不得终养，而作此诗。言昔谓之莪，而今非莪也，特蒿而已。以比父母生我以为美材，可赖以终其身，而今乃不得其养以死。于是乃言父母生我之劬劳，而重自哀伤也。”释“瓶”、“罍”：“言瓶资于罍而罍资瓶，犹父母与子相依为命也。故缾罄矣，乃罍之耻，犹父母不得其所，乃子之责。”[1]释“鲜民”：“所以穷独之民，生不如死也。盖无父则无所怙，无母则无所恃，是以出则中心衔恤，入则知无所归也。”[2]李光地说：

> 莪，非以比己美材，谓父母也。言父母本是莪，而我不肖，不能为莪也，蒿焉而已。然则父母亦枉生我耳。瓶小罍大，瓶罄乃罍之耻，犹子之不善，贻父母之耻也。鲜民，非孤寡之民，乃寡德之民也。使父母而在，尚可望其提命。今则怙恃俱无，惟有衔恤靡至而已。“父兮生我”章，思父母之恩难报也。南山，生物之方，今则寒风凄其，但见其为山，而草木无矣。父母既远，而我受害，复何望其即于善哉？通篇俱作人子自责解，似觉深厚些。[3]

朱熹认为《蓼莪》主要表达了人子不能赡养父母苦闷自责的心情。从中也透露出不能赡养的原因是人子服劳役而造成的生活穷困。朱熹更多是从社会环境的角度思考人子的悲惨处境，所以他说“人民劳苦”，释“鲜民”为“穷独之民”。与朱熹不同，李光地认为这首诗的主旨为了表达子女没有达到父母的期望而自责的心理。他不同意《诗集传》的看法，他认为“鲜民”不是“穷独之民”而是“寡德之民”，其蕴含的诗意是指，人子不能成才，有负父母的期望。因此很惭愧，感到父母白生了自己。李光地从道德的角度来分析，这就显得有些空洞，也曲解了诗的原意，更没有朱熹之说深刻和充满对底层百姓的同情与关怀。

3.《大雅·皇矣》，第五章：“帝谓文王，无然畔援。无然歆羡，诞先登于岸。”《集传》：“人心有所畔援，有所歆羡，则溺于人欲之流，而不能以自济。文王无时二者，故独能先知先觉，以造道之极。盖天实命之，而非人力之所能及也。”[4]李光地认为：

---

① 朱熹：《诗集传》，合肥：安徽教育出版社，2002 年，第 611 页。

② 朱熹：《诗集传》，合肥：安徽教育出版社，2002 年，第 612 页。

③ 李光地：《榕村语录·榕村续语录》，北京：中华书局，1995 年，第 234 页。

④ 朱熹：《诗集传》，合肥：安徽教育出版社，2002 年，第 667 页。

有一说须与下文帖合方好，不然头脑太大。此诗下文是伐密、伐崇，未应推说到此。看来只是说文王为人，不与人轻离易合，亦不歆羡他人所有。所以当纣昏虐之时，人皆沦胥及溺，而文王独先登岸。登岸既免于溺，又可援手以救人溺。所以密人"侵阮、徂共"，文王不得不救之。若以为"道"岸，反觉不甚亲切。①

朱熹认为"帝谓文王"一句是指周王文受命于天，能够先知先觉，因而知"道"，而普通人因为沉浸于人欲中不能自拔，只能依靠文王的带领与启发。李光地指出朱熹所说离题太远，这句话是说文王的道德高尚，不肯轻易背叛纣王，自己发展。等到认识到纣王昏庸，反抗纣王后，又能够援救弱小。李光地批评朱熹之说"头脑太大"虽然正确，他的解说却有问题。这句话其实是讲上帝劝说文王应该力图发展，不要满足现状，不要羡慕别国，而应该努力开疆拓土，占据较为有利的地位。

李光地对《诗集传》的批评主要表现在三点：(一)他取郑玄之说攻击朱熹的比、兴说，并对《诗集传》中的"兴"例加以了辨别。(二)批评《诗集传》所取毛、郑旧说与朱熹自创新说的疏漏之处。(三)对朱熹解释的诗意进行了批评。李光地以上对朱熹的批评，有的颇具新意，但也有出于己意，缺乏证据之处，并不十分正确。但他作为清初程朱理学的中坚，上承明中期以来对《诗集传》批评的余波，敢于大胆质疑《诗集传》的权威，提出个人的见解，不能不说是他的可取之处。李光地这种勇于批评的精神，相比当时一些谨守朱说，不敢越雷池半步的程朱理学家要高明不少。同时，李光地的批评具有强烈的时代色彩，可见清人已经不再盲从朱熹的《诗集传》，清初《诗经》学的发展逐步走向汉、宋融合，汉代《诗经》学开始回归，宋代《诗经》学的影响逐渐减弱。

① 李光地：《榕村语录·榕村续语录》，北京：中华书局，1995年，第236页。

李光地理学思想渊源探析

姚艳霞
（益阳职业技术学院基础课部）

摘要：李光地是清初理学名臣。本文从家学、闽学和湖湘学、师友切磋等方面来分析他的理学思想渊源。由于秉承家学、深受闽学和湖湘性学的长期浸润，加上京师良师益友的积极影响，李光地最终成为清初崇尚节孝，注重践履，以程朱为宗，综合各家学说融为己说的理学名臣。

李光地(1642—1718)是清初理学名臣。李光地的理学思想在清初理学史上有着非常重要的影响，有利于清初政权的稳定和长治久安。晚年的李光地归宗程朱理学后，为朱子学升为庙堂理学更是不遗余力，有力地推动了清初理学的复兴。就李光地理学思想渊源而言，我们多从家学、闽学和湖湘学、师友切磋等方面进行分析。

一、家学的基础

李光地学术思想的发展与福建省安溪县湖头李氏家族的家学渊源息息相关。李氏家族中多有循着读书做官的途径而显耀于国者，自明朝景泰至嘉靖、万历、崇祯年间，李氏家族中考取了举人的有李煜、李澜、李道先、李懋桧、李祯、李宗润、李栻、李光升、李仕亨、李凤鸣、李日煌、李继祚、李重灿、李光龙等，其中李懋桧、李栻、李凤鸣、李光龙诸人还考中进士。李光地幼承庭训，从散见于李光地的著作及《明史》、《安溪县志》中的蛛丝马迹来看，李光地的家学渊源主要来自其父亲、叔父和兄长。

李光地之父李兆庆，字赖甫，顺治年间贡生，学问“淹博宏深”，著有《教忠堂遗稿》，一生以教授生徒为业。一生尊崇朱熹，个人藏有程、朱之书，并以程朱之学教授李光地。李光地曾说：“吾家遵程朱之教，祭自高祖以下，于官舍则立祠版，奉以行。”[①]其父重孝，李光地回忆说：“先君性情笃厚，虽老，思及先祖犹痛哭。当家中贫窭不能自存时，有宿粮皆以供祠堂之费。”[②]即使家贫，其父也不忘供奉祠堂。受李兆庆影响，李光地也非常重孝，他在《语录》中提到：“五常之性，德也。礼、信、义、智皆统于仁，而仁之最笃处，莫过于孝。”[③]“仁”是儒家的道德核心，纵使是极残贼凶暴之人，论及父母时，未有不关心者。故李光地认为“孝为德之本”，惟有把人性落实于“孝”，才能体现儒家“至德”之精神。

李光地早年的启蒙教育，主要是父亲在承担。李光地说：“然父生明季士习披猖之时，动以先儒诟病。乃独多蓄程、朱书，及同郡蔡、林诸公讲说，谆谆教授诸子。精诚交通，盖非偶然者。”[④]其父尊崇程朱理学，反对明末学者摒弃宋儒之书，特为李光地添购了六经、《性理大全》，明人蔡清的《四书蒙引》、《易经蒙引》以及林希元的《易经存疑》等著作。因此，李光地自幼习诵濂洛关闽之学，熟读乡里先贤蔡清、林希元之书。据《榕村谱录合考·卷上》：

> 先生(李兆庆)教子必备熟诸经，溥及天文、地理、六韬、九章之言，悉俾了然于心口，而后出帖括授之。诸子非十五而上，不知有八股业也。[⑤]
>
> 时家计已大罄，益自刻苦，穷日夜专心一力。尝积月危坐，不就枕席。所讲诵无旁杂，卓然以前修自期。不徒追时好，务应举之业而已。[⑥]

在父亲的影响下，李光地十五岁之前不知有科举考试，直到十七岁也不是单纯地读那些应付科举考试的书。这使得他学富五车，打下了坚实的学术基础。

---

① 李光地著，陈祖武点校：《榕村语录》，北京：中华书局，1995 年，第 489 页。

② 李光地著，陈祖武点校：《榕村续语录》，北京：中华书局，1995 年，第 864 页。

③ 李光地著，陈祖武点校：《榕村语录》，北京：中华书局，1995 年，第 303 页。

④ 李光地撰，陈祖武点校：《榕村全书》第九册，福州：福建人民出版社，2013 年，第 39 页。

⑤ 李光地撰，陈祖武点校：《榕村全书》第十册，福州：福建人民出版社，2013 年，第 118 页。

⑥ 李光地撰，陈祖武点校：《榕村全书》第十册，福州：福建人民出版社，2013 年，第 118～119 页。

李光地六叔李日煋，字省甫，号白轩，武举人，时在施琅军中任左都督，后擢任永州总兵官，曾获康熙帝御书“方重淳深”褒奖。李日煋精通兵法，在耿精忠之乱时曾与李光地一起研究平叛之策。李光地非常敬重六叔的才学，曾在《榕村语录》中提到：“先叔有巧思，凡人家有吉庆事，求其命堂额，赠联帖，接应口就，而玲珑切合。熟通鉴，几能成诵。”“又有六叔更视黄石斋为圣人”。[①] 李光地的六叔称黄道周为圣人，受其影响，李光地二十岁至二十五岁之间除了读陆、王之书外，还读“诸难书”[②]，多是黄道周的易学著作。黄道周信奉阳明学，在明末清初，朱子学和阳明学是对立的，李光地受其影响，所以在治易的时候，对程朱之学进行了一些修正。这些在很大程度上是通过家人，特别是六叔，因而间接地受到晚明遗老的影响。

兄长李光龙，字蟠卿，号在明，崇祯十六年（1643 年）进士，官至翰林院检讨，著有《阆山集》。据《泉州府志・人物列传》卷四十五中提到：“（光龙）年十三，从族叔偕芳受《易》。时里中多治《尚书》，惟偕芳素治《易》精熟。……壬午出揭，潜铭重熙房，荐于主司，称光龙《易》学纯深矣。”李光龙素以治《易》闻名于世。崇祯十六年（1643 年）中进士时，“潜铭重熙房，荐于主司，称光龙易学纯深”[③]。在明灭亡后，李光龙不改气节，避乱于安溪，暂居于李光地家中。李光地早年曾受易学于李光龙，据《榕村续语录》卷十六载：“一日，癸未进士光龙。先兄，明末避乱于寒舍，偶出对命对。云：‘飞龙在天。’盖以自喻。予不解，渠为解释其义，令对。”[④]后来李光地曾回忆说“癸未进士光龙先兄明末避乱于寒舍”[⑤]，比李光地大二十七岁的李光龙以他在理学和易学方面的造诣，对李光地有着直接而深远的影响。

从以上论述可见，李光地在理学思想上受其家人的影响至深。李光地学识渊博，其基础早在幼时已经打下，据《文贞公年谱》记载，他在十三岁的时候就能“毕颂群经”。后来李光地年龄稍大，读书愈多，方法也愈精，并开始了对

---

① 李光地著，陈祖武点校：《榕村续语录》，北京：中华书局，1995 年，第 864 页。

② 李光地撰，陈祖武点校：《榕村全书》第十册，福州：福建人民出版社，2013 年，第 122 页。

③ 怀荫布修纂：乾隆《泉州府志》，民国十七年（1928 年）泉州泉山书社影印，第 13～14 页。

④ 李光地著，陈祖武点校：《榕村续语录》，北京：中华书局，1995 年，第 772 页。

⑤ 李光地撰，陈祖武点校：《榕村全书》第十册，福州：福建人民出版社，2013 年，第 772 页。

一些问题深入思考：

> 吾年十八时，手纂性理一部。十九时，手纂四书一部。二十时，手纂《周易》一部。于诸家同异，条分缕析，用为熟研覃思之地。终身得力，此实根基。①
>
> 予十八岁看完四书，十九岁看完本经，二十岁读完性理。②

李光地学术基础的奠定得益于早年的勤学，他曾在《自赞》一诗中自信地表示："吾闻之高山仰止，不知景之无多。"③除了博览群经、善于思考之外，李光地还具备了严谨扎实的治学态度。李光地亦曾说过：

> 某治易，虽不能刻刻穷研，但无时去怀，每见一家解必看。今四十七年矣，觉得道理深广，无穷无尽。向所著虽意颇可用，而词语全非。今番改订，略有意思。见得"变动不居"矣，却又铁板一定不可易。圣人著语，即一虚字都一团义理，尽是春秋笔法。④

从这段话当中我们可以看出他在治学方面的确用功匪浅，"每见一家解必看"，这种读书方法和钻研精神，都值得我们后人学习。李光地在《病中读书》中指出："自从度始衰，症候缠如葛。寒暑长畏之，风月只虚厥。稍稍窥书无余馨，心鼻正一辙。秋物贪结子，何处辞风雪。乘除理则然，堪为达者说。"⑤这也说明读书需坚持，需要付出努力。显然，李光地后来取得了卓越的学术成就，离不开他早年良好的家学环境打下坚实的学术基础，同时自己主观上的努力坚持也是非常重要的。

二、浸润于闽地理学和湖湘性学

明崇祯十五年(1642 年)，李光地生于福建泉州安溪，直到 29 岁那年考中蔡启遵榜进士迁入京城。在早期近三十年的求学生涯中，李光地大多生活在

---

① 李光地撰，陈祖武点校：《榕村全书》第十册，福州：福建人民出版社，2013 年，第 120 页。

② 李光地著，陈祖武点校：《榕村续语录》，北京：中华书局，1995 年，第 773 页。

③ 李光地撰，陈祖武点校：《榕村全书》第九册，福州：福建人民出版社，2013 年，第 296 页。

④ 李光地著，陈祖武点校：《榕村语录》，北京：中华书局，1995 年，第 155 页。

⑤ 李光地撰，陈祖武点校：《榕村全书》第九册，福州：福建人民出版社，2013 年，第 400 页。

福建，深受闽地学风的浸润。明末清初，安溪一带以崇尚阳明学为主，李光地族中长老多受影响，因而李光地亦受当地学习环境，包括乡里学风、家风影响。早年的李光地，学术思想游移于程朱、陆王之间。而晚年时期的李光地，理学思想渐趋成熟，五十一岁以后归宗程朱理学，当然也包括在程朱理学基础上对陆、王心学的融摄。[①] 李光地学博且杂，后又深受湖湘性学的影响，以至在湖湘性学的基础上融合程朱理学，构建了自己的性学思想体系。因而我们认为程朱理学和湖湘性学以及二者的互相融合是李光地理学思想渊源的重要渊源。

福建自南宋朱熹以后，一直都有朱子学的传统。但在明代中叶以后，阳明学在此也形成一股风气，如明中叶李贽（1527—1602）在闽中地区有很大影响，《续语录》载："明末，闽中学者饮酒读史，崇尚李卓吾书，举国若狂。"[②]又明末，福建漳浦也出现了服膺阳明学的黄道周（1585—1646），《榕村语录》载：

> 当明季时，如李贽之《焚书》、《藏书》，怪乱不经。即黄石斋的著作，亦是杂博欺人。其时长老多好此种，却将周、程、张、朱之书讥笑，以为事事都是宋人坏却。惟先君性笃好之。[③]

在当时学风影响下，李光地曾研读阳明学，他曾说："予十八岁看完四书，十九岁看完本经，二十岁读完性理。二十一至二十五岁，看陆子静、王阳明集及诸难书。"[④]因此，在李光地的思想发展历程中，早年不仅深受程朱理学思想的影响，也受李贽、黄道周等王学思想的影响，因而他不会一味否定陆王心学，还曾一度徘徊于陆、王之间，他认为：

> 象山陆氏之言曰："……为学有讲明，有践履……"又曰："学问固无穷止，然端绪得失，则当早辩是非向背……"愚谓陆子之意，盖以物有本末，知所先后，连格物致知以成文。其于古人之旨既合，而警学之理，尤极深切。视之诸家，似乎最优，未可以平日议论异于朱子而忽之也。[⑤]

李光地学术态度开明，曾一度兼综朱陆，因而《清儒学案》称他"以朱子为

---

① 方遥：《李光地对陆王心学格致论的融摄》，《清华大学学报（哲社版）》2017 年第 1 期。

② 李光地著，陈祖武点校：《榕村续语录》，北京：中华书局，1995 年，第 864 页。

③ 李光地著，陈祖武点校：《榕村语录》，北京：中华书局，1995 年，第 523 页。

④ 李光地著，陈祖武点校：《榕村续语录》，北京：中华书局，1995 年，第 773 页。

⑤ 李光地撰，陈祖武点校：《榕村全书》第八册，福州：福建人民出版社，2013 年，第 173 页。

依归，而不拘门户之见”。[1]

李光地最终以朱学为归，离不开闽地前辈乡贤的影响。在《榕村续语录》中介绍了闽地学术发展，以追慕乡贤，他指出：

> 南方风气日开，周、程、朱、张，道南一脉，蔚然儒宗。又如陈古灵、蔡君谟、陈了翁、真西山，皆卓然。吾泉则有苏子容。明人物虽不及宗，若蔡虚斋、陈紫峰、林次崖，海内读其书。末造有黄石斋、何元子诸公相踵起。[2]

其中李光地特别推崇朱熹和蔡清，他把朱子与孔子相提并论，认为朱子即当今之孔子。李光地曾在《重修蔡虚斋祠引》一文中推崇蔡清道：

> 吾闽僻在天末，然自朱子以来，道学之正，为海内宗。……暨成弘间，虚斋先生崛起温陵，首以穷经析理为事，非孔、孟之书不读，非程、朱之说不讲……故前辈遵严王氏谓，自明兴以来，尽心于朱子之学者，虚斋先生一人而已。[3]

李光地将蔡清推为明代朱子学第一人，且对于他影响福建朱子学之功极为推崇。李光地指出："自鼎革至今，吾闽苦于兵乱，学士咿唔，仅以应举，先正渊源之学荒焉。地窃不自量，方将以山林余暇，与同志之士，诵乡先生之遗书，蹈前修之典刑，庶几那与卒章之志。同官庄子素思，适以书来，厚相谆勖，嘿有感于予心。三复之余，忾然永叹。其后以蔡祠见毁复，吾乡积乱之后，必将复有嗣音者焉。绍续正学，如宋炎、兴，明成、弘时。然则表章先烈，使来者有所观瞻，其事诚不可已，愿与诸友勉之。"[4]李光地表达了想要继承前辈乡贤的遗志，以绍续正学之渊源的意愿。

此外，李光地曾仔细研读过湖湘学派中胡安国、胡宏父子以及张栻等人的著作，其理学思想深受湖湘性学的影响。胡安国作为湖湘学派的开创者，李光地认为胡安国比王安石更为贤达，他指出："荆公闻濂溪名，一再相访而

---

① 徐世昌等纂，沈芝盈、梁运华点校：《安溪学案》上，《清儒学案》（第二册）卷四十，北京：中华书局，2008 年，第 1531 页。

② 李光地著，陈祖武点校：《榕村续语录》，北京：中华书局，1995 年，第 632 页。

③ 李光地撰，陈祖武点校：《榕村全书》第八册，福州：福建人民出版社，2013 年，第 334 页。

④ 李光地撰，陈祖武点校：《榕村全书》第八册，福州：福建人民出版社，2013 年，第 335 页。

不得见，遂忿然不复往。胡文定提举湖北时，谢上蔡为应城令，文定因行部欲往谒，先之以书，上蔡(钟旺)不报。文定未至其县，即止从人，入境徒步往见。上蔡见之于公堂，坐定，文定见两旁隶人如木雕，遂禀学焉。文定之视荆公，其贤远矣。"[①]谢良佐为湖北应城令时，当时的胡安国以典学高位，修弟子之礼拜访谢良佐，虚心求学，从此成为谢良佐的弟子。而王安石几次拜访周敦颐，因遭拒绝，就"不复往"。相对而言，胡安国更为谦虚，执着于问学。此后，湖湘学的开创者胡安国继承了谢良佐的很多重要思想，传给湖湘学的正式确立者胡宏，胡宏后又传给堪称湖湘学集大成者的张栻。

李光地对胡氏父子，特别是胡宏之学赞誉有加，他指出："物物致察，宛转归己。又曰即事即物，不厌不弃，而身亲格之，武夷胡氏父子之言也。"[②]"胡氏之学，五峰其优乎？"[③]"性立天下之有"[④]是胡宏性学的命题，胡宏指出："万物之性，动殖、小大、高下，各有分焉。循其性而不以欲乱，则无一物不得其所。"[⑤]后来，朱熹和李光地对这一命题先后加以了肯定，李光地提出："有性，所以有许多物事。若没有这个不会变，不肯住的，如何有这许多物事？所以云'性立天下之有'。"[⑥]另外，李光地研读了张栻的著述，并对于张栻的思想进行继承和发展，李光地指出："夫声色臭味，耳目口体之所欲也。恭从明聪，则岂为适耳目口体之欲而然哉？盖天生蒸民，有物有则，其本然之理，当如是也。南轩张氏曰：'无所为而为者，为天理。'盖此意也。"[⑦]李光地认为物质欲望都是生理的需求，然而"恭从明聪"等德行不是为了满足生理需要，而是人的内心控制身体发出来的。这正说明了张栻无所为而为即天理的观点。李光地指出："又有重主忠信者，言必先威重以固学，而后忠信可主也。主忠信，而后择友、改过以进其德，此张南轩说也。某则谓'威重'节，是主敬以为穷理之要。下三节为一段，是存诚以为力行之本。人必此心提起，肃然凝然，方做

---

① 李光地著，陈祖武点校：《榕村语录》，北京：中华书局，1995年，第401～402页。

② 李光地撰，陈祖武点校：《榕村全书》第八册，福州：福建人民出版社，2013年，第172页。

③ 李光地撰，陈祖武点校：《榕村全书》第八册，福州：福建人民出版社，2013年，第37页。

④ 胡宏：《胡宏集》，北京：中华书局，2009年，第21页。

⑤ 胡宏：《胡宏集》，北京：中华书局，2009年，第41页。

⑥ 李光地著，陈祖武点校：《榕村语录》，北京：中华书局，1995年，第446页。

⑦ 李光地撰，陈祖武点校：《榕村全书》第九册，福州：福建人民出版社，2013年，第62页。

得博文格物工夫。”[①]张栻主忠信以进德，李光地主敬以格物，存诚以力行。两者相较，前者更注重尊德性，后者更注重道问学。

三、问道于京师理学师友

李光地喜读诗书，崇尚性理。再加上师友间的彼此切磋，会对彼此的学术思维产生质量上的变化。自康熙九年（1670 年）29 岁进入翰林院开始，李光地得以不断结识不少志同道合的师友。李光地认为做学问离不开与人交流，他说：

> 《易传》中有解不去的，有硬说的。每看至此等，便懊怅他当日只藏着不与人看。如今做一篇文字，中间或有不妥，虽后生小子，看到那里便停顿疑惑。可见道理是天下公共的，心中皆有此理，便皆可商量。就是孔子，亦周流天下，无常师而焉不学。如何著一书不与人看，只就一人见解作？[②]

李光地认为各人皆有心中之理，圣人无常师。因此，他非常注重和当时的学者名流交流，在其生平师友中，上至当朝皇帝康熙，下至朝中友人，如德格勒、徐元梦、杨名时、陆陇其、汤斌等，以及隐居之耆老如顾炎武、孙承泽等人。他们均对李光地的理学思想的发展产生了或多或少的影响。

李光地曾经说过：

> 及入馆，幸遇德子谔、徐善长两先生。辛未后，又得张长史、杨宾实。他们往复疑问，俱是从道理根源上寻求。因此想出见头来，再去看朱子书，方有滋味，有精采。[③]
>
> 初在馆时，德子谔、徐善长缠住讲四书、《易经》，也就向来所见，与之讲。而被善长在道理上驳问一二处，觉自不是，遂思索二三月，作《学的》示之。[④]

李光地初入京师，便与相识友人德格勒、徐元梦等往复疑问，促使他在道

---

① 李光地著，陈祖武点校：《榕村语录》，北京：中华书局，1995 年，第 22 页。

② 李光地著，陈祖武点校：《榕村语录》，北京：中华书局，1995 年，第 154 页。

③ 李光地著，陈祖武点校：《榕村语录》，北京：中华书局，1995 年，第 426 页。

④ 李光地撰，陈祖武点校：《榕村全书》第十册，福州：福建人民出版社，2013 年，第 146 页。

理上寻求根源，对理学有了更深层次的思考。李光地谈及张长史监试《无欲故静论》，指出："言人知静故无欲，而不知夫无欲故静也。知静故无欲，则必专其功于静。专其功于静者，释、老之学也。无欲故静，则必如圣门所谓戒谨恐惧，以完其未发之中者而后可，吾儒之学也。此论及其精切，自《中庸》首章，艮卦彖辞，及《图说》、《定性书》皆当以此意求之，则庶乎其不谬于圣贤之指矣。"[①]李光地在《与张长史》书中说道："昨论及'戒惧'、'慎独'两节，谓省克工夫，贯徹日用，不是只在独知之处。兄即云：'注中自谨独而精之，以至于应物之际，即此意也。深复敏妙，因而更加寻讨。则于注两条，始得其解。'"[②]在《与杨宾实》中说道：

> 读《礼》之暇，幸与此书更一留神，俟其首末贯通，疑信参会，然后合并折中，庶乎彼此之间，互有启益也。《孟子》三篇先滕去，试为细阅一遍，以为何如。有未是处，即逐段札记，觅便寄示。[③]

> 《中庸》亦分二编，一章段，一余论，尚未惬意。然承索无以应诸友，将此备礼。异日有相见期会，得假旬日面论，庶有长益耳。[④]

可见李光地与友人之间的切磋，有利于李光地对理学问题的思考和思想的日渐成熟。同时，经过和友人间彼此相互启发，李光地遂对朱子理学和易学重新产生兴趣。如：

> 汤公（汤斌）先时专意阳明之学，某亦为汤效愚云："老先生虽然用功于心性，是根本工夫，然天地间几部大书，不可不读。不特道理大备，人解得为圣贤易。即不尽解，如有明一代，用程、朱之说取士，前半截风流笃厚，俗化甚正，就有功效。"汤即感动，为余借《朱子文集》。看数日，相过云："向来非不能买一部看，以为朱子学问都在《集注》，守此而行亦足

---

① 李光地撰，陈祖武点校：《榕村全书》第八册，福州：福建人民出版社，2013 年，第 474 页。

② 李光地撰，陈祖武点校：《榕村全书》第九册，福州：福建人民出版社，2013 年，第 234 页。

③ 李光地撰，陈祖武点校：《榕村全书》第九册，福州：福建人民出版社，2013 年，第 243～244 页。

④ 李光地撰，陈祖武点校：《榕村全书》第九册，福州：福建人民出版社，2013 年，第 245 页。

矣。今观文集,诚不可不读。"叹赏不已。[①]

公为教习师,得同里陈君迁鹤《太极太虚论》,深喜为吾老友,僦屋相邻,晨夕必偕,共慨经学之难也。……以秩序命讨归之于天,则《春秋》之旨也;以视听明威考之于民,则《易》之要也。执此意以论二书,惟君与公往复莫逆焉。[②]

后来,正是基于对当时学界名流交流或者关注的基础上,应对同样崇尚理学的康熙帝就得以对答如流且颇显见地。例如:

上曰:"正为竞于词华,故无实学耳。此时谁讲理学者?"奏曰:"理学徒讲不济,须要识得根本。为子不欺父,为臣不欺君,为人不欺天地,此根本也。原任尚书魏象枢,读书不博,臣观其人,却是有得于学者。卫既齐、汤斌,俱是北方佳士。又有陕西李颙、李因笃,俱负时名。李因笃留心杂博,惟李颙是讲性命之学。然臣观其书,乃是粗浅底王守仁耳。庶吉士中,仇兆鳌亦颇有志。"[③]

此时,随着对理学思考的深入,李光地对当时理学学者的评价也更为贴切,诸如对魏象枢、卫既齐、汤斌、李颙、李因笃、仇兆鳌的评论。

事实上,李光地所交往学习的朋友并不只此数人,还有魏象枢、孙承泽等。他曾和魏象枢一起去探访"北海先生"孙承泽,《榕村全集》中《孙北海五经翼序》道:

余始读书翰林,问旧人旧事于师友间。或告之曰:"此地北海孙先生,前朝遗献也。年八十矣,而论道著书不息,子其见之乎?"先生与蔚州环极魏公厚,余于是修后辈礼,从公谒见。望其神气清健,如五六十岁人,独两耳偏塞。然有所问叩,辄酬酢如应响。盖所谓能以目听者,古之真人与。先生在前代遍友天下士,所与深契,则刘念台、黄石斋、蒋八公数人尔。故余之假归也,先生以书送之曰:"某平生师友尽在闽中。"[④]

---

① 李光地撰,陈祖武点校:《榕村全书》第十册,福州:福建人民出版社,2013年,第166页。

② 李光地撰,陈祖武点校:《榕村全书》第十册,福州:福建人民出版社,2013年,第166~167页。

③ 李光地撰,陈祖武点校:《榕村全书》第十册,福州:福建人民出版社,2013年,第179页。

④ 李光地撰,陈祖武点校:《榕村全书》第八册,福州:福建人民出版社,2013年,第303~304页。

孙承泽在学术上力尊程朱、斥阳明，撰写了《五经翼》、《春秋程传补》、《诗经朱传翼》、《尚书集解》和《考正晚年定论》等理学著述。魏裔介非常推崇孙承泽，指出："读老先生之《考亭晚年定论辩》，不胜叹服。……今老先生读书穷理，致广大而尽精微，开发聋聩，岂但为考亭之功臣已也。"[①]孙承泽曾以程朱理学享誉当世，李光地曾前往问学于孙承泽。故在学思过程中，或多或少当受孙承泽影响。

李光地主张闭门用功的同时，也需要出门交友问学，以求集师广益，京师师友包括顾炎武、梅文鼎等的相互问道，使李光地的学术思想日渐进步。李光地曾言："出门之功甚大，闭户用功，何尝不好，到底出门闻见广。使某不见顾宁人、梅定九，如何得知音韵、历算之详。佛门中'遍参历扣'，最是妙义。岂必高明人，就是寻常人，亦有一知半解。"[②]以上说明李光地在音韵和历算方面的成绩取得离不开顾炎武、梅文鼎两人的影响，因而李光地对这两人均极为尊崇。

综上述，由于秉承家学、深受闽学和湖湘性学的长期浸润，加上京师良师益友的积极影响，李光地最终成为清初崇尚节孝、注重践履，以程朱为宗，综合各家学说融为己说的理学名臣。

① 魏裔介:《兼济堂文集》(上册)，北京:中华书局，2007 年，第 226 页。

② 李光地著，陈祖武点校:《榕村语录》，北京:中华书局，1995 年，第 431 页。

李光地心学思想探源*

李志阳

（宁德师范学院语言与文化学院）

摘要：李光地作为清初的理学名臣，长期徘徊在心学与理学之间，理学是他的学问根基，是他的道统与治道为一，为学与治事为一的根源所在。是顺应大一统形势下统治阶级的需要。而心学是他开阔学术视野，兼容并蓄各家学说的体现。关于李光地心学思想的探讨，将有助于我们较深入、全面地了解李光地的哲学思想体系。

李光地（1642—1718），字晋卿，号厚庵，福建安溪人。康熙九年（1670 年）进士，授翰林院编修。康熙十九年（1680 年）八月，擢内阁学士，累官至文渊阁大学士。作为清初的理学名臣，李光地大力宣传、推行程朱理学在社会上的影响力，除了自身的著述，诸如《通书解》一卷，《太极图解》一卷，《东西铭解》一卷，《正蒙解》一卷，《朱子语类四纂》五卷，《二程子遗书纂》二卷，《二程子外书纂》一卷，《榕村讲授》三卷，《讲授札记》，以及《榕村全集》《榕村语录》《榕村语录续编》等书中的经书笔记、读书笔录、序、记、论、说、讲义、疏、札子、赞、诗篇等都有相当的篇幅涉及程朱理学。李光地还在康熙帝的支持下，有力地推动了程朱理学的官方化。首先，李光地主张在社会上大力推广朱子学。在李光地的影响下，康熙帝于五十一年（1712 年）以朱子有功圣道，重新调整孔庙配祀的位置，朱熹从“先儒”位次升至“十哲”之列。其次，李光地主持、编纂与

* 基金项目：福建省教育厅省一般项目（JAS160579）“李光地易学研究”。

朱子理学相关的官方教材。这些教材于康熙五十三年(1714 年)、五十四年(1715 年)编纂完成,诸如《朱子全书》《周易折中》《性理精义》等,并对当时的学术界产生了重大的影响。

李光地上述的系列活动显然是与推广程朱理学紧密相关。然而综观李光地一生的治学轨迹,李光地并非纯粹宗主程朱理学,同时也深受心学的影响,对陆王心学有所接受与吸收。笔者将围绕李光地心学思想的相关问题展开论述,通过对李光地心学思想的表现、来源和影响等方面展开论述,揭示李光地兼融理学和心学所具有的学术眼光。

一、李光地心学思想的体现

首先,关于心性论的看法。

心性论是宋、明时代学者所关注和探讨的一个重要问题,程朱理学提出"性即理",陆王心学主张"心即理"。具体而言,在心与理的关系上,朱子认为心与理是二分的,理先于人而存在,心则是人有形体之后才有的。冯友兰认为:"依朱子之系统,理之离心而独存,虽无此事实,而却有此可能。"[①]陆王心学则把心看作是客观世界的本源,认为心即理。冯友兰说:"依阳明之系统,则在事实上与逻辑上,无心即无理。"[②]并且冯友兰认为"此点实理学与心学之根本不同也"。[③] 吕思勉也有相类似的看法:"朱陆之异,象山谓'心即理',朱子谓'性即理'而已。惟其谓性即理,而心统性情也,故所谓性者,虽纯粹至善。而所谓心者,则已不能离乎气质之累,而不免杂有人欲之私。惟其心即理也,故万事皆具于吾心,吾心之外,更无所谓理;理之外,更无所谓事。一切工夫,只在一心之上。二家同异,后来虽枝叶繁多,而溯厥根源,则惟此一语而已。"[④]

可见对"性即理"和"心即理"的回答是判断理学家与心学家的一个重要标志。

李光地对这个问题的回答,既非完全赞成,又非完全否定。李光地在《读

---

① 冯友兰:《中国哲学史》(下册),重庆:重庆出版社,2009 年,第 316 页。

② 冯友兰:《中国哲学史》(下册),重庆:重庆出版社,2009 年,第 316 页。

③ 冯友兰:《中国哲学史》(下册),重庆:重庆出版社,2009 年,第 316 页。

④ 吕思勉:《理学纲要》,北京:东方出版社,1996 年,第 116 页。

孟子答记》中说:“孟子谓就二者较之,心是气之根源,不得于心,勿求于气,犹可也。理又是心之根源,而言即理也,不得于言,勿求于心,可乎?又言心固所以主宰乎气,气亦所以充塞乎体,故志之所至,气必随之而至。如帅之所在,三军必从。凡人当持守其心,不可使之妄动,而亦当调和其气,不可使之暴发。本末相须初不相离,告子之说未尽可也。”[①]李光地把心说成是气的根源,认为物质之气源于心,这显然是陆王心学观点。但转而又说理是心的根源,视理为先于心而存在,则又是程朱理学一派的认识。

因此,在关于理学与心学根本区别问题的回答上,李光地表现出兼容的态度,反映了他对心学赞同的一面。

其次,关于为学或道德修养论。

程朱理学和陆王心学因关于性和理的不同看法,而在“为学功夫”,即具体的道德修养方法上,都有各自的学术主张。朱子说:“格,至也;物,犹事也。穷极事物之理,欲其极处无不到也。”[②]又说:“致知便只是穷得物理尽后,我之知识亦无不尽处,若推此知识而致之也。”[③]朱子认为“致知”是格物的目的和结果,“格物”是治学的下手处。也就是说,程朱主张的“格物致知”是认为主体只有通过探究外在事物,才能实现知识的扩充。而王阳明在《答顾东桥书》中说:“所谓致知格物者,致吾心之良知于事事物物也。吾心之良知即所谓天理也。致吾心之良知于事事物物,则事事物物皆得其理矣。致吾心之良知者致知也,事事物物皆得其理者格物也。是合心与理为一者也。”[④]可见陆王心学认为格物致知是一体的,致知是格物,格物即致知。也就是说,通过探究外在事物而获得的知识对于道德涵养没有多大意义,人的本心本身就是道德的根源,认识了本心即认识到道德的根源。

李光地关于此话题也是兼而取之。李光地说:“格物之说,至程朱而精,然物有本末一节,即是引起此意。物,事即物也;本末始终,即物中之理也。格之,则知所先后。而自诚意以下,一以贯之矣。”[⑤]又说:“学者亦当涵养其

---

① 李光地:《榕村全书》第三册,福州:福建人民出版社,2013年,第229页。

② 朱熹:《四书章句集注》,长沙:岳麓书社,1985年,第4页。

③ 朱熹:《朱文公文集》卷五十一,《答黄子耕》。

④ 王守仁:《王阳明全集》,上海:上海古籍出版社,1992年,第45页。

⑤ 李光地:《榕村全书》第五册,福州:福建人民出版社,2013年,第19页。

心，以为穷理之源。”[①]李光地的这种“心为理之源”说，同陆王心学的“心即理”说名异实同，这就改变了程朱的“即物穷理”本意。李光地所受的心学影响是显而易见的。

再次，关于《大学》文本的看法。

《大学》一书以简约的文字揭示了早期儒家思想的内容及儒家理想人格的修养阶梯。作为四书之首的《大学》，朱子认为《大学》之于四书，可以起到提纲挈领的作用。朱子说：“学问须以《大学》为先，次《论语》，次《孟子》，次《中庸》……某要人先读《大学》，以定其规模……”[②]并且朱子以《大学》为切入点，发挥、改造了其思想资料和文本框架。具体而言，朱子对古本《大学》更改了经文，区分了序次，补充了“格物致知传”一节。

王阳明认为《大学》结构严谨，既无经传之分，也无缺文可补，“先生在龙场时，疑朱子《大学章句》非圣门本旨，手录古本，伏读精思，始信圣人之学本简易明白。其书止为一篇，原无经传之分。格致于诚意，原无阙传可补”。[③]而李光地也不同意朱熹关于《大学》文本有错乱而需要加以调整的观点，尤其是朱熹关于《大学》“格物致知”有经无传，且为《大学》文本补上此传的观点和做法。他说：“间考郑氏注本，寻逐经意，窃疑旧贯之仍，文从理得。”[④]又说：“愚思朱子所补，致知格物一传耳。然而诚意致知，正心诚意，其阙自若也。其诚意传文释体，迥然与前后诸章别。”[⑤]李光地认为《大学》古本文意前后连贯，无需调整。朱子补“格物致知”传注造成前后章节脱节，且不符合语义间的逻辑结构。李光地关于《大学》文本的观点显然与王阳明比较接近，并且李光地对王阳明恢复《大学》古本的做法表示赞赏：“余姚王氏古本之复，其号则善。”[⑥]

最后，李光地的治学历程及给人的治学印象。

李光地曾研读过陆、王学说。《榕村续语录》有言：“予十八岁看完四书，十九岁看完本经，二十岁读完性理。二十一至二十五岁，看陆子静、王阳明集

① 李光地：《榕村全书》第五册，福州：福建人民出版社，2013 年，第 88 页。

② 黎靖德：《朱子语类》，北京：中华书局，1986 年，第 49～50 页。

③ 王守仁：《王阳明全集》，上海：上海古籍出版社，1992 年，第 1254 页。

④ 李光地：《榕村全书》第八册，福州：福建人民出版社，2013 年，第 262～263 页。

⑤ 李光地：《榕村全书》第八册，福州：福建人民出版社，2013 年，第 263 页。

⑥ 李光地：《榕村全书》第八册，福州：福建人民出版社，2013 年，第 263 页。

及诸难书。"[①]且在研读陆王学说过程中，李光地也接受其学说的某些观点。他认为象山陆氏之言曰："……为学有讲明，有践履……"又曰："学问固无穷止，然端绪得失，则当早辨是非向背……""愚谓陆子之意，盖以物有本末，知所先后，连格物、致知以成文。其于古人之旨既合，而警学之理，尤极深切。视之诸家，似乎最优，未可以平日议论异于朱子而忽之也"。[②] 王学的重实践，重立大本，格物致知并重等观点为李光地所信服。针对当时一些理学家认为程朱与陆王水火不容，李光地用水需聚成河、源头需有活水的例子来比喻二者的关系，同时为王学辩护："源泉一勺耳，及其渐远渐大，便成江河。问：'一贯之义似此？'曰：'然，有了源头，愈多愈好。'江水一路来，无限诸水会之。然只成其为江，不闻品江水者，以为此中杂某某之水也。有源头的事物，他物入其中，皆成自己的物事。"[③]他认为程朱理学与陆王心学二者都是做学问的源头活水，唯其广纳才能就其深，唯其聚众才能就其大，两者可以互相影响，相互促进。

李光地的这种治学倾向持续了相当长的一段时间，以致受到康熙帝的不信任和批评。康熙二十八年(1689 年)五月，康熙帝直接公开点名批评李光地是"冒名道学"："古来道学如周、程、张、朱，何尝不能文？李光地等冒名道学，自谓通晓《易经》卦爻，而所作文字不堪殊甚，何以表率翰林？"[④]表面上康熙帝拿李光地的文字功底同道学家比较，实际上是痛斥李光地游走于程朱理学与王学之间。同年九月，康熙帝进一步把李光地学问归入王学一派，同程朱理学派划分界限，他说："许三礼、汤斌、李光地俱言王守仁道学，熊赐履惟宗朱熹，伊等学问不同"。[⑤] 可见在康熙二十八年(1689 年)之前，李光地仍兼容理学和王学，既讲程朱理学又讲阳明学，以至被康熙帝归为阳明学一派，受到政治上的打击。再如康熙二十五年(1686 年)，康熙同群臣讨论宋六子：周敦颐、二程、邵雍、张载、朱熹等从祀孔庙的位次问题，李光地认为不能过高地推崇"宋六子"。[⑥] 而李光地专尚朱子理学的标志之一是康熙三十一年(1692 年)，

---

① 李光地：《榕村全书》第七册，福州：福建人民出版社，2013 年，第 336 页。

② 李光地：《榕村全书》第八册，福州：福建人民出版社，2013 年，第 173 页。

③ 李光地：《榕村全书》第六册，福州：福建人民出版社，2013 年，第 222 页。

④ 《康熙起居注》第 2 册，北京：中华书局，1984 年，第 1870 页。

⑤ 《康熙起居注》第 2 册，北京：中华书局，1984 年，第 1902 页。

⑥ 《康熙起居注》第 2 册，北京：中华书局，1984 年，第 1523～1524 页。

李光地时年五十一岁，李光地撰《初夏录》一篇，重新修正对朱子“理先气后”说的质疑。《榕村谱录合考》说：“公尝言：五十岁以前，亦不免疑朱子理先于气之说。至五十一岁后，乃悟蔡、罗诸说之差。”[①]自此，他逐渐转向专讲程朱理学。

李光地从徘徊于理学与心学之间到专讲程朱理学，走过了一段较长的路程。李光地的这种转变有其特定的政治和学术背景，这里不做深论。但不可否认的是，李光地对于心学的认同是经过一番研讨并形成自己的一套理论认识的。

二、李光地心学思想来源

李光地心学思想的形成并非一蹴而就，或一时的心血来潮，或赶时髦的结果。其心学思想的来源值得探索。

首先，社会思潮的影响。

经历了明清改朝换代，激荡的社会变迁之后，清初学术界出现了一股关于反省理学，反思王学，或融合程朱、陆王的社会思潮。在这里，我们主要讨论理学和心学的融合。

对于调和朱、王学说，既有来自程朱学者，又有来自王学学者。王学方面持调和朱、王论者，有清初三大儒之称的孙奇逢、黄宗羲和李颙。他们反对王学末流，却积极肯定阳明及心本论，认为王学是儒学的正宗嫡传，因而极力对王学进行修正，谋求王学发展的新路。孙奇逢（1584—1675）早年以陆王为归，晚年开始调和程朱、陆王二者。四库馆臣谓：“奇逢之学主于明体达用，宗旨出于姚江，而变以笃实，化以和平，兼采程朱之旨，以弥其阙失。”[②]黄宗羲（1610—1695）曾师事刘宗周，论学以陆、王为主，但又特别注重批判王学流弊，全祖望说：“公谓‘明人讲学，袭语录之糟粕，不以六经为根底，束书而从事于游谈。故受业者必先穷经。经术所以经世，方不为迂腐之学，故兼令读史’。又谓‘读书不多，无以证斯理之变化，多而不求于心，则为俗学’。故凡受公之教者，不堕讲学之流弊。公以濂洛之统，综会诸家，横渠之礼教，康节

① 李光地：《榕村全书》第十册，福州：福建人民出版社，2013年，第228页。

② 永瑢等：《四库全书总目提要》，北京：中华书局，1965年，第1273页。

之数学，东莱之文献，艮斋、止斋之经制，水心之文章，莫不旁推交通，连珠合璧，自来儒林未有也。”[①]李颙治学归宗陆、王，他说“若象山之先立乎其大、阳明之致良知，简易直截，令人当下直得心要。”[②]李颙又以“明体适用”“明学术、正人心”等观点调和朱、王学说。李颙认为：“学术之有程、朱，有陆、王，犹车之有左轮，有右轮，缺一不可，尊一辟一皆偏也。”[③]程朱理学方面兼容朱王的程朱学者有陆世仪、范鄗鼎等。陆世仪（1611—1672）治学恪守程、朱，以居敬穷理为归，同时他善于兼容陆、王，并不视陆、王学说为洪水猛兽，他肯定陆象山：“陆象山人物甚伟，其语录议论甚高，气象甚阔。初学者，可以开拓心胸。”[④]他又称赞王阳明：“王新建于致知之中，增一良字，极有功于后学。盖恐人以世俗乖巧为知也。”[⑤]范鄗鼎（1626—1705）服膺朱子学，但又不排斥王学，他主张调和朱、王，在《理学备考》中，他认为薛（薛瑄）、胡（胡居仁）、王（王阳明）、陈（陈献章）四家尽管学术取向不同，但可以互相取长补短，因而相得益彰。他说：“薛、胡之学，参以王、陈而薛、胡明。而王、陈之学，亦因薛、胡而益明也。”[⑥]

社会上调和理学和心学的思潮，在一定程度上影响了包括李光地在内的诸多学者的学术取向。

其次，闽地的学术风气。

福建自南宋朱熹以后，一直是理学研究和传播的中心，但在明代中叶以后，阳明学在此也形成了一股风气。李光地在梳理闽地学术发展状况时指出：“南方风气日开，周、程、朱子，道南一脉，蔚然儒宗。又如陈古灵、蔡君谟、陈了翁、真西山，皆卓然。吾泉则有苏子容。明人物虽不及宋，若蔡虚斋、陈紫峰、林次崖，海内读其书。末造有黄石斋、何元子诸公相踵起。”[⑦]

李光地所说的明代福建的著名的理学家蔡虚斋、陈紫峰、林次崖，即蔡清、陈琛、林希元。蔡清与陈琛是程朱理学的坚定信仰者与传播者，这里暂且

---

① 全祖望：《鲒埼亭集》，《清代诗文集汇编》第302册，上海：上海古籍出版社，2010年，第438～439页。

② 李颙：《二曲集》卷四十二，北京：中华书局，1996年，第532页。

③ 李颙：《二曲集》卷四十二，北京：中华书局，1996年，第532页。

④ 陆世仪：《陆桴亭思辨路辑要》，北京：中华书局，1985年，第18页。

⑤ 陆世仪：《陆桴亭思辨路辑要》，北京：中华书局，1985年，第37页。

⑥ 范鄗鼎：《理学备考·序》，康熙十七年五经堂藏版，第28页。

⑦ 李光地：《榕村全书》第七册，福州：福建人民出版社，2013年，第126页。

不论。林希元(1481—1565)的学术大多是“专主程朱”,[1]但林希元对朱陆之辩有比较客观的看法,认为其本质是一致的。林希元说:“朱陆之辩,近日纷纷,皆所谓矮人看场有者。来教谓恐未着实力也。譬之金,朱子如百炼之金,陆子锻炼之功或未至。要之,皆真金也。今人则以铜而包金耳,何以论金哉!”[2]林希元对于朱陆学说的看法是比较开明的,并不因宗主程朱理学而摒弃陆王心学。

关于何楷何元子,学界也大致认为其受阳明心学的影响。何楷传世著述有《古周易订诂》和《诗经世本古义》,关于《古周易订诂》,四库馆臣认为:“取才宏富,汉、晋以来之旧说,杂采并陈,不株守一家之言。”[3]肖满省认为是“包罗众长的集解派易学”。[4] 而四库馆臣评价《诗经世本古义》:“楷乃生于三千年后,钩棘字句,牵合史传。”[5]刘毓庆说何楷的《诗经世本古义》“不仅完全打乱了《诗经》原有的次序,而且将《诗经》的时代上推到夏代少康之世。诗之作者及各篇的具体时代,本皆茫然,儒者弗传”,[6]并将何楷解说《诗经》的做法归结到受阳明心学的影响。

至于明末,服膺阳明学的漳浦黄道周(1585—1646),曾于《王文成公碑》、《王文成公集・序》等称道王阳明。并且黄道周关于程朱理学与陆王心学持包容态度,黄道周说:“如晦翁之格致,子静之良知,皆有瑕璺,亦皆不远于圣门之学。……用子静以救晦翁,用晦翁以剂子静,使子静不失于高明,晦翁不滞于沉潜,虽思孟复出,何间之有?”[7]

除了李光地明确提到的黄道周外,闽地受阳明心学影响较大的如李贽(1527—1602)。李贽推崇王阳明的“良知说”,并在此基础上发展了自己的“童心说”。岛田虔次认为:“(李贽的)童心是(王阳明)良知的成年,是良知的独立。”[8]值得一提的是,在阳明心学基础上进一步发展的李贽学说在当时引

---

① 李清馥:《闽中理学渊源考》,南京:凤凰出版社,2011 年,第 680 页。

② 林希元:《林次崖先生文集》,厦门:厦门大学出版社,2015 年,第 52 页。

③ 纪昀:《四库全书总目提要》上册,北京:中华书局,1997 年,第 52 页。

④ 肖满省:《明代福建易学述要》,《东南学术》2010 年第 5 期,第 183 页。

⑤ 纪昀:《四库全书总目提要》上册,北京:中华书局,1997 年,第 203 页。

⑥ 刘毓庆:《阳明心学与明代诗经研究》,《齐鲁学刊》2000 年第 5 期,第 56 页。

⑦ 黄道周:《黄漳浦集》卷三十,清道光十年刻本。

⑧ 岛田虔次著,甘万萍译:《中国近代思维的挫折》,南京:江苏人民出版社,2008 年,第 112 页。

起了一股热潮。《榕村续语录》载:“明末,闽中学者饮酒读史,崇尚李卓吾书,举国若狂。”[①]《榕村语录》有言:“当明季时,如李贽之《焚书》《藏书》,怪乱不经……其时长老多好此种。”[②]

因此,明中后期,闽地对陆王心学的接受、发展与传播,潜在地影响了众多学者。李光地也不例外。

再次,家庭因素的影响。

李光地的六叔李日煜,武举人,官至永州总兵官,曾获康熙帝御书“方重淳深”褒奖。李日煜文武兼备,深受李光地敬重,《榕村语录》有言:“先叔有巧思,凡人家有吉庆事,求其命堂额,赠联帖,接应口就,而玲珑切合。熟通鉴,几能成诵。”又有“先叔生平不喜宋儒学问,而视黄石斋为圣人”。[③] 李光地的六叔称黄道周为圣人,受其影响,李光地年轻时除了读陆、王之书外,还“某少时好看难书”。[④] 这些书大多是黄道周的相关著作,其书大多艰深晦涩“其平生著书,绝不可晓”。[⑤] 李日煜喜欢心学之类书籍,尤其好读服膺阳明心学的黄道周著作,李光地受家庭学术趣味的影响当在情理之中。

最后,个人的学术趣味。

李光地的学术态度开明,曾一度兼综朱陆,他认为象山陆氏之言曰:“……为学有讲明,有践履……”又曰:“学问固无穷止,然端绪得失,则当早辨是非向背……”“愚谓陆子之意,盖以物有本末,知所先后,连格物致知以成文。其于古人之旨既合,而警学之理,尤极深切。视之诸家,似乎最优,未可以平日议论异于朱子而忽之也”。[⑥] 因而《清儒学案》称他“以朱子为依归,而不拘门户之见”[⑦],《四库全书总目提要》:“(李)光地之学,源于朱子而能心知其意,得所变通,故不拘墟于门户之见。其诂经兼取汉唐之说,其讲学亦酌采陆、王之义,而于其是非得失、毫厘千里之介,则辨之甚明,往往一语而决疑。似以视党同伐异之流,斥姚江者无一字不加排诋,攻紫阳者无一语不生讪笑,

---

① 李光地:《榕村全书》第七册,福州:福建人民出版社,2013 年,第 466 页。
② 李光地:《榕村全书》第六册,福州:福建人民出版社,2013 年,第 383 页。
③ 李光地:《榕村全书》第七册,福州:福建人民出版社,2013 年,第 466 页。
④ 李光地:《榕村全书》第六册,福州:福建人民出版社,2013 年,第 244 页。
⑤ 李光地:《榕村全书》第七册,福州:福建人民出版社,2013 年,第 188 页。
⑥ 李光地:《榕村全书》第八册,福州:福建人民出版社,2013 年,第 173 页。
⑦ 黄宗羲:《明儒学案》,北京:中华书局,1985 年,第 1531 页。

其相去不可道里计。”[①]

可见李光地个人兼综朱陆的学术取向也是其接受心学的一个不可忽视的原因。

三、李光地心学思想的影响

李光地以理学为根基，兼容心学的学术特点，典型地表现为某种兼收并蓄性。

首先，其研究范围涉及性理、易、诗、书、礼、天算、乐律等。

李光地的博学多才，兼容并收的学术旨趣，不但使他的研究范围相当广泛，而且也影响到众多门生。他的门生包括他的家族子弟李光墺、李光型、李钟伦等，以及冉覲祖、惠士奇、杨明时、庄亨阳、蔡世远、何焯、王兰生、王之锐、徐用锡等。这些门生大多博学多识，有开阔的学术眼光和视野。

其次，接纳西学。

作为康熙朝的大臣，李光地十分重视吸纳新的事物。李光地不囿于理学和心学的门户之见，他对西学大体持肯定态度："西洋人不可谓之奇技淫巧，盖皆有用之物，如仪器、佩、自鸣钟之类。……工之利用极大。"[②]李光地反对一些顽固而僵化的传统士大夫把西方科技看成只是简单的奇技淫巧的错误观点，他接受西方的地圆说，学习西方的《几何原本》《算法原本》等，并鼓励他的学生一同学习。同时，他在闽中地区刻印南怀仁的《方程论》，有力促进了西学在福建的传播。

再次，对程朱学说有所修正。

李光地不同意："元明以来，诸儒仅守朱说。"[③]李光地重视经时济世之学，注意实事，因而大胆地对朱子学做了修正。

如提出"理即性"，他认为："理即性也，言气之中，有亘古不已之性，是之谓理。不可以气为理也。"[④]这是对朱子"气为理"的突破与修正，甚至认为"性为之主，理其流也"，明显表现出"性"的重要性超过"理"。再如对程朱易说的

---

① 纪昀：《四库全书总目提要》，北京：中华书局，1997 年，第 1236 页。

② 李光地：《榕村全书》第五册，福州：福建人民出版社，2013 年，第 366 页。

③ 李光地：《榕村全书》第八册，福州：福建人民出版社，2013 年，第 263 页。

④ 李光地：《榕村全书》第八册，福州：福建人民出版社，2013 年，第 186 页。

修正，“《本义》一书，朱子中年已出。后来未及修改，故晚年议论多有不同处”[①]李光地的修正，包括关于程颐易说的疑义，朱子易说的困惑，程朱易说的未妥之处等，详见笔者博士学位论文《李光地易学研究》。[②]

最后，有利于纠正学风。

明末清初的学者大多把明朝的灭亡归罪于王学末流的腐败学风，而元朝以来许多朱子学者热衷于科举，不注重把朱子学贯串于实际生活，造成僵化守旧的假道学局面，王学与理学都有显而易见的弊端。但同时，王学与心学又有各自的长处，只要不走极端、不偏颇，二者是可以相互影响，相互促进的。要想程朱理学较长久地居于正统之学地位，就必须不断吸收他学（如王学等）来更新、发展、完善自己，这为当时程朱理学的复兴找到了一条新路，既维护了统治者尊程朱的旨意，又为学术的交流提供了一个渠道，体现了一定的灵活性。这是李光地兼容理学和心学的用意所在，在某种程度上有利于促进学者走上求实致用之路。

总之，李光地作为清初的理学名臣，长期徘徊在心学与理学之间，理学是他的学问根基，是他的道统与治道为一，为学与治事为一的根源所在。是顺应大一统形势下统治阶级的需要。而心学是他开阔学术视野，兼容并蓄各家学说的体现。关于李光地心学思想的探讨，将有助于我们较深入、全面地了解李光地的哲学思想体系。

---

① 李光地：《榕村全书》第七册，福州：福建人民出版社，2013 年，第 48 页。

② 李志阳：《李光地易学研究》，福建师范大学博士学位论文，2014 年，第 109～115 页。

回到现场：台阁重臣李光地诗的换位思考*

翟　勇

（泉州师范学院文学与传播学院）

摘要：台阁诗为人诟病的主要原因集中在缺乏真情实感，内容贫瘠。然而台阁诗与爱情诗、山水诗一样，仅是一类诗题，因而要求台阁诗反映丰富的社会内容就难免有强人所难之嫌。同时台阁诗为上层文人在特定的场域所写，普罗大众对写作环境的陌生，所以很难体会其中的情感。具体到康熙朝的李光地，其虽不以诗名世，但作为康熙帝重臣，所作诗在当时的影响亦非普通诗人所可比拟。如果我们换一个角度，以在场理论切入，我们会发现李光地的台阁诗不仅情感真挚，甚至部分诗亦兼备诗性之美，尤其是当从京城转场到故乡，诗的个性与美更加凸显。

李光地（1642—1718），字晋卿，号厚庵，别号榕村，福建安溪人。康熙九年（1670年）进士，由翰林院编修累官至直隶巡抚、吏部尚书、文渊阁大学士等。一生著述宏富，主要有《历像要义》、《四书解》、《性理精义》、《榕村语录》、《榕村集》等书。如果用几个关键词来标识李光地，相信政治家、思想家或理学家则是必不可少的，但是文学家或诗人似乎与他沾不上关系。虽然李光地门人李绂云其"偶为诗古文辞，亦遂蔚然奇秀，盎然深醇"，[①]但不能否认李光

* 基金项目：2015年国家社科基金青年项目"万历至康熙年间闽台诗学嬗变研究"（编号15CZW028）

① 李光地：《榕村全集》，《清代诗文集汇编》第160册，上海：上海古籍出版社，2002年，第41页。

地在当时及身后的确不以诗名世,四库馆臣即云:“数十年来,屹然为儒林巨擘,实以学问胜,不以词华胜也。”[①]《榕村集》中的200余首诗,内容上多应制、酬赠、送别等传统题材,相较于清人动辄上千首诗的数量,以及丰富多彩的诗题,李光地的诗似乎没有什么闪光之处。然而抛开传统的思想内容与艺术特色的二维评价模式,以20世纪解构主义学者德里达的“在场”理论为视角,试着还原诗人创作时的场域,然后再去审视李光地的这些诗,也许我们会得出不一样的结论。

一、再论台阁诗

台阁一词代指辅政大臣,早在《后汉书·仲长统传》中就已经出现:“光武皇帝……政不任下,虽置三公,事归台阁。李贤注曰:‘台阁,谓尚书也。’”[②]即直接辅佐皇帝处理政务的当事者,与后代宰相职权类似。众所周知,在文学史上,台阁作为一种诗歌类型兴盛于明初,以大学士“三杨”为代表。此时正是明朝的太平盛世,“三杨”备受皇帝宠信,位极人臣,粉饰太平、歌功颂德,饱含富贵福泽之气的应制和应酬之作是他们诗歌的最重要内容与功用;雍容典雅、平正醇实,则是诗歌风格的直接追求。此后随着时代盛衰的变换,台阁诗风虽有变化,但是标准亦基本固定:“铺张盛烈,鼓吹休明,彬彬郁郁,将进而与三代同风者”、“故以和平庄雅为贵,气虽驰骋有余,而音之厉者弗尚也。意虽跌宕可嘉,而格之奇者弗尚也;语虽新颖巧合,而体之佻者弗尚也;辞藻虽丰,征引虽博,而言与事之凡俗者弗尚也”。[③] 而台阁诗内容与风格的特点正是由诗人决定的,因为台阁诗人几乎无一例外皆是台阁重臣与翰林院上层文人。

明清两朝实有“非翰林不入内阁”之例,因而殿试之后的庶吉士之选就成为新进之士仕途竞争的第一步。这些被幸运选中入翰林院学习的庶吉士一方面学习知制诰、掌疏奏等经世职责,另一方面胜任“娴于文学”的应制酬唱

---

① 朱维幹纂辑,李瑞良增辑:《四库全书闽人著作提要》,福州:福建人民出版社,2001年,第384页。

② 范晔撰,李贤注:《后汉书》,北京:中华书局,1965年,第1657页。

③ 张廷玉:《澄怀园文存》卷九,《同馆课艺序》,《四库全书存目丛书·集部》第262册,济南:齐鲁书社,1997年,第392～393页。

的文学侍从功效，如成化十四年（1478年）翰林院侍讲李东阳在《奉诏育才赋》中记载庶吉士的文章教习，应力求“绘日月以为辉，组云霞以为襄，耸廊庙之柱石，补山龙之衣裳。逸亨衢以骋步，与往哲而齐光。”[①]这种庙堂式宏大叙述与追慕先贤的鸣盛姿态正是台阁诗所追求的。而馆课中的大量册封、扈从、侍宴、纪恩等应制诗文的创作，或因帝王对庶吉士教育的直接干预，或是馆师经常以帝王宫廷活动命题，甚至有些活动部分庶吉士亦直接参与其中。身份地位的崇高化、学习场域的固定化、教习内容的程式化等决定了台阁诗的内容与风格。晚清诗坛大家陈衍深刻揭示了这一关系：“语言文章，各人有各人身份，唯其称而已。所以寻常妇人难得伟词，穷老书生耻言抱负。至于身厕戎行，躬擐甲胄，则辛稼轩之金戈铁马，岳武穆之收拾山河，固不能绳之以京兆之推敲、饭颗之苦吟矣。”[②]

针对“三杨”等人为代表的台阁诗，明清之人尚有持平之论。晚明胡应麟云：“永乐中，姚恭靖、杨文贞、文敏、胡文穆、金文靖，皆大臣有篇什者，颇以位遇掩之，诗体实平正可观。”[③]四库馆臣评价杨荣诗文曰：“具有富贵福泽之气，应制诸作，沨沨风雅音。其他诗文，亦皆雍容平易，肖其为人。虽无深湛幽渺之思，纵横驰骤之才，足以震耀一世。而逶迤有度，醇实无疵，台阁之文所由与山林枯槁者异也。”[④]这段话恰恰也揭示了台阁诗之审美范式：“以道德学行为诗之本体，以政治教化为诗之功用，呼吁盛世之风，主张‘鸣国家之盛’。”[⑤]当然明清之人对台阁诗亦有批评之声。沈德潜云：“永乐以还，尚台阁体，诸大老倡之，众人靡然和之。相习成风，而真诗渐亡也。”[⑥]四库馆臣一方面看到“永乐以迄弘治，沿三杨台阁之体，务以春容和雅，歌咏太平”的现实需要，又批评其“其弊也冗沓肤廓，万喙一音，形模徒具，兴象不存”。[⑦] 但是仔细甄别，我们不难发现古人批评台阁诗，主要是台阁诗之末流。然而近几十年来，针对台阁诗似乎只剩批判之声：“这样的作品，很难让人感受到文学反映社会生

---

① 李东阳：《怀麓堂集》卷二一，《奉诏育才赋》，上海：上海古籍出版社，1991年，第219页。

② 陈衍：《石遗室诗话》卷三十二，沈阳：辽宁教育出版社，1998年，第458页。

③ 胡应麟：《诗薮续编》卷一，上海：上海古籍出版社，1962年，第345页。

④ 永瑢等：《四库全书总目提要》，北京：中华书局，1983年，第1484页。

⑤ 孙学堂：《明代诗学与唐诗》，济南：齐鲁书社，2012年，第49页。

⑥ 沈德潜：《明诗别裁集》卷三，上海：上海古籍出版社，1979年，第59页。

⑦ 永瑢等：《四库全书总目提要》，北京：中华书局，1983年，第1730页。

活的丰富性与作者真实的个性化的思想情感，其结果容易将创作引上歧路，使作品成为粉饰太平的工具，而又‘肤廓冗长，千篇一律’，无艺术生命力可言。”[①]此类批评当然有一定正确性，但笔者认为又有强人所难之嫌。正如上文所述，明清以降，台阁诗人多为朝中重臣与翰林院侍臣，生活所囿，几乎难得出京，每天固定地循行着宅邸—朝堂—宅邸的二点一线的生活。即使偶尔伴驾，亦以皇帝为中心，基本生活范围无大变化，我们又怎能要求一类诗题做到反映丰富的生活现实呢？正如杜贵晨所言：

> 台阁只是诗人身份地位的标识，为诗坛上人以群分之一类诗人的称号，与行伍、山林、江湖、僧侣、闺秀等一样，只是做一个诗人处世不能不有的个人身份、职业、处境之一种罢了。如同任何一种职业，这种职业也有他的特殊性，并自然会影响到其诗的题材内容与风格。正是如此，诗史上才有像边塞诗、江湖派一样有台阁体，而不会因他们的诗就一定做得好或者不好。换言之，台阁体并无文学的原罪，有关的评价理应就具体情况做具体分析，做出合乎实际的结论。[②]

换句话说，台阁诗与山水诗、爱情诗等一样，仅是一类诗歌题材。因此我们判断诗歌价值的标准不能是诗属于哪一类诗，而是此类诗是否写出了这类题材所要表达的内容与情感。那么台阁诗的颂圣、纪恩等内容是否真实体现了台阁重臣的情感呢？笔者认为情感是有的，只是读者与作者身份地位的巨大鸿沟，因而这种情感不能被每个人感知。这也从侧面解释了为什么山水田园诗、爱情诗等诗歌题材的诗歌多能广为流传，原因之一就在于感知此类诗的读者身份无差别性。明乎上述台阁诗的标准与特性，我们再以解构主义来观照李光地的台阁诗，或许得出的结论更具有包容性。

二、在场与情感的介入

“在场”一词是当代法国哲学家德里达解构理论中反复出现的概念。有学者解释为“现在这里正在存在的东西，或者说某物现在正在这里存在。这

---

① 袁行霈：《中国文学史》第4册，北京：高等教育出版社，2010年，第60页。

② 杜贵晨：《论清代台阁诗人陈廷敬——兼及古人做官与做诗的关系》，《山东师范大学学报（人文社会科学版）》2008年第1期。

种当前存在是最坚实的，是可以直接感受和拥有的东西，是最真实的存在方式”。[①] 而有学者则直接解释为“在场就是在现场。自古及今，它构成着文学作为情感—形象活动所无法摆脱的体验条件。”[②]这里借用来“在场”理论，“是强调作家并不能凭自身确立自我，不能作为独立的部分而脱离整体环境存在。”[③]也许只有在此基础上我们才能给予台阁重臣的文学创作一个较为公允的评价。既然有评价就要有标准，那是否台阁诗就没有我们诟病的真与情了呢？我们先从李光地初中进士时谈起。

李光地的一生与康熙帝紧密相关，而初中进士时的一件事对李光地影响颇深：

> 吾以一编修小官，上亲考第一。京察时，官员毕集，无数大臣阶下一过，独呼二人至殿上。顾问慰谕，首为余，次叶方蔼也。[④]

能够在百官众目睽睽之下被皇帝单独召见，对一个初入仕途年轻人心灵的震撼是可想而知的。正是这种极为特殊的知遇使李光地感戴不已。当三年翰林院的学习结束后，李光地请假回乡省亲，恰逢耿精忠叛乱，李光地置个人生死于不顾，只身前往福州，并大义凛然曰：“今日本朝有事，以此请起居，致诚款，亦君臣之义当尔。”[⑤]而李光地因“蜡丸疏”之事，不仅没有被政敌驳倒，反而受到康熙帝赞扬，直升侍读学士。且不论此事李光地是否贪冒陈梦雷之功，但确实是其真心实意为自认明主康熙帝尽忠的一次表现。此后李光地在复杂的政治斗争和险恶的官场中寡言慎行，“其有献纳罕见于奏章，独与公共事内廷者时能道之”。[⑥] 得益于此，在李光地近五十年的仕宦生涯中，虽然所任官衔无数，但是竟无一外任：翰林院编修、侍读学士、内阁学士兼礼部侍郎、翰林院掌院学士兼礼部侍郎、通政司通政使、兵部右侍郎、工部右侍郎、右副都御使巡抚直隶、吏部尚书、文渊阁大学士等。除了短暂六个月的左迁

---

① 彭锋：《重回在场——兼论哲学作为一种生活方式》，《学术月刊》2006 年第 12 期。

② 刘阳：《解构的在场与文学的在场——兼论德里达在场理论对中国文学的反照》，《文艺理论研究》2011 年第 1 期。

③ 罗时进：《宫廷文人的“在场”与“走出”——以清代诗人窦光鼎为中心的讨论》，《文学遗产》2016 年第 1 期。

④ 李光地著，陈祖武点校：《榕村语录续编》，北京：中华书局，1995 年，第 691 页。

⑤ 李光地著，陈祖武点校：《榕村语录续编》，北京：中华书局，1995 年，第 691 页。

⑥ 彭绍升：《二林居集》卷十五，《故光禄大夫文渊阁大学士李文贞公事状》，《清代诗文集汇编》第 397 册，上海：上海古籍出版社，2002 年，第 498 页。

通政司通政使外，其余皆未离开皇帝左右。虽屡次被弹劾，但皆能为康熙帝宽宥，有“相业为我朝之冠”[①]的赞誉。此外李光地还曾多次被康熙帝赐匾以示褒奖，病逝时康熙帝深为震悼，谕朝臣曰：“知之最真，无有如朕者，知朕亦无过光地者。”[②]作为封建时代的士人能得如此机遇与褒奖者可谓寥寥无几。因此每当被康熙帝表扬与赏赐，李光地的心中不可能没有感动，如《恩赐扁联酬陈对初二首》其一：

伴食常怀素食忧，女萝桐树倍惊秋。
自天霖雨谁能作，振古高风不可俦。
旧植久荒三径路，沧波暂系五湖舟。
连朝浃背非关侯，累息深恩愧复羞。[③]

李光地借用汉初周勃汗流浃背之典，真诚说出自己才疏学浅，有愧皇恩浩荡。陈万策，字对初，安溪人，深为李光地器重。当在远隔故乡千里之外的京城面对自己同乡晚辈，人的情感流露是没必要掺假的。

康熙四十四年(1705 年)，李光地为文渊阁大学士，史载康熙帝几乎每日都召李光地入宫切磨性理，正如《清儒学案》所述：“康熙朝儒学大兴，左右圣祖者，孝感、安溪后先相继……圣祖所契许而资赞助者，安溪为独多。”[④]康熙帝提倡程朱理学，李光地对此大加推扬，并奉旨编纂《性理大全书》，并作《承修〈性理精义〉》诗颂扬康熙帝的文治之功：“尔来二百载，屏烛中夜行。我皇丁道会，俎豆岿然更。……是道由有托，于心遂取成。河洛何栖栖，天使光我清。”[⑤]我们不能把此诗简单地归为虚情的颂圣，先来看一下编纂此书前李光地的学术期待：“公以前明所辑性理，卷帙繁多，门目冗复，欲裒精要，以便乙览。值上亦以科场论题，仅用《太极图说》、《通书》、《西铭》、《正蒙》数册。沿

---

① 梁章钜著，陈文新校注：《制义丛话卷之九》，武汉：武汉大学出版社，2009 年，第 185 页。

② 赵尔巽等撰：《清史稿》卷二六二，《李光地传》，北京：中华书局，1998 年，第 9899 页。

③ 李光地：《榕村全集》，《清代诗文集汇编》第 160 册，上海：上海古籍出版社，2002 年，第 516 页。

④ 徐世昌：《清儒学案》卷四十，《安溪学案上》，北京：中华书局，2008 年，第 1531 页。

⑤ 李光地：《榕村全集》，《清代诗文集汇编》第 160 册，上海：上海古籍出版社，2002 年，第 519 页。

习既久，剿说雷同，欲勒一书为论目，于是命修此编。”[①]君臣不谋而合，自己的学术夙愿不仅能够一朝得偿，又能为天子支持，在文字狱大兴的当时，李光地的感动可以想见了。因此诗中对康熙帝赞颂虽不免有夸张，但情感的真实又是不容置疑的。

再如《扈从应制》：

宵肝殷忧意独多，频年禹迹御南河。
车书混一天无堑，琛赉长来海不波。
万顷烟光浮彩翠，千峰月色静嵯峨。
皇情远迈横汾日，极目清平帝作歌。[②]

康熙三十七年(1698年)腊月，李光地被任命为直隶巡抚。上任伊始，康熙帝“以漳河和滹沱河合流易泛滥，命光地导漳自故道引入运河，杀滹沱河之势。”[③]李光地在亲自查勘之后，历时一年竣工。康熙帝亲临检查，龙颜大悦，作《巡子牙河建坝诗》。李光地扈从阅视，得到康熙帝的夸赞与赐诗，心中的激动那是可想而知的。因而虽是应制之作，不出颂圣范围，但情感是真挚的。当然也有学者认为“虽然难以批评这些作品情感虚假，但身在最高处，浮云遮望眼，即使是真诚的颂歌，在文学品质、诗性内涵和人文情怀上也无多可称之处。整体而言，是‘黼黻文学’与‘文绣文学’的混合物，难以有所建树”。但是同时也承认“即使作为宫廷诗人的在场写作，作者仍然力图显示出作为诗人的一面，并试图有所突破，在可能的情况下部分消解应制诗的迎合与应景的属性”。《扈从应制》开篇虽然亦不脱颂圣，但也是实情。康熙帝亲政之初，就把治河与三藩、漕运并列为三大事。而彭绍升《故光禄大夫文渊阁大学士李文贞公事状》载：“公在官以清勤自厉，恤民之隐，尤尽心于农田水利。”[④]因此治河也是李光地的政治追求。当看到常年为患的漳河、滹沱河在仲春时节变得碧波荡漾，为民所用，自己一年多的辛劳终获成效，心情的喜悦自是必然。

---

① 李清植：《文贞公年谱》卷下，《近代中国史料丛刊》第63辑，台北：文海出版社，1966年，第235页。

② 李光地：《榕村全集》，《清代诗文集汇编》第160册，上海：上海古籍出版社，2002年，第505页。

③ 赵尔巽等撰：《清史稿》卷二六二，《李光地传》，北京：中华书局，1998年，第9899页。

④ 彭绍升：《二林居集》卷十五，《故光禄大夫文渊阁大学士李文贞公事状》，《清代诗文集汇编》第397册，上海：上海古籍出版社，2002年，第498页。

因而全诗虽是应制之作，但人文情怀与诗性之美都是存在的。

初入官场的宠遇、一生仕途的顺达、君臣思想的契合等在封建社会是可遇不可求的机缘，使得李光地与康熙帝之间的关系已经不再是单纯的君臣关系，友情与彼此之间的依赖随着岁月的流逝亦渐显渐浓。因此李光地的部分纪恩、颂圣等台阁诗作不能再简单地一律评价为空虚、无聊之作，而应给予甄别。

三、在场的延伸

伽达默尔曾如此论述游戏："如果我们就与艺术经验的关系而谈论游戏，那么游戏并不指态度，甚而不指创作活动或鉴赏活动的情绪状态，更不是指游戏活动中所实现的某种主体性的自由，而是指艺术作品本身的存在形式。"①而"艺术作品本身的存在形式"并不仅是一种简单的、静止的存在，亦包含写作过程的方方面面。而作为文学者事业的游戏，又总是处在"在场与不在场之间"。② 甚至"游戏最重要的特征之一是它在空间上与平常生活的脱离"，③具体到李光地的生平与诗歌创作状况亦符合上述理论。

相较于令人窒息的宫廷，署衙与府邸虽然能够暂时缓解伴君的紧张，但是紧张并不可能会完全消失，长期宫廷在场的紧张已经成为李光地日常生活状态。这种紧张投射到在京日常生活的诗歌表达中，虽然少了直接的恭和、纪恩等歌颂之作，但以强调诗歌的教化作用。正如陈文新所说，台阁诗人"实际上肩负着主导国家意识形态的功能，他们在某种程度上是皇帝的代言人"，"其作品情调是否与其台阁大臣的身份协调的问题始终在其警觉的范围之内"。④ 换言之，这正是宫廷紧张思维的一种延伸。

康熙后期国家渐趋安定。为进一步维护政治稳定，控制反清思想，康熙帝一方面大兴文字狱，另一方面大力提倡程朱理学，强调"空言无益"、"行事与道理相符合"，其实质就是要求对程朱理学思想的身体力行，实践君君、臣

① 伽达默尔著，洪汉鼎译：《真理与方法》，上海：上海译文出版社，2004 年，第 131 页。

② 德里达：《书写与差异》下册，北京：中国人民大学出版社，2005 年，第 523 页。

③ 赫伊津哈：《游戏的人》，广州：花城出版社，2007 年，第 20 页。

④ 陈文新：《从清初诗坛格局看陈廷敬》，李正民主编：《陈廷敬诗学研究》，太原：山西人民出版社，2009 年，第 31 页。

臣、父父、子子的道德规范。此种思想具化到诗文批评上，康熙帝提倡温厚平和之音，排斥变风变雅之音，其《御选唐诗序》云：

孔子曰：温柔敦厚，诗教也。是编所取，虽风格不一，而皆以温柔敦厚为宗。其忧思感愤、倩丽纤巧之作，虽工不录，使览者得宜志达情，以范于和平。盖亦用古人以正声感人之义。[①]

作为康熙帝重臣的李光地，一方面积极配合康熙帝宣扬程朱理学，自言治学“仰体皇上之学也。近不敢背于程朱，远不敢违于孔孟，诵师说而守章句，佩服儒者，摒除异端”，[②]另一方面对康熙帝倡导的温柔敦厚诗教，李光地亦强调诗“必篇中有缘故方存。不然，虽做得好无关于人，读了亦酝酿不出什好意思来。……但观《论语》中，兴、观、群、怨及无以立专对四方、达于政事、正墙面而立等语，可见圣人删诗都是要有实济”。[③] 同时，李光地亦强调诗文创作以达到“志高”、“情厚”为宗旨：“诗之格，历代屡变，然语其至者，则不离乎《虞书》言志，《庄子》道性情之说。苟其志高矣，性情厚矣，虽不能诗，固所谓风雅之宗也。”[④]大诗人曹植、陶渊明、杜甫等人之所以名垂千古，正在于诗中表现了“忠孝”、“节义”之志与“慷慨缠绵”之情：“汉魏以降，陈思、靖节之诗，独邵千古者，所处皆不逢。而二子者志甚高，性情甚厚，忠孝发于中，节义形于外，慷慨缠绵而不可遏。故其超迈之气，淳古之质，非夫搜华摘卉者所可庶几。在唐则曲江、杜陵，由此其选也。”[⑤]“而所谓的‘志高’，在李光地看来，就是儒家历来所推崇的‘忠孝’、‘节义’。所谓‘情厚’，也就是由‘忠孝’、‘节义’而激发的‘慷慨缠绵而不可遏’的情感。李光地把‘忠孝’‘节义’作为诗歌要表达的志意内容，正是符合他作为理学家的思想”。[⑥] 基于上述文学理念，历史上忠勇义烈的人物则多次出现在李光地诗中，如钦慕关羽的忠义：“青缥

① 陈廷敬编注：《御选唐诗》卷首，文渊阁四库全书本。

② 李光地：《榕村全集》，《清代诗文集汇编》第160册，上海：上海古籍出版社，2002年，第172页。

③ 郑方坤：《全闽诗话》卷九，福州：福建人民出版社，2006年，第470页。

④ 李光地：《榕村全集》，《清代诗文集汇编》第160册，上海：上海古籍出版社，2002年，第196页。

⑤ 李光地：《榕村全集》，《清代诗文集汇编》第160册，上海：上海古籍出版社，2002年，第196页。

⑥ 陈石怀：《李光地的诗歌创作主张》，杨国桢、李天乙主编：《李光地研究》，厦门：厦门大学出版社，1993年，第318页。

多义烈,公声自悠缅。域外钦英风,何论禹所甸。”[①]赞扬诸葛亮的鞠躬尽瘁:“才美戒吝骄,器大斯俭礼。所以大贤度,抑抑以终已。”[②]另外,李光地也清楚地认识到孝子的榜样力量:“历览孝子传,寿昌行可欷。至今优伶辈,能使妇孺悲。”[③]因此对孝子礼赞有加,不仅作《读明季魏孝子学洢赠鹿太白百韵诗摘四十韵》、《题高氏望亲庐》、《寿高翁不危九十翁有弟特聘弃家远去》等多首宣扬孝道的诗歌,更是对明代正德年间寻父孝子王原不厌其烦的歌颂,作《孝子王原传》、《王孝子诗》与歌几达二十首,以达到“顽者感,薄者愧,百世之风岂必夷惠哉”[④]、“厚王化之本,彰人伦之劝”[⑤]的教化目的。

李光地除强调诗歌直接的教化作用外,诗人更要“通事理”,唯此方成大家:

> 近人作诗只读诗,所以不能大家。前人不独识见、人品、性情高于人后,其于经史功夫深矣。不尔没的说,终身只描写情景不成。问今之诗家,曰:“诗要通事理,一点事理不知道,焉得好?纵好,亦只做几首送行、上寿、咏景物的诗而止。试看杜工部他们,一肚皮性情不消,许多道理事体了然在那里。”[⑥]

所谓“通事理”,归根结底是要求诗人以儒家标准关注社会的同时,又要对国事有自觉的担当。因此诸葛亮、郭子仪、范仲淹等历史名臣多次成为其自我期许的对象,如《又闻郭令公退回鹘》、《范文正登第后》、《读唐宋名人咏诸葛武侯诗与诸子限韵三首》,尤其是《武侯躬耕言志》这种期许更加直接:“我生逢离乱,避世来南州。四体聊而勤,正为衣食谋。中原戎马喑,微管何时休。天王狩洛许,厥咎在诸侯。耕夫亦何冀,场功岁晚收。稂莠纷不薅,谁

---

① 李光地:《榕村全集》,《清代诗文集汇编》第160册,上海:上海古籍出版社,2002年,第483页。

② 李光地:《榕村全集》,《清代诗文集汇编》第160册,上海:上海古籍出版社,2002年,第478页。

③ 李光地:《榕村全集》,《清代诗文集汇编》第160册,上海:上海古籍出版社,2002年,第481页。

④ 李光地:《榕村全集》,《清代诗文集汇编》第160册,上海:上海古籍出版社,2002年,第455页。

⑤ 李光地:《榕村全集》,《清代诗文集汇编》第160册,上海:上海古籍出版社,2002年,第487页。

⑥ 李光地著,陈祖武点校:《榕村语录续编》,北京:中华书局,1995年,第487页。

谓我无忧。”[①]诗云言志，李光地希望如诸葛武侯一般为国分忧。即使日常生活中常见的景象，亦自觉与国恩相连。中秋赏月得知收成不错，在为国喜的同时，亦把功劳自觉归功于皇恩：“皇恩披朔雪，膏泽至南讹。吴越仍安土，江淮自息波。”[②]天旱降雨也是“圣心洞古烛微隐，周政十二举无遗”。[③] 而一向被认为是农事诗的《农民苦行》，李光地更是自觉作为国家发言人对农民遭受的苦难进行慰勉：“朝廷时有蠲优诏，农钱多不上官衙。”诗末更是着重宣扬圣朝的皇恩浩荡：

前代贤君识此意，治效辄得史臣夸。
圣朝宽恤无虚载，训辞深厚汉文加。
叹息作甘人长苦，殷勤示俭国无奢。
欲使大官知谷贵，不矜元老归禾嘉。
周书无逸呈座右，忧思孤寡至日斜。
噫嘻农本为国本，圣祚应与姬历遐。[④]

展露田家之苦的诗，自古汗牛充栋，然而揭露与讽刺一直是主旋律。而此诗前段虽然也真实地展现出田家之苦，但是很明显，作者是把重心放在了后面圣朝的歌赞上。而写作此诗时李光地已经是六十八岁的老人，在宫廷几近四十年又位极人臣的李光地，在身份、意识上已经与国家合二为一。即使子孙登科，李光地亦勉励子孙不忘国恩：“诸子何为者，君恩祖泽哉。”[⑤]他不再仅仅只是一个李光地，他已经是康熙帝国的李光地。

无论是在宫廷，还是府邸，“在场”的紧张只是程度的问题。因此只有彻底脱离，个体的李光地才能回归。

---

① 李光地：《榕村全集》，《清代诗文集汇编》第160册，上海：上海古籍出版社，2002年，第492页。

② 李光地：《榕村全集》，《清代诗文集汇编》第160册，上海：上海古籍出版社，2002年，第513页。

③ 李光地：《榕村全集》，《清代诗文集汇编》第160册，上海：上海古籍出版社，2002年，第519页。

④ 李光地：《榕村全集》，《清代诗文集汇编》第160册，上海：上海古籍出版社，2002年，第484页。

⑤ 李光地：《榕村全集》，《清代诗文集汇编》第160册，上海：上海古籍出版社，2002年，第483页。

四、转场后的个人回归

据李光地族孙李清植《文贞公年谱》记载，康熙九年（1670 年），二十九岁的李光地中二甲第二名进士，后选庶吉士，入翰林院。自此离开京城并卸下公务的时间主要是：康熙十二年（1673 年）夏五月，丐假回乡娶亲、丁忧，直至康熙十九年（1680 年）七月回京。康熙二十一年（1682 年）五月送母还里，至康熙二十五年（1686 年）七月还朝；康熙二十六年（1687 年）三月疏乞终养老母，康熙二十七年（1688 年）三月至京。康熙五十四年（1715 年）六月疏丐休致，九月出京。康熙五十六年（1717 年）六月回朝。总计十四年左右的时间。

走出京城，卸下皇命，徜徉于山水，沉浸于亲情，康熙帝国的李光地可以短暂地做回自己，回归本真，诗里行间流动的情感也由谨严转为灵动，普通人的喜怒哀乐开始回归。

在李光地现存诗中，《有感》诗十分耐人寻味：

劳生未得休，欲愁却自劝。浮迹随化往，筑底须命判。
园菊后时花，凌霰偏烂漫。青青岩上柏，孤矫寒云半。
谁能求稻粱，又复老葭薍。始谋乏古心，终已违初愿。
冥冥慕飞鸿，衎衎愧渐雁。不是伊吕科，骨惊鬓亦变。

细味诗意，终日奔波不得休的无奈，官场尔虞我诈的凶险，加上传统士大夫心底本就存在的仕隐矛盾，使得李光地频频借口出京，以寻找一个安放自己乏累心情的桃花源，而故乡又是最佳选择。由于康熙四十四年（1705 年）“春二月南巡迎驾，官署火。公扈从于外，家人妇不戒于火，凡公平生编著盈累箱箧，至是悉毁。今存者，多晚年作”，[①]我们无法完整地把握李光地四次出京心情，但从作于康熙二十七年（1688 年）正月的《游成云洞》作为第三次离家前不久所作之诗，我们明显地感受到李光地对家乡山水的依恋：

溪深樵路微，峰回面势尽。涉乱渡杂沓，探崖穷攀引。
村火蔽烟树，居然成异畛。寒筱钓沙黄，奇石剥山磷。
霁色限霜飙，清声绝虫黾。昔我营兹村，高天风息紧。

① 李清植：《文贞公年谱》卷下，《近代中国史料丛刊》第 63 辑，台北：文海出版社，1966 年，第 168 页。

修途节又弭，直径步方窘。白日照归乌，和风罢征隼。

况是日边书，取次浮名泯。有愿斸金芝，无心联玉笋。

一诺在山灵，皇肯为微允。八风正鸣条，四节时在蠢。

冠童真五六，日暮命归轸。[①]

成云洞坐落于安溪湖头镇龙贵山麓。因山中云雾飞腾，四季雨水充沛，山西北处有石穿土而出，在绝岩下形成天然石门，名成云洞。诗起首两句尽显成云洞之幽僻孤峭，但又有柳暗花明之豁朗。山中瘦石凌空如笋，裂竹含岚欲滴。钓、剥二字的运用把竹、石倔强的力量与品格展现得淋漓尽致，使读者亦血脉贲张。回首年少时的坎坷遭遇，今日风和日丽、天下太平则显得弥足可贵。由此令人生发徜徉此中、读书弄性、优游卒岁的眷恋之心。全诗清明省净、和熙安享，大有无论魏晋之风。《全闽诗话》云："安溪相国诗不多作，深得晋、魏之遗，"[②]并以此诗为例，确为的评。

此次归家李光地不仅开拓成云洞，并在旁构筑草堂以居。草堂闲淡清雅之美在《构榕村草堂用王介甫招约之职方韵》诗中有完美展现："吾甥孙氏子，小城阡之曲。门外一横塘，邻头几竿竹。村外烟火深，路口丽荷馥。卧云古树黝，递雨春畴绿。"[③]曲折的小路伸向远方，门前池塘细竹挺立，荷花娇艳，古树卧云，田野春绿，配以炊烟袅袅，一幅闽南乡村图，令人神往、陶醉。这不正是诗人自我营造的理想桃花源吗？

春去秋来，鬓发渐霜，乡思更浓，"几度望乡井，目送鸿雁秋。丘茔固有念，岂为此都幽"。[④] 因此当暮年的李光地终于可以丐假回乡，那种喜悦之情溢于言表："自与阆山别，已逼三十秋。今日秋风晚，才上张家舟。"[⑤]一"才"字，意蕴丰厚，那种自嗔晚归的无奈与欢乐情态表现得十分恰切。行至宿迁，路程未半，晚食蟹、鲤竟已品尝出家乡的味道："慨想莼鲈意，日亲虾饭餐。便

---

① 李光地：《榕村全集》，《清代诗文集汇编》第160册，上海：上海古籍出版社，2002年，第475页。

② 郑方坤：《全闽诗话》卷九，福州：福建人民出版社，2006年，第470页。

③ 李光地：《榕村全集》，《清代诗文集汇编》第160册，上海：上海古籍出版社，2002年，第501页。

④ 李光地：《榕村全集》，《清代诗文集汇编》第160册，上海：上海古籍出版社，2002年，第517页。

⑤ 李光地：《榕村全集》，《清代诗文集汇编》第160册，上海：上海古籍出版社，2002年，第522页。

如履乡贯，足以慰夜阑。”[①]舟过钱塘，离家尚有千里之遥，但对久居京城的李光地来说，相似的风情已有家乡的气息：“自从渡扬子，种种似家山。草树浑殊候，鱼虾日异餐。”[②]舟至广信，离家渐近，欣喜之情更浓：“南枝归越鸟，心亲眼自明。羁旅多乡串，欢欣访行程。”[③]一路南行，离家越近李光地的心情也越放松、灵动。

当回到故乡，一草一木总关情。重游成云洞，“信美知无度，怀思梦不胜”；[④]再见青年读书处，“当年读书声，户牖尚咿哑。淹坐至日西，怃然我忧寫”。[⑤] 而“买山三纪事，卜筑旧无能”的遗憾，一朝弥补，内心更是思绪万千：

休居且慰意，谁复忆惊秋。风侯南中异，家山事事幽。
况此丰乐岁，晨夕履西畴。翻思三十载，身如不系舟。
暮鸟各有归，三迳岂无求。夙岁徒经始，今朝再爰谋。
凿池通涧道，抗榭出山头。斜阳交积翠，涨雨乱寒流。
皇肯弃颇颔，甘为汗漫游。劳生分有息，寡过是吾忧。
宾朋多雅话，学子念藏修。古人世耕读，所望在箕裘。[⑥]

暮年归乡，家乡的一草一木是那么的亲切，令人心安。况且值此太平盛世，自己可以无拘无束地徜徉于乡间。为官京城身如飘萍的无根感，加上“游宦如涉波，邈不知其久”的胆战心惊，更使人有暮鸟归林之愿。而家山斜阳积翠之美、朋情杂谈之乐在一位经历宦海浮沉五十年的老人心中是多么美好。诗无语言修饰，纯是家常话语，平淡道出，却有洗尽铅华始见真之美。

即使一些在京之作，心态的转场亦使李光地能够短暂地回归个体，突破

---

① 李光地：《榕村全集》，《清代诗文集汇编》第160册，上海：上海古籍出版社，2002年，第523页。

② 李光地：《榕村全集》，《清代诗文集汇编》第160册，上海：上海古籍出版社，2002年，第524页。

③ 李光地：《榕村全集》，《清代诗文集汇编》第160册，上海：上海古籍出版社，2002年，第525页。

④ 李光地：《榕村全集》，《清代诗文集汇编》第160册，上海：上海古籍出版社，2002年，第527页。

⑤ 李光地：《榕村全集》，《清代诗文集汇编》第160册，上海：上海古籍出版社，2002年，第528页。

⑥ 李光地：《榕村全集》，《清代诗文集汇编》第160册，上海：上海古籍出版社，2002年，第528页。

诗学的说教，如在咏物中包孕哲思：

楚泽当年九畹滋，修森未比建溪奇。
空山行迹幽无侣，长路香风恻不知。
一出林来常味灭，几经盆种奈根移。
同心何处通言语，折与怀人赠数枝。[①]

空谷幽兰，高洁孤傲，能够直面风雨的洗礼与独处荒原的寂寥。然而一经人栽培，冰清玉洁之体被人性的媚俗所污染，高冷之气渐失。全诗以兰为介质，暗喻人之性情与社会世态之间的矛盾，虽然为说理之诗，但是不拘泥于说教，可谓说理诗中之上品。

再如《中秋催月》，由月暗喻社会之清净，亦为人击节赞赏：

微出潮头影已新，闲庭延望早通神。
一年佳赏长如许，此夜清光别有真。
萧飒雨余堪濯魄，朦胧云际便翻身。
桂花欲伴黄花发，寄语幽宫净扫尘。[②]

中秋赏月之诗常作思乡怀人之题，此诗看似全首写月光之皎洁、幽明，但是诗人巧妙地把月光比拟为扫除人间妖氛的利器，比兴巧妙，又毫不做作，做到如盐入水中了无痕迹之妙，实属不易。

结　　语

翰林出身、位极人臣的李光地所作台阁之诗，今人读来能够产生共鸣的确实极少。身份与写作场域决定了创作模式的选用，但是我们不能因此而否定其诗中的情感。因此对以李光地为代表的台阁诗与诗人的评价，应该限定在台阁诗人之间的比较。不然，我们就很难理解台阁重臣李东阳为什么有“作山林诗易，作台阁诗难。山林之诗或失之野，台阁之诗或失之俗，野可犯，俗不可犯也”[③]之叹了。同时我们也应该注意到，每一个个体都在不断经历着

---

① 李光地：《榕村全集》，《清代诗文集汇编》第160册，上海：上海古籍出版社，2002年，第480页。

② 李光地：《榕村全集》，《清代诗文集汇编》第160册，上海：上海古籍出版社，2002年，第485页。

③ 李东阳：《李东阳集》（三），长沙：岳麓书社，2008年，第1519页。

转场,这也就形成了个体的多面性。映射到诗中,亦表现出不同的情调与风格,李光地亦不例外。因此我们不能简单地为研究对象贴标签,应该以“在场”的心态去体味诗人如此写作的缘由,并同时做到跟随诗人不断转场,发现其中的变化,因而得出相对客观的评价。

历史与地方：新时期以来李光地思想研究及其现代性意义*

王　伟

（泉州师范学院文学与传播学院）

摘要：新时期以来，李光地研究的生成语境、问题意识、叙述方式与中国主体性的历史建构密切关联，出现重返历史现场与融入当代生存实践的有机统一。其作为地方性知识生产风潮的重要生成物，是全球本土化时代情境中重构闽南、思想中国、想象世界的重要方式，体现多重话语力量在公共言谈空间中的热烈竞逐。作为康熙王朝股肱之臣的李光地，亲身参与乃至影响中国社会的历史转型，其理念主张及日常实践真实显影东亚早期的现代性追求。缘此体认并重塑这一精神传统，能为塑造闽南区域特色文化品牌、传承中华优秀传统文化、促进两岸文化交流融合提供思想资源。

一、从闽南发现历史：国家视野下的地方特色

新时期以来，如何讲好“在海峡两岸及东南亚华人社会中有着广泛影响”的李光地故事，进而讲好文化环流中的闽南故事乃至环球视野下的中国故事，不仅是闽派学人不懈思考的重要问题，也是地方乃至国家有关部门希望

* 基金项目：本文系福建省教育科学“十三五”规划 2018 年度课题“新时代闽派美育视阈下的闽南戏曲文化传承发展研究”（FJJKCG18－137）中期成果，福建省本科高校教育教学改革研究项目“本硕一体新文科框架下的新时代闽南审美文化课程教材建设”（FBJG20180195）阶段性成果。

解决的议题之一。[①] 这一进程中的重要事件便是 1992 年 9 月于福建安溪（李光地出生地）召开的纪念李光地诞辰 150 周年学术研讨会[②]。彼时来自全国各地的专家、学者在这场规模空前的专题研讨会上发表宏论，碰撞思想。会后，主办方为了有效保存并进一步扩展会议成果，从内容涵盖"李光地历史功绩、思想文化建树以及有关民俗、碑文、祖籍家世等方面"[③]的 62 篇会议论文中精选出 42 篇，以《李光地研究》的醒目题名公开出版，从而将这一领域的研究推向一个全新的高度。以此为界标，海内外汉语学术界，特别是闽台文史界在"后新时期"不断引入新的研究方法，打开新的研究思路，拓宽新的研究视野，创设新的专门研究平台（如泉州经贸学院于 2013 年揭牌的李光地文化研究中心，泉州师范学院于 2017 年挂牌的福建省李光地研究院），取得引人瞩目、厚重丰盈的累累硕果。质而言之，关于李光地的论述作为想象与历史交织的"场域"，影响已然溢出传统文史范畴之外，在现实社会层面持续发酵，绵延及今，而社会现实因素也反过来设置这一领域的研究议题，进而不断改写学术研究版图。例如作为台湾同胞重要祖籍地的安溪（也是光地故里）视李光地为地方形象代言人，以战略思维规划主题公园建设，垦拓文化旅游产业，创构两岸交流平台，努力把"李光地文化"作为本地着力打造的"三大文化之一"，催产出了诸如《名人文化产业与地方经济腾飞——以李光地文化为例》《浅析泉州传统民居的旅游开发——以安溪李光地故居为例》等急就章式的对策研究就是明证。

在增添或涌现不少全新参数的新时代，在今日与历史"视差之见"下进行系统盘点与阶段总结，不仅可行，而且必要。由之，在政、产、学、研等多方力量的合力推动之下，李光地的家乡在最近一两年间先后举办多场学术研讨活动，如于 2017 年 6 月举办的第九届海峡论坛配套活动李光地与儒学思想学术研讨会，2017 年 11 月在泉州师院举行的李光地研究座谈会，以及 2018 年 7 月在安溪湖头镇召开的"李光地与御前清曲"学术研讨会。在当中的一场会议上，笔者有心套用一个常见语式而问道："当我们在讨论李光地的时候，我们在讨论他的什么？"此举并非为了哗众取宠、"搏位出道"，而是有意提醒在

① 刘益清等：《文化"出海"，展新魅力》，《福建日报》2017 年 7 月 21 日第 2 版。

② 敬木：《李光地学术讨论会综述》，《福建论坛（人文社科版）》1992 年第 6 期，第 73～78 页。

③ 杨国桢等：《李光地研究》，厦门：厦门大学出版社，1993 年，第 438 页。

场与不在场的学人在对“李光地＋”研究模式日渐习以为常的今日，应该在不断被重构的文化生态中反思研究对象与研究主体的多重辩证，以便在各种外在尺度进场干预的众声喧哗中强化理论自觉与完善思维进路。

具体而言，一方面研究对象询唤研究主体在特定结构中的历史生成、现实确立与未来影响，但反过来从另一方面上讲，具有自我意识的研究主体也在其视野中不断建构或重构研究对象。由于李光地本身具有理学大家、济世名臣、南管知音等复杂多重身份，“既是一个具有重要影响的人物，也是一个久存争议的人物”[①]。缘此在何种位置中的我们以何种目的、何种方式来打开这位传奇人物，其就会向我们呈现出何种面孔。这就意味着我们对于这位富于话题性的人物论述不能囿于论说主体固有的预设问题，拘泥于单向单一的研究视阈，而是要借由多维视角进行跨学科、宽领域的全方位透视，才能开启久被遮蔽的那面。不言而喻，我们于此就不再是一个整齐划一、不言自明的思想前提，而是一个彷徨未明、不满裂隙、迫切需要反思的历史问题，作为研究主体的我们似有必要进行自我反思，或者须被他者置于时代视镜下透视剖析。因此，“谈论李光地的我们是谁”“我们与谁同属一个社群与一个时代”“我们为何要谈论李光地”“我们以何谈论李光地”“我们在何种生态下谈论李光地”的一系列叩问于焉是起。

二、敞开与遮蔽：还原历史还是发明传统

关于李光地的论述存有学界、民间、官方三个既相互区别又彼此影响的话语场域，并在这种张力结构中出现诸种不同面向。具而言之，一是审美价值与文化内涵兼备的文学作品，二是融知识性与可读性于一炉的普及介绍，三是史实发掘与学理探索并重的专题基础研究及其衍生的服务国家与地方某种战略需求的综合应用研究。除此之外，还有一种体式杂糅的民间资料编撰。如安溪县方志办苏旺太先生有感于热播电视连续剧《康熙王朝》(即《康熙帝国》)对其所仰慕之“家乡历史文化名人”的种种曲解，而于李光地诞辰360周年之际[②]特别编撰的《盛世良相李光地》一书，可谓虚实相生，古今杂

① 陈祖武：《论李光地的历史地位》，《福建论坛(人文社科版)》1992年第5期，第62～68页。

② 苏金太等：《盛世良相李光地》，厦门：厦门大学出版社，2002年，第259页。

陈。稍加翻阅其书,可见李光地当年所做文章与今人研究论文共存。除此之外,其书既原样收录碑文、传记历史文献,也刊载苏先生新近创作的同名电视剧脚本,还附有妙趣横生的民间传说,一种后现代的拼贴感扑面而来。

下面回过头来先说第一种类型,现今坊间流通着多部以李光地为写作对象的通俗文学读物,如泉州本地民间文学创作者李树砥撰写的《赤脚宰相李光地》(鹭江出版社 1990 年版)与泉州经贸学院李光地文化研究中心主任叶茂樟主编的《李光地民间故事》(中国戏剧出版社 2013 年版)。二者均带有明显倾向性地将之描绘为“一心为民的廉洁清官,足智多谋的智慧化身,忠君爱国的股肱之臣,亲民宽厚的谦谦君子”①。不言而喻,一如文学史上层出不穷、结构相似的很多民间传说故事,上述李光地故事本身不一定真实(现实发生),但其不惜浓墨重彩、夸大其辞地表达精神诉求却是极其真实(想象真实)。上述文本序列塑造一位比真实人物本身更加接地气、更符合普通大众心中清官形象的李光地,在原型层面反映善良而又无助之乡土中国子民挥之不去、根深蒂固的清官情结,在现实层面折射地方普通民众与乡土豪族势力之间“某种微妙的紧张态势”②,在审美超越层面显现“闽南族群特有的情感心理结构与生存体验方式”③,因而在凝固板结的正史大叙事之外提供一种想象闽南乃至想象中华的别样方式。

与含有抒情性判断的虚构性文学性作品有所不同,南京大学中国思想家研究中心教授许苏民不忘初心,在其长达 30 万字、常人不易阅读、受众面不大的早期学术专著《李光地传论》(厦门大学出版社 1992 年版)基础上,推出篇幅较短、发行量大、贴近市场的《大家精要:李光地》(云南教育出版社 2009 年版,陕西师范大学出版社 2017 年再版),显然属于从事知识生产的学院知识分子接受时代召唤,介入公共空间以传播知识的产物。这一“大家小书”在简要介绍李光地生平经历的基础上,全面而又精炼地概括传主本人丰富驳杂的理学、易学、政治、信仰、科学等诸多维面的思想主张,进而在中国现代性的

① 叶茂樟:《历史的镜像,心灵的洗礼——试析李光地民间故事传说》,《攀枝花学院学报》2017 年第 1 期,第 42～47 页。

② 钟建华、钟金德:《民间故事传说的李光地形象》,《闽台文化研究》2016 年第 4 期,第 94～99 页。

③ 王伟:《海峡两岸共同记忆中的闽南戏曲文化图景》,北京:九州出版社,2018 年,第 109 页。

历史坐标系中重新评价这位名人的思想史与政治史意义,令人信服地指出其长期饱受争议、一度受到冷落的现实因由。于此,笔者赞同长江学者特聘教授、武汉大学哲学学院吴根友教授在《一本深化早期启蒙说的力著》一文中的观点,认为许苏民先生独具匠心、别具慧眼的创新之处,在于其较早地从那些居庙堂之上、占据正统地位之官方道学家(以李光地为典型代表)的主导性论述,而不是从那些处江湖之远、与主流保持距离之另类思想家的零星批判性言论来寻绎明清之际的启蒙现代性。

总之,这些应时而生、注重传播效果的普及读物,行文明白晓畅,文情并茂,内容通俗易懂、深入浅出,传播面可能更广,影响力或许更大,既满足普通民众了解与亲近这位"一代之完人"(雍正帝语)的基本要求,有力呼应"大国崛起"时代之复兴传统文化的滚滚热潮。与之相映成趣的是,问题导向明确、具有较高门槛的学术探究尽管可以细化为多个方向,但都具有相当一致的问题意识,即共同指向中国主体性的历史建构问题。现将之置放在东亚早期现代性的叙事脉络中略做评述。

三、困惑与解惑:多维透视的跨界动能

(一)路标与坐标:世界海洋时代的东亚海权论述

首先,是在"推进多民族融合发展和促进国家统一强大"的历史大格局中审视李光地在平定三藩之乱、收复宝岛台湾的影响作用,表彰其"不与分裂势力妥协,统一高于一切"[①]的思想。无须讳言,身为汉臣、来自闽南一隅的李光地之所以能在波谲云诡、惊心动魄的仕宦生涯中屹立不倒、步步高升,甚至罕见地被深谙帝王术的"千古一帝"康熙褒誉为"情虽君臣,义同朋友"[②],其原因不仅在于李光地才学、政绩、权术兼具,更源于其对大清王朝及其肉身化存在皇帝的"矢志忠贞"。这种赤胆忠心并非无事之时袖手空谈的慷慨陈词,而是需要通过险象环生的重重磨难,其最初的正面考验便是李光地面对三藩之一耿精忠的立场态度。彼时请假归乡的他,面对后者的软硬兼施、威逼利诱不

① 郭莉:《道学家李光地的天下观》,《福建日报》2017年7月24日第11版。

② 童超:《图说中国历史:康乾盛世》,长春:吉林出版集团股份有限公司,2016年,第85页。

为所动，用计逃脱，并冒着巨大风险向朝廷献上切中肯綮的《蜡丸疏》，试图帮助清军出奇制胜，平叛成功，以反对分裂的实际行动维护家国天下的完整与和平。

当然，被大众媒体着力刻画与大陆学界大书特书的无疑是李光地在统一台湾这一国家重大历史事件所扮演的重要角色。无论是民间还是学界乃至官方，都普遍认为高瞻远瞩、远见卓识的李光地，从大一统国家的长远发展与根本利益出发，力谏犹疑不定的康熙皇帝抓住时机收复台湾，其不仅亲力亲为地出谋划策，还颇具胆量地以"湖李"全族性命保举施琅复出"专平海事"，最终实现台湾顺利回归，巩固东南海疆安宁，完成祖国统一大业。在笔者看来，李光地关于东南海防的观点、大陆与台湾关系的论述是一个逐渐深化的过程，在某种程度上渊源于古代海上丝绸之路重要起点泉州发达的商品经济与海洋文化，因而能够超越东亚陆权体系的传统思维范式，于不期然间开创了有别于近代西方海权理论的"东亚早期海权思想"，构成今日海峡两岸共同建设 21 世纪海上丝绸之路的重要思想资源。

（二）家国同构：治国理政思想与家训族规民约

其次，是结合李光地数十年的宦海沉浮、躬行举措来挖掘李光地的治国理政思想，致力探讨其身为康熙朝的股肱之臣，为国家的长治久安、繁荣昌盛殚精竭虑。不言而喻，治河是清朝皇帝关怀民生、体恤民情的德政体现，也是李光地主政京畿直隶实利惠民的突出政绩，因而也是素有"以古鉴今"传统之学界中人的关注焦点。尽管有论者依据现代水利科学而对李光地治理漳河、永定河时所采用的某些具体策略及其长远效用存有一些不同看法，但都对其在整个治水过程中表现的"民为邦本"的为官理念、"谨慎清勤"[①]的为官态度、刚正不阿的为官风范褒誉有加。更有学者（如泉州师范学院林华东教授）于此纵深拓展，别具深意地将李光地治理水患的成功与其脚踏实地、倡导实学的务实作风进行关联考究，鞭辟入里地指陈其"坚持儒家'以实心行仁政'的实事求是思想，蕴含着儒学思想的精华，对当今社会的转型和发展具有重要的借鉴意义"。

---

① 王锺翰：《清史列传》，北京：中华书局，1987 年，第 718 页。

有道是，“在农耕帝国，国是家的放大，家是国的缩小”[①]，家国同构，难以剥离。因之，近年来有多位学者（特别是福建地方文史界）据此“个人—家—国”三位一体之思想逻辑来审视李光地“廉洁奉公、清正有为、爱国爱民”的家国天下情怀，因而将宏观层面繁复丰饶的治国理政思想落实到微观层次“正己谕后”的族规家训，细致勾连“谋国则忠、施政则勤”与“立言传世、修身传德”[②]之间相互映衬、彼此托举的辩证关系。正是在此意义上，据说由晚年李光地亲自拟定的家训族规（如《家训·谕儿》《诫家后文》《本族公约》等）以及民约村规（如《同里公约》《丁酉还朝临行公约》等），不仅被念兹在兹的众多本地学者（如以研究家族文化见长的泉州师院图书馆原馆长苏黎明教授领衔的研究团队）叙述为李光地个人成功成长的重要支撑，还被视为潜移默化、润物无声地影响当地民众言行举止的精神文化而加以悉心开掘，并联系实际地将这种嘉惠后世之精神财富的传承与弘扬，上升到国家主流社会价值观的建构层面。

（三）史实与现实：诉讼纷纭的“三案”之争

正所谓“万山磅礴必有主峰，龙衮九章但挈一领”。历经多年的反复讨论，学者们普遍接受历史唯物论的基本立场，认为我们针对李光地这一生活在特定时空、具有特殊身份之重要历史人物评价，应该从大处着眼，研究其是否顺应历史发展的大趋势，能否真实推动社会新进步，而不要在研究对象的某些个体枝节问题上浪费笔墨，纠结不清。在抓“主要矛盾的主要方面”的大前提下，有学者对涉及李光地个人德性层面的“三案”保持浓厚兴趣，并在现存有限材料的基础上发挥主体学术想象力，建立碎片化史料之间的关系网络，因而在灵动而又严谨的学术操演中给出能够自圆其说的别样解释。

众所周知，自从广搜乡邦文献、专研宋与南明史事的全祖望指责李光地“初年卖友，中年夺情，暮年外来妇子归”[③]（特别是首案中李光地与陈梦雷两人之间说不清、道不明的恩怨情仇），当中的真伪、是非、曲折在有清一代就引发士林关注。到了外患冲击严重、民族意识高涨的近现代，更是由于“梁启

---

① 徐勇：《历史延续性视角下的中国道路》，《中国社会科学》2016 年第 7 期，第 4～25 页。

② 文伟：《湖头杯第一届中国对联巅峰对决邀请赛第七期述评》，《对联：民间对联故事月刊》2010 年第 8 期，第 76～77 页。

③ 全祖望：《鲒埼亭集外编》卷四四，北京：中华书局，1983 年，第 173 页。

超、钱穆、孟森、谢国桢等人的沿用”[①]，愈发为人所知晓，并进而投射各自的情绪。于此，不少闽籍学者（如福建省社科院李鸿烈研究员）愤愤不平，发自肺腑地为李光地鸣冤喊屈，一以贯之地认为“卖友之说”是“捕风捉影，并无充分依据的市井浮说”[②]。与之相衬的是，有些省外学者转换了回应问题的角度，摒弃体力比拼式的烦琐事实考据和以历史经验拷问现实人心的直线思维模式，目光既不局限于康熙朝官场的相互倾轧、争权夺利，也不胶着于个人私德层面的细枝末节，而是有意将之放置在明清鼎革的时代大背景并结合全祖望个人经历与思想倾向，有理有据地理性剖析全祖望为什么持有并散布这种说法，因而超越了“就事论事，就人论人”的意气之争。在这些学者看来，具有浓厚遗民情结并经常反刍这种伤痛的全祖望等人，在内心深处认为李光地“自摧汉族”“鬻道于虏”“大节有亏”，却迫于当时形势而不敢也不好明说，“只好借损他名誉的办法一吐怨气”[③]，借由攻击李光地的道德来间接否定其学问。

值得一提的是，还有学者借由话语权力理论回瞻李光地与陈梦雷之“同”与“不同”、错综复杂的矛盾关系，指出其背后的原因是两种学术路径及其所衍生之仕途升迁的选择争执，进而意味深长地将之描述为康熙王朝的一场学术主导权争夺战，并以小见大、由点及面地勾画有清一代汉族文人士大夫的心灵镜像。在上述学者看来，之所以会出现这种朋友反目成仇、势同水火之有违常情、有悖常理的状况表现，更深处乃是二者所代表的不同力量为博取最高统治者之重视与肯定的激烈竞逐，是以前者所代表之理学阁臣与后者能代表之“辞章高官”[④]的深层理念差异，远远大于二者“同年、同里、同官，情投意合，最称莫逆”[⑤]的浅层情感认同。而这种分歧在进场博弈的各方势力或明或暗的推动下终于爆发。

（四）生态与心态：文化环流中的守正出新

延展至清的中国学术进入全面系统的总结阶段，而思力精深、视野宏阔

---

① 曾纪鑫：《也谈李光地卖友案》，《书屋》2016 年第 9 期，第 71～75 页。

② 李鸿烈：《关于李光地“三案”的辨析》，《福建论坛（人文社科版）》1992 年第 9 期，第 66～71 页。

③ 李洁非：《如何恰当把握历史的大节》，《中国青年报》2017 年 7 月 25 日第 4 版。

④ 赵刚：《解读李光地卖友求荣案》，《读书》2015 年第 3 期，第 144～150 页。

⑤ 王锺翰：《清史新考》，沈阳：辽宁大学出版社，1990 年，第 141 页。

的李光地便是这一时段学术高原上所隆起的思想高峰,故而吸引不少年轻学人以之为学位论文的选题方向,透过"庙堂理学家"[①]李光地那些布满裂隙的"受压抑文本"来作为其写作的主体。当中的代表有南开大学姚爱娟的博士论文《李光地经学思想的哲学研究》(2014 年),福建师范大学李志阳的博士学位论文《李光地易学研究》(2014 年),山东大学刘淑君的硕士学位论文《李光地易学哲学研究》(2018 年)等。这些论文虽然时间有先后之别,但内容乃至具体标题名称多有叠合,原因在于上述研究的整体架构与写作方式深受现代性之历史意识的影响,将李光地本人思想置放在中国思想史乃至中西文化交流史的发展脉络当中,梳理其如何在跌宕起伏的历史大拐点中因应当时的实际情况,批判性地汇融程朱理学、阳明心学而提出的"理即性"的思想,进而在主体间性的"性本体"层面打开或释放出新的思想空间,并以"正学"之面目规划影响清初的学术思潮与文脉传承。

通过细腻解读李光地那些蕴涵历史与现实、学术与政治、个体与时代之矛盾张力的浩瀚文本,似可看出追随皇帝喜好而倡导复兴朱子学的李光地在思想史、文化史上的重要性,显然不在于其学说在多大程度上具有冲击力与原创性,而是体现在其有感于改朝换代、价值崩解的时局变化,而在指令性的著述编撰活动中悄然融入转型期的生命体验,实现对前人学说的"创造性转换"与"转换性创造",因而为"马上得天下"、文化相对落后的清代统治者组织一套能够论证自身合法性的观念形态体系。进而言之,不同于那些处江湖之远、自我放逐于体制之外的边缘思想家,出身闽南名门望族、身为官宦后代的李光地,不仅少年得志,科考顺利,而且长期居于中枢位置,并最终位极人臣,深受雄才大略、颇有文治武功的康熙大帝的关照与信任,这一方面促使其思想主张与言说方式,无法像那些愤世嫉俗、郁郁不得志的文人骚客那样富有批判锋芒,具有学术个性,而是需要四平八稳、圆融折中。其必须刻意压制个人心意,体现官方身份,更多顾及迎合最高统治者的治理策略与统治意志,以便为矛盾丛生、缺乏共识的彼时社会提供一种修复性力量,因而更为有效与有力地服务于主流价值体系的重构与庞大帝国的长治久安。但从另外一方面来看,朝廷钦定之官方正统的身份加持,使李光地的学说全面而且深刻嵌入在彼时有心仕进之天下文人的自觉意识中,使其在当时乃至很长一段时间

① 王胜军:《清初庙堂理学研究》,湖南大学博士学位论文,2011 年,第 1 页。

内比我们今天耳熟能详、津津乐道的"在野思想家"(如王夫之等人)更具显示度与实践效能。

由于明清之际是多元文化碰撞融合的环流时代,除了前述的满族文化与汉族文化(内部又有理学与新学的分野对峙)的遭遇,更有中华文化与西方文化的交汇,身处其间的李光地及其所代表的帝国官僚如何看待传统天下体系之外的海外文明成为新近学术创作的又一兴奋点。在这一问题上,除却那些具有浓烈乡土情结、喜好"为尊者讳、为亲者讳"的本地文史爱好者之外,多数学者都能秉持应有的当代学术公心而从正反两方面的辩证立场来评价这位帝国官员。在他们看来,不管基于何种目的与动机,学问优长、讲求实学的李光地以兼收并蓄、务实开明的包容姿态,努力学习域外传来的三角、几何等数学知识,探究新起的"质测之学",感叹并肯定西方先进科技的价值功效,属于"'中体西用说'的萌芽"[①],难能可贵,值得肯定。然而李光地试图将现代科学与技术纳入封建名教的前现代纲常体系,显然是一种有意无意的误读。而这种并非个人的偏见,既体现了李光地所代表的传统文人士大夫在思想胸襟与历史视野上的保守性和局限性,同时也表露这一群体对话语阐释权在外部冲击下可能发生转移乃至旁落的敏感与警惕。

四、回望与前瞻:讲好新时代的李光地故事

诚如当代美国知名文化研究学者詹姆逊(Fredric Jameson)所言,"历史只有以文本的形式才能接近我们"[②]。因此,关于李光地人物故事的每一次重新写作,便难以避免地带有重建历史的效果与冲动,隐含着叙述今日文化资源与想象未来的诸种可能性。进而言之,"问题的关键不在于故事所讲述的年代,问题的关键在于讲述故事的年代"。故事的内容是什么?显然无须多言,因为这是本文以及在2018年12月再次召开李光地研究学术研讨会的会议主题。为什么要讲述这个故事?这源于李光地的心路历程叠印着"中国现代价值观的初生历程"[③],触碰到"什么是中国现代性"的时代核心问题,因而

---

① 方小飞:《李光地理学思想研究》,陕西师范大学硕士学位论文,2008年,第8页。

② (美)詹姆逊:《政治无意识:作为社会象征行为的叙事》,王逢振、陈永国译,北京:中国社会科学出版社,1999年,第70页。

③ 吴根友:《中国现代价值观的初生历程》,武汉:武汉大学出版社,2004年,第1页。

不仅具有历史性与学术性，还体现现实性与实践性。缘此，“讲好李光地故事”，能为延续“八闽海丝文脉”、打造闽台区域特色文化品牌、弘扬优秀中华传统文化、促进两岸文化互动融合发展提供宝贵资源。在明确这一点之后，我们就不能只是凭空冥索、坐而论道，而是要对准目标，起而行之，在参与历史伟大实践中回答如何在新时代讲好这个故事。

李光地主要文献史料综述

陈彬强

（泉州师范学院图书馆）

摘要：李光地是清初重臣，但由于各种原因，长期以来颇受争议。文献史料是解读李光地最真实的原始依据，有关李光地的文献史料，大致可以分为档案类、史志类、文集类、《榕村全书》等四大类。每类文献亦各有其特点，系统梳理李光地文献史料，对于客观评价李光地其人、厘清史实纠葛大有裨益。

李光地（1642—1718），字晋卿，号厚庵，别号榕村，福建安溪人。李光地为人清廉忠正，身任要职，为官期间政绩显著，深得康熙器重，对康熙晚年决策影响很大，是清初的重要政治人物。李光地不仅在政治上深得康熙皇帝的信任，思想文化及学问上也受到康熙皇帝的赏识与倚重。康熙五十七年（1718年）五月，李光地因疝疾速发，卒于任所，享年77岁。皇帝派遣恒亲王允祺前往吊唁，赏赐千两金，谥号文贞。雍正初年，加赠太子太傅，祀贤良祠。雍正在其祭文里赞扬他是“一代之完人”，给予极高评价。清代以来，有关李光地的文献史料不少，大致可以分为档案类、史志类、文集类、《榕村全书》等四大类。每类文献亦各有其特点，从不同角度反映了李光地的历史面貌。

一、档案类文献

李光地的官宦生涯主要在康熙一朝，相关的档案史料主要存在于《清圣祖实录》《康熙起居注》《圣祖仁皇帝圣训》《东华录》等。这些文献虽以记录康

熙的言行事迹为主，但李光地为朝中重臣，涉及的自然不少。由于各类档案的目的和功能不同，其记载侧重点又有所差异。《康熙起居注》是康熙起居行动的记录，由起居注官随时跟从皇帝左右，记注皇帝一天的言行，记录内容以当天的政治活动为主，不能随意涂抹更改，一经定笔即成历史，连皇帝本人都不许翻看。总体而言，起居注的内容较为琐碎繁杂，但贵在翔实可靠，其信息之丰富，史料价值之高，非其他文献史料可比。它是第一手资料，是《清实录》所载史料的主要来源和依据，其中收录有大量李光地的言行事迹，具有很重要的文献价值。

《清实录》是清代官修编年体史书，以皇帝为中心的大政日志，逐年逐月逐日排列皇帝的活动。原本各朝实录自成一书，1936 年，伪满出版历朝实录合编，始有此称。《清圣祖实录》是雍正帝继位后，下诏由钦派大臣任监修、总裁官，翰林院官员充任纂修，根据起居注及内阁、军机处所存上谕、臣工本章等原始档案编纂康熙朝实录。虽属二手史料，但也辑录了大量原始档案，许多重大事件确实可考，不少史实的记载角度颇为独特，有些为其他书史记载不详或完全失载。因此仍不失为研究有清一代历史的史料宝库[①]，涉及李光地仕途生涯的主要内容均可在《清圣祖实录》查阅得到。

《东华录》也是清代编年体史书，有蒋录、王录两种。其中蒋录系乾隆年间蒋良骐根据《清实录》及其他官书文献摘录清初六朝五帝史料而成的，成书 32 卷。全书内容按年月日顺序排次，起太祖天命元年（1616 年），迄世宗雍正十三年（1735 年），因国史馆在东华门内，故题为《东华录》，通称《蒋氏东华录》。蒋录已属三手资料，且失于简略，但保存了传本所不载和实录篡改前的一些重要史料，对研究清初历史也仍有重要的参考价值。《圣祖仁皇帝圣训》主要是康熙的训谕编集，将康熙的谕旨分门别类编纂，每类以简要题名加以概括，类下按谕旨的时间先后逐条记述，主要内容涉及康熙的行政命令、选贤用人、治国安邦等国家大事的各个方面，是研究清史及清代皇帝统治思想的珍贵的第一手材料。其内容偏向于大政方针，较《清圣祖实录》要简略，有关李光地的史料主要集中在其直隶巡抚任上，治理河道、兴修水利时康熙下的谕旨训示。

① 谢贵安：《清实录的文献价值与文本解析》，《河南大学学报（社会科学版）》2013 年第 4 期，第 1～7 页。

由于各类档案文献的性质不同，对于同一事件的记载，其详略程度和叙事视角亦有别。如康熙二十六年(1687 年)李光地陷“德格勒私抹起居注案”一事，《圣祖仁皇帝圣训》没有相关记录，《清圣祖实录》的记载则较为简略，全文不到 300 字，只将康熙下旨宽免李光地“妄奏”推荐德格勒的前后事做简要做了说明，中间略去很多重要关节，叙事重心落在康熙对这件事的处理结果上，最终以李光地“议事不委顺从人，台湾之役，人皆谓不可取，李光地独言可取，此其所长。除此事外，别无妄奏之处。姑从宽免，令仍为学士”[①]，使李光地得免获咎，重点是要突出康熙的宽宏仁厚。而《东华录》的记载与《清实录》几乎相同，应是直接从中摘抄所得。相较之下，《康熙起居注》的记载最为翔实，全文将近 1500 字[②]，不仅将李光地牵连此案的来龙去脉做了交待，且将康熙对李光地起疑、李光地遭政敌审问及李光地应对皆做了非常详细的记录，因而把朝中奸党企图诬陷德格勒是受李光地指使，欲置李光地于死地的险恶用心大白于天下。可见《康熙起居注》的史料更为原始，较能反映历史真相，《清实录》则已进行了取舍加工，对康熙疑心和奸党围攻皆避而不谈或掩饰省略，淡化了朝中大臣朋党争权、互相倾轧现象，引用时宜，多加注意。

二、史志类文献

有关李光地的史志类文献，主要存在于《清史稿》《清史列传》《福建通志》《福建乡土志》《泉州府志》《安溪县志》等史料中。《清史稿》和《清史列传》虽均成书于民国年间，但两者征引材料均出自清宫档案，《清史稿》主要据《清实录》《国史列传》《清会典》等一些档案汇集而成，朱师辙曾高度评价它的史料收集为“三百年来史料之大宗”[③]。《清史列传》，其根据大多出自清国史馆《大臣列传稿本》《满汉名臣传》和《国朝耆献类征初编》，使读者能够比较详细系统地得到有关清代史事的素材。《清史稿》卷二百六十二、列传四十九的大臣传中以魏裔介、熊赐履、李光地为一卷，将李光地的生平和主要贡献简明扼要地记述下来，字数虽不多，但叙事颇为客观，对李光地的评价也较为中肯，称

---

① 孔昭明：《台湾文献史料丛刊》第四辑，台北：大通书局，1984 年，第 141 页。

② 中国第一历史档案馆整理：《康熙起居注》，北京：中华书局，1984 年，第 1758～1759 页。

③ 朱师辙著：《清史述闻》，上海：上海书店出版社，2009 年，第 1 页。

李光地"敭历中外，得君最专。而疑丛业集，委蛇进退，务为韬默。圣祖尝论道学不在空言，先行后言，君子所尚。夫道学岂易言哉!"[①]《清史列传》卷十将李光地与徐乾学、高士奇、王鸿绪同列《大臣传》中，该篇传记以叙事为主，按时间顺序详述了李光地的生平事迹，篇幅达万余字，远较《清史稿》详细。其中引用了大量奏疏、谕旨等原始档案资料，可纠补《清史稿》和《清实录》的缺失。

民国年间陈衍编修的《福建通志》共设三十二大类，分总卷五十一卷，分卷六百一十一卷。该志卷帙浩繁，记载详赡，是福建历史上记述至封建社会终结的最后一部，也是史料最为丰富的省级旧志。通志的列传卷三十四为《李光地传》，其详略程度在《清史列传》和《清史稿》之间，以辑录要事为旨，虽引用史料不及《清史列传》丰富，但叙事视角独特，且能解读事件的前因后果，并于叙事中做评述，因此具有一定的参考价值。《福建通志》给予李光地极高评价，并道出李光地颇受争议的原因是"光地良登词垣，迄膺宰辅，以学术上结主知。其赴耿藩之召，议者谓有贰心，光地恐为门户之祸，不能无所委蛇。及得君既专，常闭门谢客，显然荐达无多人。由是众皆深怨，间被谗构，其所荐举者以撼之。仁庙亦以光地好言道学，常为门生所诳，然不之罪也"，[②]可谓一语中的，将李光地受朝中奸党嫉妒陷害的根源剖析得淋漓尽致。此外，《泉州府志》《安溪县志》也都有为李光地立传，可为补充。由于李光地曾任直隶巡抚，因此《畿辅通志》也有关于他的一些事迹记载，尤以兴修水利的史料最多，收录有《请开河间府水田疏》《覆马厂疏》《覆漳河分流疏》《广平县不可筑堤疏》等多篇奏疏。《大名县水道考》《永定河志》，康熙《文安县志》等也保留了不少相关记载，为研究李光地治河事迹提供丰富史料。

三、文集类文献

这类文献的数量最多，内容最丰富，现今保留下来的各种文人著述，可以反映出时人对李光地的种种不同看法。李光地身居高位，与朝臣和文人打交道甚多，先后举荐朱轼、杨名时、陆陇其、赵申乔、刘炎、文志鲸、冉觐祖、陈滨、

---

① 赵尔巽撰:《清史稿》第33册，北京:中华书局，1977年，第9900页。

② 陈衍:《福建通志列传选》，孔昭明:《台湾文献史料丛刊》第九辑，台北:大通书局，1984年，第139页。

徐用锡、魏廷珍、李绂、蔡世远、张昺、张瑗、梅文鼎、惠士奇、秦道然、王兰生、何焯、庄亨阳、刘谦等人，皆名臣硕学，颇受他们尊重。桐城贡士方苞坐戴名世《南山集》论死，李光地择机向康熙进言，举其能古文而免死。晚清易宗夔《新世说》卷一、卷四皆有详录其事。但由于他圣眷优渥，也引起不少朝臣嫉妒，其政敌捏造“蜡丸案”“夺情案”“外妇之子来归案”攻击他，其中又以蜡丸案的影响最大。乾隆时期的史学名家全祖望在《鲒埼亭集外编》卷四十四《答诸生问榕村学术帖子》大力诋毁李光地，称其“初年则卖友，中年则夺情，暮年则居然以外妇之子来归，足称三案”①。此说极大地影响了乾嘉以后的学者，以至后人在评价李光地时，大多不辨是非，皆论其人品低下，实是全祖望开了个坏头。

所谓蜡丸案，指的是李光地和陈梦雷因上蜡丸疏具名纠葛而形成的一段历史公案。李光地当初请假回乡，正好遇到耿精忠叛乱，随后收到耿部所发的劝降书。与此同时，与李光地同榜进士的陈梦雷已经被耿精忠等人逼迫，只能称病不出，但也无法将消息传达给朝廷。李光地赴福州后，与陈梦雷会面，两人商定，陈梦雷继续留在福州做内应，李光地借口父病速归，并遣人从山路将耿军虚实速报朝廷。后来李光地用蜡丸将收集的情报秘密封存上报朝廷，其忠心受到康熙嘉许，此后一路青云直上，仕途高升。而陈梦雷为人告发从逆，李光地后来虽上疏为其求情，但陈梦雷仍被发配戍边。陈梦雷认为李光地没有把实情告诉康熙，于是写下《告都城隍文》，控诉李光地卖友求荣，刻意将自己的功劳抹掉。康熙二十一年(1682 年)，陈梦雷被押抵奉天(今沈阳)，开始流放生涯，又写下《抵奉天与徐健庵书》述及此事。痛定思痛的陈梦雷决定与李光地绝交，作《与李厚庵绝交书》(或作《陈省斋与李安溪绝交书》《陈梦雷与李光地绝交书》)，当时即已单行，后又收入《闲止书堂集钞》和《松鹤山房文集》。《与李厚庵绝交书》传入北京后，一时士林争诵，旋即由徐乾学呈进康熙。康熙阅后，虽“疑团百出”，但并没有因此怪罪李光地，依然对李光地十分信任。蜡丸案一事可参看钱林的《文献征存录》李光地、陈梦雷两传，邓之诚《五石斋文史札记》，又《清文汇》卷二十五《陈梦雷与某同年书》，“某同年”，即李光地也。钱林在《文献征存录·陈梦雷传》中认为陈梦雷指责李光

① 全祖望:《答诸生问榕村学术帖子》,《清代诗文集汇编》第 303 册,上海:上海古籍出版社,2011 年,第 493 页。

地的事实不确，言过其实。陈寿祺也在《左海文集》卷三《安溪蜡丸疏辨》中为李光地辩白，称："蜡丸案与省斋(陈梦雷)无与，乃东海(徐乾学)忌安溪(李光地)之才，教省斋极力诋娸，冀以脱罪，己遂从而下石焉。《闲止书堂集》诉城隍文、《与厚庵绝交书》，皆后来诡辞耳"[①]。梁章鉅《归田琐记》卷四《李文贞公》也认为李光地学养纯粹，断不会如此。对比陈、李二人自述，似以李光地之言更可信[②]。陈梦雷与李光地密约并提供情报或许属实，但并不能证明他与李光地共同策划了蜡丸疏，且陈、李二人各自所提引兵入闽计策根本不同，陈梦雷亦不敢提及此点。此外，李光地"疏陈两次密约"，显然他是向康熙求过情的，也说明过其中原因，挑明两人确是密谋过的，并非陈梦雷所说"不出一语"。但康熙也并没有因此认为陈梦雷立了大功，仍将其流放奉天。陈、李的是非争论因系当年密谈之事，未见于文字，其后两人又各执一词，双方都拿不出确凿证据，遂成历史公案。由于陈梦雷文采出众，《与李厚庵绝交书》写得声情并茂，催人泪下。相比之下，李光地则拙于辞章，不善属文，再加上出于同情弱者的心态，朝中众臣多相信陈梦雷说词，严重影响了舆论导向，以至数十年后，乾隆提及此事，还称"若李光地于耿逆时遣人赍送蜡丸告变，外间传有不与陈梦雷一同列名之事，于公论亦未允乎"[③]。

夺情案一事，则发生在李光地母亲去世之后。康熙三十三年(1694 年)，李光地的母亲去世。当时，李光地提督顺天学政，康熙要求他特行简用，在任守制。于是李光地请假数月回家为母亲治丧，不耽搁岁科两科两试。但朝议汹汹，御史沈恺曾、杨敬儒等人，以不遵为父母回籍守制三年的古训之由弹劾，给事中彭鹏也指责李光地不乞守制而请给假是"贪位忘亲"。康熙看了这些奏疏之后，亲自诏彭鹏询问，后查明缘由，最终将李光地就地解任，不许回籍。《康熙起居注》《清实录》等史实记载已经很清楚，所谓的李光地夺情案实出上意，并非李光地贪恋禄位。陈康祺《郎潜纪闻初笔》卷二《李文贞公夺情》明确指出，李光地丁父忧时，守制未满尚且不敢服命服以拜朝命，更何况现任

---

① 陈寿祺:《左海文集》卷三,《续修四库全书》第 1496 册,上海:上海古籍出版社,2002 年,第 108～109 页。

② 梁章鉅著:《归田琐记》,于亦时点校,《历代史料笔记丛刊:清代史料笔记》,北京:中华书局,1997 年,第 64～65 页。

③ 北平故宫博物院文献馆:《清代历史资料丛刊:清代文字狱档》,上海:上海书店出版社,1986 年,第 557 页。

学政，如无皇命怎么可能在任守制？[①] 但有人就是罔顾事实，非要捏造夺情案一事以诋毁李光地，无非就是嫉妒他“得君之专”。至于外妇之子来归案，更是无稽之谈，不值一议。

尽管朝中奸党诋毁者众，但也不乏正直之士为其鸣冤，方苞的《方望溪全集·集外文》卷六《安溪李相国逸事》就为李光地鸣不平，称“自公在任时，多有诮公。既殁，诋讦犹甚。盖由三藩播乱时，公适家居，以蜡丸献入闽之策。贼平，以编修擢内阁学士。忌者遂谓公有二心，公恐为门户之祸，故不能无所委蛇”[②]。李光地去世后，杨名时作《光禄大夫文渊阁大学士兼吏部尚书谥文贞李公光地墓碣》，彭绍升作《故光禄大夫文渊阁大学士李文贞公事状》，均给予李光地极高评价。此二篇碑文皆收入钱仪吉编纂的《碑传集》。此外，葛虚存《清代名人轶事》辑有《李文贞轶事》。陈康祺的《郎潜纪闻初笔》卷六《梅文鼎以算数被恩遇》，卷九《方侍郎勉李文贞语》及《郎潜纪闻二笔》卷二《李文贞之知人》，卷九《杨文定之操守》均有讲述李光地“扶植善类”事迹。

四、《榕村全书》

李光地勤于学习，笔耕不辍，终其一生著作颇丰，共 43 种。清道光年间编《榕村全集》时，5 种散失，现存 38 种，计 175 卷。除主编《性理精义》《朱子大全》等书外，主要有《周易通论》四卷、《周易观象》十二卷、《诗所》八卷、《大学古本说》一卷、《中庸章段》一卷、《中庸余论》一卷、《读论语札记》二卷、《读孟子札记》二卷、《古乐经传》五卷、《阴符经注》一卷、《参同契注》一卷、《正蒙注》二卷、《朱子礼纂》五卷、《榕村语录》三十卷、《榕村文集》四十卷、《榕村别集》五卷，还有《周易折中》《周易观象大旨》《尚书解义》《春秋稿》《春秋毁余》《孝经说》《洪范说》《四书解义》《榕村韵书》《榕村讲授》《讲授札记》《二程遗书纂》《朱子语类四纂》《礼记纂编》等。《四库全书》共收书 17 种。据陈祖武先生考证，李光地从二十九岁到四十八岁，学术宗尚一直游移于程朱、陆王之间。从五十一岁开始，才坚定地站在程朱理学的立场上[③]。李光地生逢清初

① 陈康祺：《郎潜纪闻初笔》，北京：中华书局，1984 年，第 37～38 页。

② 方苞：《方苞集》，上海：上海古籍出版社，1983 年，第 687 页。

③ 陈祖武：《榕村语录及李光地评价》，《福建论坛》（人文社会科学版），1990 年第 2 期，第 19～24 页。

满汉矛盾激化时期，为极力迎合清廷的思想文化政策，大力推行儒家思想，缓和社会阶级矛盾，将理学经世落到实处，反对空谈虚妄之风。他奉敕编纂了《性理精义》《朱子全书》《周易折中》等彰扬程朱理学之书，经康熙审定，以御纂、御定名义颁行于学宫，对于推动当时理学的发展，产生了重要的影响作用。《四库全书总目提要》卷九十四子部四对李光地之学给予了极高评价，称："光地之学，源于朱子，而能心知其意，得所变通，故不拘墟于门户之见。其诂经兼取汉唐之说，其讲学亦酌采陆王之义，而于其是非得失，毫厘千里之介，则辨之甚明，往往一语而决疑似。"[①]卷一百七十三集部二十六又赞李光地："光地所长，在于理学经术，文章非所究心。然即以文章而论，亦大抵宏深肃括，不雕琢而自工。盖有物之言，固与鞶帨悦目者异矣。数十年来，屹然为儒林巨擘，实以学问胜，不以词华胜也。"[②]徐世昌所编的《清儒学案》卷四十《安溪学案》也认为"安溪（李光地）学博而精，以朱子为依归，而不拘门户之见"[③]。当然也有一些清代学者批评他的著述虽丰，但理论创新不足，理学思想多弥缝而少发挥，且因其善于揣摩康熙之心理及"三案"说的流传，惹来清议指责其言行不一、投机取巧，与他孜孜讲求的道学很不相配，被贴上伪道学标签。康熙本人就曾批评汤斌、李光地为伪道学，说其"以帝王之好恶为瞻而变易其说"，指斥"汉人行径殊为可耻"。到了清末民初，言论渐开之后，更是饱受非议。梁启超在《梁启超全集》第三卷里说："其纯然为学界蟊贼，煽三百年来恶风。而流毒及于今日者，莫如徐乾学、汤斌、李光地、毛奇龄"[④]。邓实在《国学通论》中也称："则二魏象枢、裔介、汤斌、李光地，……皆以大人先生执学界之牛耳，然而无取焉者。一则伪名道学，以腴媚时君；一则著述虽富，或假手于其食客。是故清学而有此巨蠹之蟊贼，而清学亦衰矣"[⑤]。孟森的《明清史论著集刊》更直斥李光地是伪道学，称"他人讲理学而格君之非，光地讲理学而扬君之是"[⑥]。李光地不但忠于清廷，且帮助清廷推行文化政策，又举荐施琅攻台，致郑氏政权覆灭，反清复明希望彻底破灭，汉族士子也因之对

① 纪昀：《钦定四库全书总目提要》，台北：台湾商务印书馆，1986 年，第 69 页。

② 纪昀：《钦定四库全书总目提要》，台北：台湾商务印书馆，1986 年，第 596 页。

③ 徐世昌：《清儒学案》，北京：中国书店，1990 年，第 208 页。

④ 梁启超：《梁启超全集》卷三，北京：北京出版社，1999 年，第 611 页。

⑤ 邓实：《国学通论》，《国粹学报》1905 年第 3 期，第 1～9 页。

⑥ 孟森：《明清史论著集刊》，北京：中华书局，2006 年，第 620 页。

其切齿。这种怨恨一直持续至清末，章太炎等人旧事重提，复予攻讦。章太炎晚年在《自述学术次第》中说："古称读书论世，今观清世先儒遗学，必当心知其意。若全绍衣痛诋李光地佻淫不孝，实未足以为大过。台湾之役，光地主谋，使汉绪由兹而斩，欲明加罪状则不能，故托他过以讥之也。"[①]梁、章等人对李光地的非议恐怕与其立场有很大关系，他们皆是清末民初的改革派或革命派，思想上极力歌颂誓不仕清者，而对效力清廷的能臣则大为不齿。无疑这种看法是片面的。在评价历史人物的时候，史学家常根据自己的需要而制定不同的标准，结论往往很难取得一致，有时甚至会截然相反。评价历史人物固然要讲气节，但更要将历史人物放在时代背景下加以对比，不能以今天之思想及感情去要求古人，而应站在国家和民族集体利益上去通盘考虑，才不会有失偏颇。

《榕村全书》中有几种记录李光地言行事迹的史料颇具价值，值得研究者注意：一是《榕村语录》与《榕村续语录》，一是《李文贞公年谱》和《榕村谱录合考》。《榕村语录》三十卷，有《榕村全书》本、《四库全书》本，李光地撰，李光地门人徐用锡及孙李清植辑，为李光地学术言论汇编。包括经书总论与论《四书》者八卷，论《易》《书》《诗》《三礼》《春秋》《孝经》者九卷，论宋六子、诸儒、诸子、道释者三卷，论史一卷，论历代一卷，论学二卷，论性命、理气者二卷，论治道二卷，论诗文二卷，末附韵学。每一条或为光地自记，或为清植记，或为门人记，皆标于该条之末，而以光地自记与清植记者为多。李光地为清初宋学代表，此书为其代表作，全面反映了李光地的学术思想。《榕村续语录》全书共 20 卷，其初纂者为李光地外甥孙襄，乾隆初年李光地孙李清馥得到孙氏稿本，遂依李清植例纂辑而成，有民国间博氏藏园刊本，其中《本朝人物》《本朝时事》《治道》等卷对康熙朝的一些重要历史事件，如三藩之乱、施琅与姚启圣之争、平台事略、朝廷党争等均有论述，多为李光地亲身所经历。因此，《榕村续语录》不仅可以佐证清代官私史著，对正史也有拾遗补缺的重要作用，具有重要的文献史料价值[②]。

《李文贞公年谱》二卷，清道光五年（1825 年）二酉堂写刻本，为李光地从孙清植纂辑，魏廷珍等参订。该谱对李光地的仕宦生涯、生平行事及为学论

① 许寿裳：《章太炎传》，天津：百花文艺出版社，2009 年，第 63 页。

② 王政尧：《试析李光地论"本朝人物"——兼议〈榕村语录续集〉的历史价值》，《清史研究》1992 年第 3 期，第 24～32 页。

道等叙述较详，但因出自后裔、门人之手，对光地一生亦多曲护。《榕村谱录合考》二卷，李光地之孙李清馥编撰，清道光六年(1826 年)安溪李氏刻本。该谱详录有与李光地交往密切的陈梦雷、汤斌、熊赐履等人事迹，并加以考辨。康熙与李光地之问答，亦录其详。由于该谱于《李文贞公年谱》二十年后所成，时李光地的政敌多已亡故，因此议李光地的事不用再遮遮掩掩，于李光地三案中的蜡丸案和夺情案辨析尤多。《榕村谱录合考》是在《李文贞公年谱》的基础上，广征语录、墓志、文集等，进行大量的增删订补而成，凡李光地之出处、仕宦、交游、讲论、著作等，皆详加考订。尽管囿于门户偏私，旨在为谱主讳饰洗刷，但也在某些方面透露了历史真相，其价值远较旧谱为高，可以说是关于李光地的一部翔实的新谱①。此外，《榕村别集》卷五收录的《诫子孙》《本族公约》《同里公约》《丁酉还朝临行公约》等对于研究李光地家规家训皆具有重要的文献价值。

五、结　　语

李光地一生几与康熙朝相始终，晚年颇受康熙器重，常奉诏面圣。君臣二人深入密谈，外人不得与闻，又因他为人持正，凡议事不委顺从人，因此得罪朝中不少同僚，虽不愿卷入朋党之争而终难避免。康熙在位时，李光地在朝中就颇受争议，近现代以来，诸家评论亦有褒有贬。文献史料无疑是解读李光地最真实的原始依据，相信随着更多档案史料的解密和其他文献的陆续挖掘，学术界有关李光地的研究将更加深入，对于还原李光地的本来面目，全面评价其是非功过，厘清各种史实纠葛都大有裨益。

---

① 陈祖武:《李光地年谱略论》,《文献》1989 年第 3 期,第 132～142 页。

试析李光地的人才观

颜古城

(福建省安溪第一中学)

摘要：李光地把国家的治理与人才的选拔联系在一起，把人才看作是治国平天下的根本，不仅认识到人才对治国平天下的重要性，而且认识到人才难得。李光地认为选拔、任用人才，首先应注重德行，同时他还非常重视科技人才的培养。在其近五十年的从政生涯中，李光地先后为清廷选拔举荐了50多名国家栋梁之材。这些被荐者无一不出类拔萃，都成为清朝的中流砥柱，为康乾盛世的到来做出了不可磨灭的贡献。

在清代，选拔人才基本上是沿用隋唐的科举制度。但是由于科举进入仕途的官员未必都具有治国经邦之才，因此朝廷用人，特别是官员的升迁，很多时候还得依靠大臣的推荐保举。

李光地认真总结我国历史上封建王朝统治经验教训，反思了清兵入关以来选拔人才的得失，在论本朝人物时指出："要朝廷清明天下太平，而致此者，非人才不能。"[①]他把国家的治理与人才联系在一起，把人才看作是治国平天下的根本。他认为国家不能大治，很重要的原因是因为没有贤才。然而国无贤才，并不是因为世上无人才，而是人才未能被合理的使用。李光地不仅认识到人才对治国平天下的重要性，而且认识到人才难得。因此，他特别强调

① 李光地：《榕村语录续集》卷九，《榕村全书》第七册，福州：福建人民出版社，2013年，第193页。

举贤荐能的重要意义,“知人任人,是人君大事”。[①]

在李光地近五十年的从政生涯中,先后为清廷选拔推荐了50多名栋梁之材。如收复台湾的靖海侯施琅将军、被康熙帝称为“天下第一清官”的张伯行、清初理学家陆陇其、在收复西藏的战争中立下赫赫战功的马见伯、官至一品尚书的杨名时、主持福州鳌峰书院的蔡世远等等。这些被荐者无一不出类拔萃,都成为清朝的中流砥柱,为康乾盛世的到来做出了不可磨灭的贡献。

一、选拔和任用德才兼备的人才

李光地提出了选拔、任用人才,首先应注重德行。他认为做官不仅要有才能,更重要的是要有很好的品德,他说:“古时命官惟视德,德懋懋官,功懋懋赏。是有功者止于赏,而官不及焉。此是治天下之要道,而其根却在不迩声色,不殖货利,课官且先讲清廉,已得要领。”[②]

当然,李光地所说的德行,主要是“忠君爱民”,他把忠君放在首位,这是他所处的地主阶级立场所决定的。但李光地也把爱民放在重要的地位。他说:“民爱之如父母,则其自然之符也。”[③]为官不能爱民,就不可能做到清廉。故李光地所举之人皆是克己奉公、洁身自爱、行事不苟且的耿直人士。

作为康熙时代一朝名臣,李光地更为可贵的是对蒙冤受屈的有用之才,每能伸张正义,解救危难。

“陈鹏年宦于江南时,声实甚美,时被参诬坐黜”。[④] 陈鹏年最初在浙江西安任知县,查处了恶霸地主强占数千户农民土地的大案。后来任海州知州,亲自监运数千石粮食前往兖州赈济饥民,“全活数万人”。[⑤] 不久,陈鹏年擢升江宁知府。

---

① 李光地:《榕村语录》卷二十二,《榕村全书》第六册,福州:福建人民出版社,2013年,第200页。

② 李光地:《榕村语录》卷二十七,《榕村全书》第六册,福州:福建人民出版社,2013年,第322～323页。

③ 李光地:《榕村语录》卷一,《榕村全书》第五册,福州:福建人民出版社,2013年,第32页。

④ 李光地:《文贞公年谱》下卷,《榕村全书》第十册,福州:福建人民出版社,2013年,第76～77页。

⑤ 《清史稿·陈鹏年传》。

康熙四十四年(1705年)二月,皇帝南巡,江南总督阿山要增收地丁银来讨好皇上,陈鹏年不同意。皇帝的随从向他索要馈赠,陈鹏年也不予理睬。于是皇帝的随从就向康熙进谗言,说陈鹏年在妓院故址建学堂宣讲圣谕。康熙大怒,立即罢了陈鹏年的官,将他关进监狱,并让江南总督阿山负责审理,随后就打道回京了。

江宁市民听到陈鹏年被关进监狱的消息后,群情激奋,以罢市抗议,江宁府的一千多名生员也打起旗帜要进京请愿。总督阿山无视人民呼声,硬是要以“大不敬罪”判处陈鹏年死刑。在这一紧要关头,李光地向康熙反映了江南人民的呼声,说“素颇得誉,迩来顿减,为其参陈鹏年故也”,[①]总督阿山劾陈鹏年犯清议。康熙这才将陈鹏年免死,将他召到武英殿编书,康熙四十七年(1708年),陈鹏年出任苏州知府。

康熙四十八年(1709年),陈鹏年又险遭横祸。江南总督噶礼在陷害巡抚张伯行的同时,又加害于陈鹏年,刑部要将陈鹏年发配到黑龙江去。由于李光地力保此二人,康熙才没有批准刑部的判决。李光地去世后,陈鹏年被任命为河道总督,为了治理黄河水患,陈鹏年“止宿河堧,寝食俱废,浸羸惫”,[②]终于累死在黄河的大堤上。雍正皇帝给予很高的评价:“鹏年积劳成疾,没于公所。闻其家有八旬老母,室如悬罄。此真鞠躬尽瘁、死而后已之臣,褒锡甚至。赐帑金二千,锡其母封诰,视一品例荫子,谥恪勤。祀河南、江宁名宦。”[③]

二、非常重视科技人才

对于先进的西方科学技术,李光地亲自下苦功夫刻苦钻研,并学有所成,而且还发掘扶持了一大批优秀人才。在与梅文鼎的多年交往之中,李光地全面了解梅文鼎近30年所取得的成果,称赞“梅氏历算,自汉以下专门未有也”。[④] 深感有必要在梅文鼎的著作《古今历法通考》的基础上,“宜撮其指要,

---

① 李光地:《文贞公年谱》下卷,《榕村全书》第十册,福州:福建人民出版社,2013年,第77页。

② 《清史稿·陈鹏年传》。

③ 《清史稿·陈鹏年传》。

④ 李光地:《文贞公年谱》上卷,《榕村全书》第十册,福州:福建人民出版社,2013年,第43页。

束文伸义，章逢之士得措其心焉”。[1] 写一部通俗介绍历学之书，目的在于“俾人人得其门户，则从事者都，此学庶将益显”。[2] 梅文鼎欣然从其言，在移居李光地府上的数月间，写稿三十余篇，终于写成了普及科学知识一书《历学疑问》，李光地亲自主持校刻。

此外，李光地还发掘、引荐了另一天文历算学家陈厚耀。康熙四十五年(1706 年)陈厚耀中进士后，因李光地的推荐受到康熙召见，经过一番问答，深得康熙帝赏识。自是入值内廷，得以大量阅读宫内珍本秘籍，接触到当时西方比较先进的科学仪器，并得到康熙的指点，因此视野更开阔，学识更精深，因而在学术上有了更高的造诣。与梅文鼎相比，可谓青出于蓝而胜于蓝。

李光地在发掘扶持优秀的科技人才的同时，很注重科技知识的普及，刊刻科普书籍，成立了保定巡抚衙门算学学习中心，为国家培养了大批的科技人才。在此期间，李光地身体力行，提倡学习经学和算学，网罗一批得力人才，“又使诸生从而受学，于是陈万策、魏廷珍、王兰生及冢子钟伦，皆通历算之学。公(李光地)有诗云：‘年运递奔驰，六艺缺复久。诸子兴未衰，斯文幸已厚。’盖深喜之也。”[3]

可以说，李光地虽然不是那个时代首屈一指的天文学家和数学家，但他却通过劝说康熙帝重视西方科学技术，通过发现、扶植、支持和表彰那个年代杰出的天文家和数学家梅文鼎等人，通过培养科学技术人才，有力地推动了全国的科学技术发展。

康熙五十九年(1720 年)，在李光地去世后的第二年，康熙帝在谕祭李光地碑文中写道：“至于天人象数，朕尝加意阐明，尔则探索研求，靡不虚心请益。盖惟朕知尔最悉，亦惟尔知朕最深……”这是对李光地的科学探究精神及天文历算方面造诣给予的高度评价。

---

① 李光地：《榕村全集》卷十二，《榕村全书》第八册，福州：福建人民出版社，2013 年，第 306 页。

② 《清史稿・梅文鼎传》。

③ 李光地：《文贞公年谱》下卷，《榕村全书》第十册，福州：福建人民出版社，2013 年，第 65 页。

三、甘冒风险、知难而进的政治态度

清代推荐人才有两难：一是有朋党之嫌。皇帝一方面要大臣荐拔人才，来协助治理国家；另一方面又要防大臣借荐拔人才来培植自己的势力，结成朋党。康熙三十年（1691 年）以前，朝臣的朋党之争十分激烈，使得康熙帝后来对朋党问题总是保持高度的警觉。

二是可能受到连累。被荐拔的人任官后若有什么过失，推荐者就有妄奏之罪，也要受到惩罚。因此，皇帝如果想整顿某一大臣，就常常从这位大臣所推荐的人身上挑毛病；朝中的人如果对某位大臣怀恨在心或嫉妒挟仇，也往往从这位大臣所推荐的人找岔子。李光地所举荐的这些人，都是为国为民的清正廉洁官员，但同时他们"多不谐俗"，[①]往往易于遭到同僚的不满和非议，甚至排斥和打击，有时连康熙帝也不能理解他们。

其结果，李光地经常"每以举主蒙谴"。[②] 更有一些别有用心者经常以此对李光地进行攻击，"而忌者首攻公（李光地）所荐举，以为倾公之地。因扬言恃上（皇上）恩，植党以要权重。微上信公之深，祸且不测矣"。[③]

举荐诸难，李光地心里非常清楚，但他有自己的主见，不管皇帝如何猜忌，也不管小人如何陷害，甚至不怕皇帝与小人联合起来整自己，李光地总是保持着"不拘一格荐人才"的可贵精神。

纵观其宦海生涯，李光地所冒风险最大的一次举荐，是举荐清代散文家、桐城派散文创始人方苞。方苞，字灵皋，安徽桐城人。方苞自幼聪明，青少年至京城，入国子监，以文会友，名声大振，被称为江南第一。

《南山集》，又名《戴南山集》，清戴名世（1653—1713）撰。戴名世，清代文学家，安徽桐城人。康熙四十八年（1709 年），戴名世榜眼及第，授翰林院编修。康熙四十一年（1702 年），戴名世的弟子尤云鹗把自己抄录的戴氏古文百

---

① 李光地：《榕村谱录合考》下卷，《榕村全书》第十册，福州：福建人民出版社，2013 年，第 330 页。

② 李光地：《榕村谱录合考》下卷，《榕村全书》第十册，福州：福建人民出版社，2013 年，第 330 页。

③ 李光地：《榕村谱录合考》下卷，《榕村全书》第十册，福州：福建人民出版社，2013 年，第 330 页。

余篇刊刻行世。由于戴氏居南山冈，遂命名为《南山集偶抄》，即著名的《南山集》。康熙五十年(1711 年)十月，左都御史赵申乔以“狂妄不谨”的罪名弹劾戴名世，表面原因就是《南山集》。康熙五十年(1711 年)，《南山集》案发，《南山集》的作者戴名世和方苞同乡，两人交往甚密。方苞因给《南山集》作序，被株连下江宁县监狱。帮助刊刻《南山集》的已故方孝标“锉其尸骸”，戴名世和方孝标受到了株连九族的灭顶灾难，与戴名世交往的人亦按等议罪，方苞被判斩首。《南山集》案牵连人数达三百人之多，是清代较大的一桩文字狱案，而戴名世、方孝标的所有著作及书刻板被清查烧毁，列为禁书。

在这种情况下，李光地很想营救方苞和戴名世，但戴名世获救的可能性几乎没有，方苞获救的可能性是有的，但也要冒很大的风险。尽管如此，李光地还是为救方苞和戴名世做了最大的努力。

康熙五十一年(1712 年)十月，趁着词臣汪彬去世的机会，李光地去见康熙帝，康熙叹道：“汪彬卒，无复能为古文者矣。”李光地乘机进言：“必如班、马、韩、柳[①]，诚急未得其人。若比彬者，才固不乏，即若某案中之方苞，其古文文词尚当胜之。”[②]康熙又问作古文仅次于方苞者是谁？李光地说是戴名世。当时“左右闻者无不代公(李光地)股栗”，[③]而李光地泰然自若。

最后，康熙虽然不肯赦免戴名世，却赦免了方苞，命方苞入蒙养斋修书。既然为《南山集》作序的方苞都已赦免，再杀其他的被牵连者也就没道理了，于是除戴名世被处斩外，“全活者三百余人”。[④] 乾隆年间，方苞担任内阁学士兼礼部侍郎、三礼馆总裁，有《望溪全集》传世。为荐举贤能，李光地虽多次险遭不测，但他始终没有“替其好贤之心”，也并未因此而畏缩不前。在政治上，每当他看准了自己所选择的目标，便会坚持不懈地为之奋斗。故时人给予了李光地很高的评价：“性本畏谨，然至于赴会肩矩，则精诚自断，卓然不摇。”[⑤]

康熙三十年(1691 年)，李光地曾深有感慨地说：“然前辈有言，仕宦以孤

---

① 班、马、韩、柳指的是班固、司马迁、韩愈、柳宗元四个名家。

② 李光地：《文贞公年谱》下卷，《榕村全书》第十册，福州：福建人民出版社，2013 年，第 90 页。

③ 《方苞集集外文》卷六。

④ 《方苞集集外文》卷六。

⑤ 李光地：《榕村谱录合考》下卷，《榕村全书》第十册，福州：福建人民出版社，2013 年，第 330 页。

立为安身，少识一人，省生一事，未必非福。”[①]道理何尝不是如此呢？然而李光地绝没有选择这种明哲保身的处世态度，他曾在给何焯的书信中写道：“某平生多受友朋之累，然每讽蒹葭场苗之诗，念所谓‘举逸民，天下归心’者，慨然永叹，以为此太平之基，太上盛德也。辄复自罄，不顾其后”。[②] 李光地的这段话不仅表达了他为国为民的政治抱负，也表达了他甘冒风险、知难而进的政治态度。

① 李光地：《榕村谱录合考》上卷，《榕村全书》第十册，福州：福建人民出版社，2013 年，第 220 页。

② 李光地：《文贞公年谱》下卷，《榕村全书》第十册，福州：福建人民出版社，2013 年，第 63 页。

民以食为天:论李光地晚年试种红稻的历史意义

苏旺太

(安溪县县志办公室)

摘要:民以食为天,即治天下,首要是使民得温饱。李光地晚年在康熙的安排下,在家乡安溪试种红稻成功,并将良种"广传民间"。此举为国家大一统局面的实现和康乾时期中国人口的大幅增长奠定了物质基础。

一、民以食为天

中国漫长的封建社会,是个以农耕经济和文化立国的农业大国。辽阔的疆域和繁多的人口,使普天下的百姓和君王都形成共识:民以食为天。到了清代康熙晚期,经过几十年的治理,在李光地等忠臣良相的辅佐下,也终于明白民以食为天,即治天下,首要是使民得温饱,要有粥喝,有饭吃!

李光地自康熙九年(1670 年)中进士,其从政经历几乎与康熙毕生治国经略相一致:平三藩,收台湾,治学、治河、治吏,废圈地弊政,开疆拓土,永不加赋,选拔贤能,崇尚理学,尤其是到了晚年,这一对中国历史上罕有出现而又相处最长时间的明君良相,更加关注民生实事,深深懂得要长久保障百姓手中的饭碗,就得从稻种抓起。因此,康熙把试种红稻的重任,交给老成持重的股肱大臣李光地。

二、李光地与红稻

《安溪县志》载：

1940年前，县内普遍栽种一种红稻，早熟高产，营养丰富。后来，由于推矮化良种，种植逐渐减少，现在只在偏远山区尚有少量种植。然则这种红稻米的栽种始于何时，查阅有关史料，发现康熙五十四年(1715年)，官居文渊阁大学士的李光地，乞假二年回乡获准。陛辞时，康熙皇帝赐发红稻一石，让其试种于乡。李光地回乡后，次年春即在湖头私宅前择地栽播，发现其种比当时其他诸种吐穗成实皆早十余日，其米颗比诸种尤较长大。李光地一面又试续栽晚季之秧，一面具折向康熙呈报晚秧已油油畅发，并请示“可否，广传于民间”。康熙皇帝览奏折后除朱批“知道了”三字外，还在“广传民间”四字旁加朱圈认可。这或许可以说明，至少清康熙五十五年(1716年)，李光地就引进红稻到县内试种，至今已历270多年。当然，现在栽种的红稻是否就是当年康熙皇帝赐给李光地栽种的品种，则尚需进一步考证。[①]

李光地《赐食物红稻恭谢札子》载：

臣李光地谨奏：本月二十六日，南书房捧出皇上恩赐臣燻细鳞魚一匣，鲜鹿肉条一匣，另红稻一石，即叩头祇受。随奉荐祖先，均沾天泽。切臣以辞阙到热河，旬日之内，朝饔夕飧，悉饫尚膳。此从古藜羹粝饭之人所未经见。今临行匆匆，犹蒙皇上念及，远自行幄，驰赐珍鲜。眷注深恩，有加无已。其时适有同僚数人送臣者在坐，莫不叹息咨嗟，谓皇上笃念老臣，如此其至也。红稻异种，出自天贻。臣谨推恩锡予之意，试之仄两熟之乡，使万世颂后稷者，亦无坐疆彼界，不独臣家子孙，服穑先畴，夸为盛事而已。谨具折恭谢圣恩，臣不胜瞻依恋慕之至。[②]

康熙五十五年(1716年)五月，大学士李光地奏陈伏读御序情由并报御赐红稻种成玉粒始末奏折载：

臣李光地谨奏，臣因万寿嘉节不得随班拜舞，谨具折遣家人赍奏，蒙

① 《安溪县志》，1994年，第1409页。

② 李光地：《榕村全书》第九册，福州：福建人民出版社，2013年，第218～219页。

御批发下。家人以五月廿四至家，臣恭设香案，跪接叩头谢恩讫，内有另封文字，臣谨启函捧读，系御制《性理精义》序文。臣伏诵旬日，仰见皇上理造精深，词尚体要。躬行实践，学已达于性天，缉熙单心，道实兼夫圣哲。总其条贯，以勒成书。约厥指趋，而序于编首。庄严简重，论极皇王；洁静精微，体绝晚近。真三代训诰之文，非秦汉以下，花藻无实，枝蔓无根者所可比拟也。乡村人士，稍有见识者读之，或谓性理二字，向者习而不察，一经圣明阐发，始知性为真源，理为实际，体用合一之指，昭昭乎如拨云雾而见青天矣。至此书始末抚去取大旨，以至理义象数之精微，悉禀圣明还一指授，臣奉命编摩，惧弗克称。猥蒙序中齿及臣名，感悚尤深。所有原发稿本乞赐臣留为家宝，相应奏明。又臣去岁陛辞时，蒙皇上赐发红稻一石，俾臣试之本乡。臣谨于春间就居宅之前择地栽播，其种比闽中诸种吐穗成实，皆先十余日，其米颗比诸种尤较长大。续即栽晚季之秧，今亦已油油畅发。恭惟降比嘉种，实冥贻于帝天，故粒我蒸民，爰广被于疆界。斯诚泰平于盛瑞，不比朱草灵芝，仰且为卜世之休征，同符公刘、后稷矣。理应将收获情形报闻。但不知明岁可否广传民间，抑且暂谨收贮，恭候旨下遵行。另魏廷珍书中，恭奉圣旨一条，臣已另差家人受折请旨。今将伏读御序情由，并早稻登场种成玉粒始末，具折由总督满保代奏以闻。

朱批："知道了。"[①]

李光地晚年奉旨试种红稻，又经皇上恩赐广传民间，因而为康乾盛世奠定了物质基础。

三、奠定康乾盛世的物质基础

2002年1—3月间，中国人民大学清史研究所的郭成康教授应时任副总理李岚清邀请，到中南海为有关领导讲授《康乾盛世的成就与隐患》，他讲道："康乾盛世，严格地说是从康熙二十三年(1684年)到嘉庆四年(1799年)，也就是说从17世纪晚期到18世纪末这一个世纪又十几年的时间。它是清代268年历史最辉煌的时期，也是中国古代最后一个盛世。这最后的盛世已处

① 李光地：《榕村全书》第九册，福州：福建人民出版社，2013年，第218～219页。

于世界大势发生了空前巨变的大背景下，因此具有比以往盛世更丰富的历史内涵。可以说康乾盛世是打开清史大门的一把钥匙，也是观照中国今天和明天的一面镜子。"为什么把康乾时代的中国称为盛世？

首先，国家大一统局面的实现。大一统是中国古代政治家追求的最高理想，也是中华民族的情结。经过数千年的蕴蓄积累，经过一代又一代人的开拓进取，到了清朝康雍乾时期，终于实现了稳定的国家大一统局面，奠定了今天中国的版图。这种成就来之不易，堪称超越千古。历史上，汉唐元明强盛时期，我国的版图也曾达到过黑龙江以北外兴安岭、大漠南北、广阔的西域、世界屋脊青藏高原和台湾澎湖，以至南海诸岛，但像康乾盛世那样对边疆地区真正实现了长期稳定的政治管辖和军事控制，边疆地区成为中国领土不可分割的一部分，内地的汉族与边疆地区的少数民族以经济文化纽带联系在一起成为唇齿相依、血肉相连的一个整体，这一切都是以往任何朝代都无法望其项背的。对这一成就给予怎样高的评价都不过分。

其次，人口突破 3 亿，达到历史上的最高峰值。乾隆六年（1741 年），国家开始实行内地省份各州县依据保甲门牌统计户口的新制度。这一年年底统计的人口总数是 1.4341 亿余人，过了二十年，也就是乾隆二十七年（1762 年）首次突破 2 亿，到乾隆五十五年（1790 年）又突破 3 亿。在半个世纪里，人口总数翻了一番，这在中国人口史上是空前的。

《康乾盛世历史报告》载："对于今天中国来说，人们一般想到的是过多人口制约经济社会发展的不利一面，但在康乾时代，两三亿人口是当时那个农业社会可以承载的。从积极的方面看，那 100 余年间，人口持续快速增长无疑是将盛世推向巅峰的主要推动力之一。当时，国家以 10 亿亩上下的耕地养活 30/100 左右的世界人口，而能长期保持国家安定和社会稳定，又谈何容易。这不能不说是康乾盛世又一个超越千古的成就。"①

李光地晚年试种红稻，不仅具有为康乾盛世奠定了基础，还证明李光地是一位实干家，是一个时刻为皇上分忧，为百姓苍生为念的忠臣良相，"卓然一代之完人"。

---

① 郭成康等：《康乾盛世历史报告》，北京：中国言实出版社，2002 年，第 4～6 页。

泉州师范学院举办李光地研究学术研讨会

2018年12月1—2日，作为泉州师范学院60周年校庆系列活动之一，李光地研究学术研讨会在特教大楼第二学术报告厅举行。

福建省委宣传部副部长肖贵新，中国社会科学院历史所原所长、中央文史研究馆馆员陈祖武，福建省社会科学院副院长、福建省人民政府顾问李鸿阶，福建人民出版社副社长魏清荣，福建省社科联社科规划办主任陈飞，泉州市宣传部副部长郭丹红，泉州市社科联副主席谢伯辉，泉州师范学院校长、福建省李光地研究院校长屈广清，泉州师范学院副校长杨晓翔出席大会。研讨会开幕式由泉州师范学院原副校长林华东主持。

李光地研究学术研讨会由泉州师范学院和安溪县人民政府、泉州市社科联共同主办，福建省李光地研究院、中国社会科学院文化研究中心闽南文化研究基地、安溪县湖头镇人民政府承办。中国社会科学院、福建社会科学院、福建省社科联、清华大学、厦门大学、福建师范大学、中国浦东干部学院、闽南师范大学、内蒙古工业大学、宁德师范学院、泉州经贸职业技术学院、泉州师范学院等10余所高校和科研院所专家学者80余人齐聚一堂，共襄盛会。

在开幕式上，福建省委宣传部副部长肖贵新在致辞中指出，2018年8月，习近平总书记在全国宣传思想工作会议上强调，中华优秀传统文化是中华民族的文化根脉，其蕴含的思想观念、人文精神、道德规范，不仅是我们中国人思想和精神的内核，对解决人类问题也有重要价值，而李光地文化就是中国优秀传统文化的典型代表之一。全面展示李光地的生平功绩、学术造诣，深入研究李光地的学术思想、执政理念和治家原则、揭示李光地文化的思想精

李光地研究学术研讨会现场

髓、传承和弘扬李光地精神，对社会主义精神文明建设具有重大现实意义。希望学者们集思广益，群策群力，共同谱写中国优秀传统文化新篇章。

泉州师范学院校长屈广清对各位专家学者的莅临表示诚挚欢迎，他说，“一代名相”李光地是清初杰出的政治家和思想家。他的学术思想和施政理念不仅在清代有重要影响，而且对当今社会的转型发展具有重要借鉴意义。2017年11月4日，在福建省委宣传部和泉州市委的高度重视和直接指导下，泉州师范学院成立了福建省李光地研究院。希望与各位专家学者加强合作交流，共同推进李光地文化深入研究，把研究院打造成为全国领先、具有重要影响的李光地研究基地，打造成为区域文化传承发展的示范基地和地方文化人才培养的重要基地。

安溪县副县长丁建铭在致辞中表示，李光地一生政绩卓著，学问斐然，他的执政理念、学术思想，乃至他的乡族观，都是非常宝贵的精神财富。希望各位专家学者以李光地研究研讨会为契机，走进安溪、走近李光地，深化对安溪千年古邑的认识和了解，感受李光地文化的博大精深，为安溪建设现代化山水茶都献言献策。

会上，福建省李光地研究院聘请陈祖武、邓孔昭等为研究院顾问，聘请冯

静武、王寅等为兼职研究员，屈广清为研究院顾问和兼职研究员颁发聘书。

据悉，本次研讨会主要围绕李光地治国理政思想研究、李光地理学与易学思想研究、李光地与清初国家统一、李光地历史地位评价、李光地家族文化研究、李光地语言文学研究、李光地文献史料整理与研究、李光地其他领域研究等问题展开深入探讨。通过研讨深入研究李光地的学术思想、施政理念，揭示李光地文化的思想精髓和历史地位，对于传承和弘扬李光地精神，进而继承和发扬中华优秀传统文化，为推进新时期社会主义核心价值观建设做出贡献。

12 月 2 日，与会专家学者还前往安溪县参加福建省李光地研究院湖头研究基地揭牌仪式和“李光地故里文化振兴乡村”主题沙龙。

榕村琐记

李瑞扬
（泉州经贸职业技术学院李光地文化研究中心）

李光地营造榕村书堂用心良苦，却是留下丹心一片。他生前选这方山水清幽之地，使家乡学子天天在幽暗的油灯下，辨识着世间人情的细部奥秘。李光地一生奉一套儒家思想的善真为德之理，聚一群心向儒学之人，延几位德高饱学之师，开创了家乡教育的新桅杆。

榕村，是一座书堂，李光地 44 岁时在湖头建造的第一座房子，用于讲学研经的地方，取名为榕村书堂。

去年，一位在外工作的族亲返回家乡，他是个学者，倾心李光地文化的宣扬，夙愿能在家乡创办榕村书院，委托我征询书院创办的各路程序。记得有一次电话咨询政府相关部门某办事员审批榕村书院的创办流程，这个办事员的回答，让我吃惊不小，对方把榕村听成“农村”，说农村办什么书院。我给他解释榕村是榕树的榕，是湖头李光地读书讲学的地方，他竟说不知道有这个地方，只知道湖头好像有一个李光地。

过后，我一直在思考一个问题，曾经一段时间，我们的历史名人，我们的古老建筑被冷冻、被遗弃、被毁灭，无所不能的推土机、挖掘机摧毁了多少古老建筑，多少人掠夺资源，贪利夺食，迷失了人生的方向。十几年前，一声拆令，家乡有着几百年历史的中山大街骑楼荡然无存，永远消失。那场灾难，家乡人没有力量阻止。

还好，榕村主体架构还能保存下来。

先祖李光地出生在外婆家，启蒙教育也在外婆家。明末清初，闽南战乱不断，稍大后回到湖头，父亲为躲避战祸，带家人隐藏于山区峭壁、溪谷、林麓

之中，颠沛万状。十四时家遭大难，陷贼者十余口，李光地也被土匪抓走了。二伯父李日煜悉心恳请朋友帮助，招募勇士，拿起武器，最后歼灭土匪，使亲人十余口安全回到家园。回到家中的李光地在剑斗洋山僦居山堡楗户三年，苦读经书，这三年对他一生的学问打下了扎实的基石。读书三年的这个地方，后来他父亲取名为有本堂，以示后人励志读书。不久时局趋稳，一家人回到湖头，他父亲在家乡碧翠岩妙峰山麓营建草堂，继续教导李光地读书。后来，李光地结婚了，僦居在外甥孙氏堡中，直到29岁考中进士还住在那里。

青少年时期的李光地，长期在外面飘着，居无定所，四处读书。李光地41岁回到湖头，敏锐深知国旺家兴，重在教育。兴衰激极，存乎其人。他以见微知著的智慧，深感迫切需要为子孙后代建造一座可以读书的学堂，为家乡为国家培养人才。44岁的文贞公，毅然拿出所有的积蓄，在孙氏堡的东北方向购地数十亩，营建书屋，专供家乡子孙在此读书、著述、讲学，现在我们尊称他为俊民中学的第一任校长。因有榕树数枝，所以取名榕村书堂，他也被当时学者尊称为榕村先生，时任工部尚书、《明史稿》主编王鸿绪亲笔题字“榕村”，镶嵌于主进门楣上方。同一时间，李光地在家乡又买山一区，修筑草堂在此读书，取名为成云洞书院。乾隆十六年(1751年)，福建巡抚潘思渠巡至家乡时，抒情而拜书匾额“李文贞公读书处”。现代的社会像个杀戮战场，每个人都在用不同的方式去夺取别人的能量，控制他人，用权力驾凌于他人之上，获得别人的关注、认可、喜爱，或是证明自己是对的、好的、高人一等的，不一而足。而官至文渊阁大学士的李光地，淡泊人生，安静素简，一生只为家乡建造两座书院，留给家乡的也只有这两座书院。榕村是他送给家乡最好的礼物，榕村成为家乡的坐标。

作为一座书堂要留存下来，非常不易。它是非常柔弱脆薄，而扑向它的灾难，一个个都是那么强大，那么凶狠，那么有力。榕村的书和堂的几百年积存，要让它存于灾祸之间，几乎没有可能，除非有几个坚毅文人的人格支撑。

明朝天一阁藏书楼的主人范钦就是其中一个，他一边认认真真地做官，小心翼翼地对付朝廷的事，一边痴迷书籍的收藏。正是他的痴迷，中国文化史上多一个杰出的藏书家，多了一座藏书楼。范钦用他毕生的心血和一个家族几代人的力量，苦苦支撑着天一阁的生命延续，最终也是难逃命运的焚毁。

当然，榕村书堂和成云洞书院也遭受毁坏。

尽管先祖们没有力量保护书堂和书院遭受灾难，现代却有家乡人对两处遗迹做点什么，而不忍让它冷冻遗弃毁灭。因此，20 世纪 90 年代榕村书堂和成云洞书院被大规模地修缮重建，使它们得于重见天日，重现家乡之门。

这应感谢旅居海外的宗亲李陆大先生和以李光地后裔李瑞荣为主事的宗亲乡贤，是他们的捐资修葺，使榕村书堂和成云洞书院获得了新的生命。

虽然，榕村书堂和成云洞书院的藏书被毁了，好在榕村书堂的式样以绘画的形式留存下来，它就是《榕村雅集图》。应当感谢李光地，他或许预知书屋会遇到灾难，在营造好榕村书堂后，特请福建永定画工张伯龙父子(子张士英)为榕树书堂的整体风貌进行创作绘制，留下了《榕村雅集图》画卷。画卷为横轴绢本，纵 39 厘米，横 729 厘米，画心 249 厘米。正是有了这幅画卷，不仅给我们留下榕村的雅集文化，更是给后人留下了丰盛的精神食粮，使我们现在可以看到三百多年前，一幅浓浓的师徒情和亲情的画面。我们再看一下榕村雅集画作：从右至左共有李光地和亲友雅集时的 7 个场景，画中人物 22 人，卷末题跋中有名有姓的有 17 人，其余为书童和侍从。其中先祖李光地的亲人李清藻、李光坊、李鼎征、李清植、李钟侨、李天宠、吴周桢、彀姑来了，得意门生何焯、徐用锡、蔡世远、魏廷珍、陈万策、杨名时、王兰生来了。他们来到榕村，做什么呢，在榕村论经议政，关注时政，显扬时世，积极用世，革除时弊，传承道义，造福社会。使榕村不仅名合其境，神合其义，以倡导之精义，教化众人，并世代相传。

榕村书堂，迎来送往了多少学者，我们无证可查了。

但是历史记住了那天，李光地回家了，请了这些人相约在榕村相聚，没有钟鸣鼎食，没有酒池肉林，他们抚琴听音，品茗博弈，也没有人恭维李光地是个大官，一切皆平实。人事、文事、棋事，茶事，苍劲挺拔的松树和繁茂的榕树，浑然一体。平淡素心的李光地，不以物喜，不以己悲，遇事淡定，淡然的生活方式积蓄了强大的正能量，他所有的事情都以正气的方式和节奏去做，留给后人的是厚重的精神财富。

我没有炫目的头衔，也没有事业上的建树，只是一个从事近三十多年的普通教育工作者。虽是如此，偶尔有规格的宴会也忝列其中。我注意到有些所谓名流对上座的人是满脸谦卑恭维，而转向下座的人，却是变形斜眼，目光空泛呆滞，言不由衷，伸出的手也冰冷僵硬。虽然这些名流金器满身，服饰考究，器宇轩昂，但一看内涵，那就怎么也不会真正入心入情，留于记忆。

李光地请来的这些人都是学有专长，他们在清代社会经济、政治、文化的

发展做出了各自的贡献，他们来到了榕村，暂别异化状态，杂心放下，以静坐求与大自然心物合一，以素心的状态浓情于山水，耽情琴棋书画的高雅志趣。世间技巧无穷，唯有德者可以其力。世间变幻莫测，唯有人品可立一生。当人品和学识交融时，才会让一个人走得更高更远，让后人记得清晰。

李光地五岁诵古文，读书之多几乎包括当时所有能记载的东西，想想他的书房，各种书籍堆得有多高，一般的人早就被茫茫的书海淹没了，李光地却能戏水踏浪，说他是天才好像还不够，研易治经简直是学究天人，留给我们二百多万字的榕村全集。六十多岁时，如果不是仆人因不小心烧了他的书房，或许留下更多。今天的学者，也许单攻一本书，就够他一辈子呕心沥血了。

那么李光地是怎么读书的，他说关了门，闭了户，把断了四路头，此正读书时也；书须熟读，譬如饮食，从容咀嚼，其味必长，大嚼大咽，终不知其味。凡书目过，口过，总不如手过。读书要探索书中的精微，深入思考，殚精竭虑，在此过程中还要做到研究其相同或差异之处，分析有关的是非问题，同时把自已有疑惑之处记下来，顺便加以辨析、论证，那么，你越深入思考、钻研，你就越记得牢固。这是李光地一生总结的读书方法，他把读书奥妙，价值观念、行为模式、道德规范注入了一座书堂和一座书院间。从此，榕村有了他的精神，家乡留下了他的气质。

清代以前，家乡一直没有发出太大的影响，直到李光地营建的书堂和书院，家乡突然变得坚挺起来，山区小镇的学子通过书堂书院勤苦治学，先后考中进士二十多人，举人一百多人。人数之多，在封建社会科举考试中是不多见的，还有兄弟同为翰林的盛举。现在，在家乡每年的普度民俗活动，民众还世代传唱的“廿六普翰林都”歌谣，说的就是当年家乡进士辈出而驰誉的“翰林都”明清建筑群。可惜，与之一起的“八座巷”，均蒙受毁灭，已被世人遗忘。

有一问题无法回避，那就是谁都无法确定现存的古建筑群还能站立多久，面对人为灾难，谁来做他们的保护神。我想，是否可以学一学先人，留下几个字，“你不动我，我不动你”，或许能笑容依旧。

阔别家乡二十几年的李光地，在花甲之年 74 岁回家了湖头，迎接他的是孙辈们，最亲的妻儿都已离开人世。在家乡十三个月的时间里，他基本上以榕村为中心办理事务，偶尔也去他曾经代管拉哈达将军的房子看看。一年多的时间，李光地主要做了三件事，一是抑情守制，以强大的意志力亲自为妻儿行奔丧礼。二是尊师重教，召集学者在榕村讲学，每个月组织一次，告诫子孙要端正学风，千万不要追名逐利，才能学有所得。三是以法告诫子孙，教导子孙要收敛约素，和顺谦卑，亲自制定家规民约。

李光地去世后，雍正十一年(1733 年)追恤李光地祭文，高度评价李光地一生“学问优长，持身端恪。密疏遥传于闽峤，聿表忠忱。文衡近典于邦畿，克敷雅化。旋膺开府，宣扬仁惠之风。追践台司，翼赞皞熙之治，卓然一代之完人”。雍正是一个非常苛刻的皇帝，能这样高度评价一个臣子的一生，历朝历代实是十分罕见的。雍正十三年(1735 年)，雍正皇帝为表彰李光地的丰功硕德，崇祠贤良祠，派司祭到湖头祭祀李光地。李光地的孙辈在这一年，在榕村的旧址，改建榕村祠堂，奉李光地神主入庙堂。他终于回到身前为家乡建造的榕村永久居住。

有人问我，李光地文化是什么，这个问题问得好。余秋雨先生谈文化概念，认为文化是一种悠久而稳定的集体人格，决定着很多复杂问题的最终选择。那么什么是李光地文化，基于我目前的理解，矢志为国，学问渊博，谨慎清勤，始终一节。我认为这是李光地文化的核心内容。平定三藩，台湾收复，治河理漕，兴复文教，整治朋党，储位废立，朱子崇祀，经学成就，这八个方面是李光地一生的主要成就。

当然，榕村书堂和成云洞书院也是李光地文化的内容。因为它们的分量已经远远超过它的实际功能，它是家乡文化符号的象征。虽然榕村书堂和成云洞书院在某一时段受伤了，也在某一时间得到医治，现在它们退出了历史舞台，完成它们的使命。尽管世俗浮躁，尽管它们的上空多了二十多条白烟，空气中多了一股硫磺味道，但是我认为救治后的书堂书院会依然强健，身上流淌的文化会持久清朗。

记不清多少次徜徉榕村，现存于榕村的两朝皇帝书法，和凡见得到的文字，我都恭恭敬敬拜读过，字字珠玑，余香满口。李光地营造榕村书堂用心良苦，却是留下丹心一片。他生前选这方山水清幽之地，使家乡学子天天在幽暗的油灯下，辨识着世间人情的细部奥秘。李光地一生奉一套儒家思想的善真为德之理，聚一群心向儒学之人，延几位德高饱学之师，开创了家乡教育的新桅杆。

哪一天，榕村敲开了家乡之门，家乡敲开了榕村之门，榕村书院的创办就不远了。

后 记

李光地出身于福建省安溪县，是康熙时代的重要辅臣，清初著名的政治家和理学家；在传承中华优秀传统文化、推进多民族融合发展和促进国家统一强大、推动吏治清明、促进社会安定和经济繁荣等方面做出了重大贡献。

李光地文化现象得到了中央和省、市各级部门的重视。早在2016年，中纪委和福建省纪委的“廉政网”就分别对李光地的“家训、家规、族规”进行宣传，对其中所蕴含的廉政文化进行解读，引起了热烈反响。2017年底，在中共福建省委宣传部原部长、现中国社科院副院长高翔和省市相关领导的关心支持下，泉州师范学院成立了“福建省李光地研究院”。一年多来，研究院集聚了校内外一大批学者，从全球视野、时代站位、当下价值等角度推进李光地理学思想、治国理政和廉政精神等方面的研究；着力为新时代中国特色社会主义建设发挥智库作用，为促进中华优秀传统文化与社会主义核心价值观的紧密结合提出理论探索，为建设富强民主文明和谐美丽的社会主义现代化强国提供理论支持。

2018年12月1—2日，泉州师范学院在60周年校庆之际，隆重举行“李光地研究”学术研讨会。来自中国社会科学院、清华大学、厦门大学、福建社会科学院、福建省社科联、福建师范大学、中国浦东干部学院、闽南师范大学、内蒙古工业大学、宁德师范学院、泉州师范学院、泉州经贸职业技术学院等10余所高校和科研院所的80余位专家学者齐聚一堂，共同深入探讨了李光地文化的思想精髓和历史地位，阐释了李光地文化在继承和弘扬中华优秀传统文化、推进新时代社会主义核心价值观建设中的借鉴价值和启示意义。

为更好地巩固会议成果，我们将与会专家学者的论文结集出版。论文集的编撰得到了中国社会科学院学部委员、历史研究所原所长陈祖武、中共福建省委宣传部副部长肖贵新、泉州师范学院党委书记朱世泽、校长屈广清、副校长杨晓翔的关心和支持；福建省李光地研究院苏黎明、吴力群、陈彬强、张惠萍等人为论文集的出版付出了辛勤的劳动；厦门大学出版社薛鹏志主任为此书的编辑做了大量工作；“传承弘扬李光地文化”课题给予全额出版资金资助，借此机会一并表示衷心的感谢！

林华东

2019 年 9 月